ROMANS DU JOUR ILLUSTRÉS

MASANIELLO

PAR

EUGÈNE DE MIRECOURT

PUBLIÉ PAR
GUSTAVE HAVARD
15 Rue Guénégaud

20 CENTIMES LA LIVRAISON

Dessins par J.-A. Beaucé.　　　　Gravures par A. Laviellie.

I

Promenade sur la grève.

Après avoir été pendant plusieurs siècles un objet de querelles incessantes entre les rois de France et les princes d'Aragon, le royaume de Naples était resté définitivement sous le sceptre espagnol. La victoire de Charles-Quint sur François Ier consolida la conquête de Ferdinand le Catholique, et le gouvernement de cette nouvelle possession de l'Espagne fut confié à des vice-rois dont l'absolutisme pesa lourdement sur les populations, et fit naître une des révoltes les plus rapides et les plus foudroyantes que l'histoire ait consignées sur ses pages.

Don Louis de Haro venait de succéder, sous Philippe IV, à son oncle Olivarès dans l'emploi de premier ministre.

Il donna la vice-royauté de Naples à don Rodrigue-Ponce de Léon, duc d'Arcos, une de ses créatures, et ce nouveau maître signala bientôt son administration par les impôts onéreux dont il écrasa les classes pauvres.

Le 6 juillet 1647, à une heure assez avancée du jour, deux femmes s'échappaient furtivement du palais de la Vicaria, cette antique résidence des rois des Deux-Siciles qui porte aujourd'hui le nom

Masaniello.

de *Castel-Capuano*, et sert de palais de justice à Naples moderne.

Ayant descendu quelques escaliers dérobés, puis traversé de longs corridors sombres, elles arrivèrent à une sorte de poterne dont l'une d'elles avait la clef.

Un vieux soldat espagnol, appuyé mélancoliquement sur sa hallebarde, faisait sentinelle auprès de cette poterne.

Il tressaillit en entendant la clef tourner dans la serrure, se redressa brusquement, releva les crocs de sa moustache et salua les deux femmes d'un air de connaissance et avec une certaine galanterie qui jurait passablement avec sa barbe grise.

— C'est bien, Huesca, je suis contente de vous, dit celle qui venait d'ouvrir la poterne. Mais ayez de la discrétion! restez là jusqu'à notre retour.

— Soyez sans crainte, dame Pédrille, et comptez sur moi dans tous les temps et dans tous les lieux, répondit l'Espagnol.

À la fin de cette phrase prétentieuse, il s'aperçut que l'autre femme avait le dos tourné, profita sur-le-champ de cette occasion favorable, saisit la main de son interlocutrice et la porta tendrement à ses lèvres. Mais, par malheur, la compagne de dame Pédrille se retourna tout à coup et surprit cette caresse.

C'était une jeune fille de dix-huit ans, habillée du pittoresque costume des bourgeoises napolitaines.

Honteux de s'être laissé prendre en flagrant délit, le soldat espagnol pirouetta sur son talon gauche.

Quant à dame Pédrille, elle rougit jusqu'au blanc des yeux.

La jeune fille sourit doucement de l'embarras de ces amoureux surannés et ne fit aucune remarque désobligeante.

— Allons, viens, nourrice! dit-elle en prenant le bras de dame Pédrille, qu'elle entraîna loin de la poterne.

Elles s'engagèrent dans un dédale de rues étroites et montueuses, pavées de dalles noirâtres, et où la population de Naples, après une journée brûlante, commençait à affluer de toutes parts.

On remarquait dans les groupes une certaine agitation qui n'était pas habituelle et dont les deux femmes semblaient connaître la cause, car elles pressaient le pas d'un air craintif et se hâtaient de sortir du milieu de la foule.

Après dix minutes de marche, elles descendirent un talus rapide et se trouvèrent sur le port.

Tout à coup la jeune fille retint le bras de sa nourrice.

— Qu'ai-je vu? s'écria-t-elle. Ah! mon Dieu!... regarde!

Du doigt elle montrait à dame Pédrille toute une rangée de galères espagnoles, voguant dans le golfe, et dont les pavillons éclatants flottaient à la brise du soir.

— C'est l'escadre de don Juan Fernandez... Il arrive! ajouta-t-elle avec une voix tremblante d'émotion.

— Miséricorde! rentrons au palais, ma chère enfant, rentrons-y sur l'heure... ou nous sommes perdues!

— Pourquoi donc? dit la jeune fille, qui semblait revenir un peu de son premier effroi.

— Vous me le demandez? fit la vieille avec stupeur.

— Sans doute. Qu'avons-nous à craindre?

— Mais dans un instant votre futur débarquera... Le vice-roi vous fera nécessairement appeler.

— Eh bien, Inès à la consigne : je suis malade. L'entrée de mes appartements est défendue.

— Isabelle, ma fille, réfléchissez bien! Dans une circonstance aussi grave que celle de l'arrivée de votre futur, le vice-roi insistera sûrement; il voudra vous voir et vous parler.

— Du tout. Inès dira que je dors, et mon père n'aura garde de troubler mon repos.

La fille du duc d'Arcos, car c'est elle-même que nous trouvons ainsi courant les rues de Naples sous un costume de bourgeoise, reprit le bras de sa nourrice et traversa le quai dans toute sa longueur.

Bientôt elles sortirent de la ville et longèrent cette partie de la grève qui a reçu le nom de Mergellina.

Isabelle ne répondit pas d'abord aux exclamations piteuses de la duègne, dont le visage était pâle et dont les membres tremblaient de saisissement.

— Nous sommes perdues, redisait-elle avec désespoir, nous sommes perdues!

— Eh! mon Dieu, tu m'impatientes, dit enfin la jeune fille qui s'arrêta court et frappa du pied. Je réponds de tous les désagréments qui peuvent survenir... Ainsi, tais-toi!

Dame Pédrille soupira.

— Voyons, ma fille, ne nous emportons pas, et raisonnons un peu. Je ne vous ai jamais donné que des conseils sages et prudents.

— C'est vrai, nourrice, et je ne fais un plaisir de les suivre, à moins qu'ils ne soient par trop prudents et par trop sages. Aujourd'hui, tu m'as engagée à rentrer de notre promenade plus tôt que de coutume, à cause de l'émeute de ce matin : nous rentrerons avant la nuit close, je te l'affirme. A propos, qu'était-ce donc que cette émeute? Mon père a tenu conseil tout le jour, et je n'ai pu lui demander des explications.

Évidemment, Isabelle cherchait à donner une autre tournure à l'entretien et à faire diversion aux terreurs de sa nourrice : elle y réussit.

— Je croyais que vous aviez reçu des détails à cet égard, dit Pédrille.

— Par qui les aurais-je reçus? Toi seule de toutes mes femmes es sortie du palais pour avertir Huesca de se faire donner le poste de la poterne, comme c'est l'habitude, lors de nos secrètes promenades. Or, il paraît que tu as été longtemps à le trouver, car tu n'es revenue qu'au moment où j'étais prête à sortir.

Isabelle prononça cette dernière phrase avec un petit air malicieux et narquois qui n'échappa point à dame Pédrille.

Elle feignit de ne pas comprendre, et dit :

— C'est vrai, ma recherche a dû vous paraître un peu longue : mais la cause principale de mon retard a été la foule qui encombrait les abords de la Vicaria.

— Le peuple est donc mécontent de mon père?

— Oui... mais le vice-roi s'en moque. Il a raison.

— Non pas, il a tort! dit Isabelle.

— Par exemple! ce serait une chose trop ridicule de s'inquiéter des criailleries de pareils manants... un ramassis d'ivrognes et de va-nu-pieds qui ne valent pas à eux tous un maravédis de Castille...

— Silence! tu sais que je n'aime pas ces discours.

— Je le sais en effet. Le frère de Jeanne, votre beau pêcheur, vous

endoctrine et vous présente tous ces lazzaroni (1) comme de petits saints, lorsqu'il n'y en a pas un seul qui ne mérite la potence.

— Et si on les pousse au crime par la dureté dont on fait preuve pour leur misère?

— Allons donc! fit Pédrille.

— Nous ne nous entendrons jamais là-dessus, nourrice. Voyons, quel était le sujet de l'émeute?

— Ce matin, sur la place du marché, une paysanne, portant un panier de fruits, ne put acquitter l'impôt. Les fermiers de la douane lui prirent sa marchandise et la chassèrent.

— Pauvre femme!

— Elle n'avait qu'à rester chez elle, dit Pédrille.

— Lui prendre ses fruits! la seule ressource qu'elle eût peut-être pour ne pas mourir de faim!

— Bah! c'était un coup monté! La confiscation des fruits avait à peine eu lieu, que toute une horde de vauriens prirent la défense de cette femme, pillèrent le bureau du receveur, et se précipitèrent du côté de l'église Saint-Dominique, où le vice-roi était en train d'entendre la messe. Ils l'attendirent sous le portail, l'entourèrent en poussant des exclamations terribles, et lui arrachèrent, à force de menaces, la promesse d'abolir l'impôt sur les fruits.

— A force de menaces... En es-tu sûre?

— Je le suppose. Est-ce qu'ils sont capables d'agir autrement? Une fois rentré au palais, le vice-roi fit charger toute cette canaille par ses gardes, et l'impôt subsiste de plus belle.

— Après une parole donnée, dit la jeune fille, est-ce possible?

— Oui, certes! Ils s'en sont allés hurlant; la force est restée au bon droit.

— Au bon droit? c'est la question, dit Isabelle en soupirant. Mais hâtons-nous! Je suis curieuse de savoir ce que nos amis pensent de toutes ces choses.

— Quoi! dit Pédrille, vous comptez pousser, ce soir, jusqu'à la hutte du pêcheur?

— Sans doute.

— Mais vous n'y songez pas, ma fille! Une fois dans vos conversations avec Jeanne et son frère, vous n'en finissez plus. Déjà le soleil est à son déclin. Nous laisser surprendre par la nuit serait impardonnable, car les rues de Naples ne seront pas sûres après toutes les excitations de la journée.

— Qu'importe! nous nous ferons accompagner au retour. D'ailleurs nos alarmes au sujet de l'arrivée de don Juan Fernandez n'ont aucune espèce de fondement. Tous les navires d'Espagne ne sont-ils pas soumis à une quarantaine?

— Au fait, vous avez raison, dit Pédrille : je n'y songeais plus.

— Tu vois que nous pouvons aller jusqu'à la hutte. Il y a plus de huit jours que je n'ai vu cette pauvre Jeanne.

— Ma fille! ma fille! est-ce bien pour Jeanne que nous nous livrons si souvent à ces promenades sur la grève? Est-ce bien pour Jeanne qu'une noble demoiselle d'Espagne, qu'Isabelle d'Arcos marche à pieds joints sur toutes les règles de l'étiquette et s'affuble d'un costume indigne de son rang et de sa naissance?

— Et pour qui donc? demanda la jeune fille en rougissant.

— Prenez garde! prenez garde! fit la duègne. A votre âge on a peu d'expérience. Il y a des pièges dont on se doute guère, et votre pêcheur possède une langue dorée. Ses filets ne sont pas seulement dangereux pour les poissons du golfe.

— Je ne vous comprends pas, dame Pédrille! dit Isabelle, qui se redressa fièrement et jeta sur sa nourrice un regard de grandeur outragée.

Celle-ci vit le mauvais effet de sa remontrance et balbutia :

— Pardonnez-moi, ma chère enfant... Ce n'est pas que je veuille dire... non!... bien certainement je suis à cent lieues d'avoir une pensée semblable!... Mais n'importe, le diable est bien fin. Jeunes et vieux se laissent prendre tous les jours à ses embûches.

— Oui, je m'en suis aperçue tout à l'heure au sortir de la poterne, dit froidement Isabelle.

Ce fut au tour de la nourrice de rougir.

— Mon Dieu, réplique-t-elle, suis-je donc responsable des sottises de ce vieux fou d'Huesca? Est-ce ma faute s'il me tourmente pour me marier avec lui? Comme il est dans le secret de vos fréquentes excursions, je suis bien obligée de le ménager, ma fille, et votre remarque n'est pas charitable.

— Au fait, c'est juste, dit Isabelle; j'ai tort de ne pas te remercier de ce comble de dévouement!

Le nuage qui avait obscurci son front disparut tout à coup.

Elle partit d'un joyeux éclat de rire.

— Allons, sans rancune! dit-elle à la nourrice en lui tendant sa main blanche. Tu sais! je suis une enfant pleine de caprices; avec moi les

(1) Le nom bien connu de ces hommes à moitié nus était à lui seul une menace contre la société. Ils s'appelaient *lazares*, par allusion au pauvre de l'Évangile couché devant la porte du mauvais riche, dont les chiens viennent lécher ses ulcères, et à qui il demande en vain les miettes tombées de sa table. De tous les cris de ralliement qu'a pris à diverses époques la guerre sociale, celui-là a été peut-être le plus significatif.

(Revue des Deux-Mondes.)

remontrances ont peu de succès. Je te pardonne, mais n'y reviens plus !

Pédrille baisa la main que sa maîtresse lui tendait, mais en prenant tout bas la résolution de gronder le gothique amoureux qui l'avait si étourdiment compromise.

Une fois la paix faite et toutes les idées inquiétantes disparues, la fille du vice-roi se mit à courir sur le sable fin du rivage, heureuse comme une pensionnaire sortie de sa cellule, gaie comme une alouette échappée aux rets du chasseur, légère comme une chèvre qui a rompu son lien.

De temps à autre elle s'arrêtait pour laisser à la duègne le temps de la rejoindre.

Alors elle contemplait le majestueux spectacle qui, de tous côtés, s'offrait à son regard.

Devant elle, le golfe azuré laissait voir au loin les petites îles verdoyantes de Procida, d'Ischia et de Capri, trois émeraudes gracieuses, mises là tout exprès pour rompre l'uniformité de cet océan de saphirs.

A gauche, le Vésuve élevait sa cime majestueuse, et le soleil couchant le couronnait d'un diadème d'or et de feu.

Derrière elle enfin, Naples se déroulait en amphithéâtre sur la pente inclinée de son coteau ; Naples, ce fragment du ciel tombé par mégarde sur la terre ; Naples, la ville éternellement riante, dont la plus belle mer du globe baigne les pieds, et qui se cache la tête comme une dryade sous les ombrages du Pausilippe.

II

La tempête.

La fille du vice-roi avait tous les charmes puissants de l'Espagnole, réunis aux grâces aimables et au caractère enjoué de la Française.

Privée de sa mère dès le berceau et négligée légèrement par le duc d'Arcos, que l'ambition vouait à d'autres soins, elle avait pris des habitudes complètes d'indépendance.

Pour régler sa conduite, elle consultait moins la raison que le caprice.

Soit manque d'énergie, soit excès de tendresse, le vice-roi laissait à peu près sa fille maîtresse absolue d'agir comme bon lui semblait ; ce qui nous explique la situation singulière où nous trouvons Isabelle dès le commencement de cette histoire.

Ennuyée de la réserve de la petite cour de Naples, qui se modelait tout naturellement sur la cour de Madrid, la jeune fille avait rompu en visière à la troupe grave et renfrognée des dames d'honneur, pour se faire une compagnie plus en rapport avec ses idées et ses goûts.

Il ne faut cependant pas conclure, de ce qui précède, qu'Isabelle d'Arcos fût une de ces femmes légères qui chassent de leur esprit la réflexion et le sentiment des bienséances pour se livrer au courant des folles impressions et des fantaisies dangereuses. Loin de là. Isabelle était une âme noble, droite et pure. Les lacunes de son éducation donnaient à ses actes de l'originalité peut-être et de l'inattendu, mais elles ne les rendaient jamais coupables. Bref, elle n'avait d'autre tort que d'être fille du vice-roi, au lieu d'appartenir à quelque simple et digne famille du peuple, où ce qui semblait étrange en elle n'aurait plus paru qu'un assemblage de qualités adorables, vivacité joyeuse, entrain charmant, inaltérable gaieté.

Depuis trois ans que le duc d'Arcos gouvernait le peuple de Naples, Isabelle avait entendu plus d'une fois des accents plaintifs et des cris de détresse monter jusqu'à elle.

Son cœur s'était ému.

Apprenant que ces lamentations douloureuses partaient du peuple, elle avait pris le peuple en pitié ; elle avait voulu étudier de près sa souffrance, connaître sa misère, et c'était un des motifs de ses promenades mystérieuses dans le palais.

Ses deux confidentes étaient dame Pédrille et une jeune Castillane espiègle, nommée Inès, la même qui remplissait ce moment le rôle de cerbère à la porte des appartements, afin que personne ne vînt à remarquer l'absence d'Isabelle.

Toujours vêtue d'un costume sous lequel il devenait impossible de la reconnaître, la fille du vice-roi parcourait les rues sombres et rapides de Naples, éternel escalier qu'il faut tour à tour monter et descendre.

D'autres fois, elle se mêlait à la population laborieuse du port, et quand il se présentait une misère à soulager, dame Pédrille tirait une bourse, et quelques ducats d'Espagne glissaient dans la main du malheureux, qui trouvait à peine le temps de bénir sa bienfaitrice ; car elle

s'éclipsait aussitôt et se dérobait aux témoignages de sa reconnaissance.

Mais les bienfaits d'Isabelle allaient surtout chercher cette classe de pêcheurs qui habitaient à cette époque hors de la ville, et dont les pauvres cabanes, éparses sur la Mergellina, trahissaient une indigence profonde, un dénûment absolu.

Un jour qu'elle sortait d'une de ces cabanes, l'âme émue et satisfaite, car elle venait de sauver toute une famille d'une confiscation ruineuse, Isabelle témoigna le désir de faire une promenade sur le golfe et d'aller manger des oranges à Procida.

Elle et Pédrille s'approchèrent aussitôt du rivage et prièrent un jeune pêcheur qui raccommodait ses filets sur la grève de les prendre dans sa barque et de les conduire à l'île.

— Volontiers, répondit celui-ci sans se déranger de son travail. La mer est belle et j'avais justement l'intention de promener aujourd'hui ma sœur Jeanne. Si donc il vous plaît d'aller jusqu'à ma hutte, à deux cents pas d'ici, et de ramener Jeanne avec vous, nous partirons sur-le-champ.

Isabelle courut dans la direction que lui avait indiquée le pêcheur.

Bientôt elle revint accompagnée d'une belle et grande jeune fille, au front sérieux, au regard noble et fier, et qui ressemblait à une princesse cachée sous les pauvres vêtements d'une femme du peuple.

A son aspect, le pêcheur se leva.

— Bonsoir, Jeanne, lui dit-il.

— Bonsoir, frère, répondit la Napolitaine, qui offrit en même temps son beau front aux lèvres du jeune homme. Ta pêche n'a pas été heureuse, je le vois.

— Non, Jeanne. Pourtant j'avais pris un saumon magnifique ; mais il a brisé le filet au moment où j'allais l'attirer dans ma barque. Il a reconquis sa liberté, et cela me coûtera deux jours de travail. Je ne m'en plains pas. Quand l'esclave rompt sa chaîne, le maître en souffre, c'est trop juste. Dom Francesco est-il venu ?

— Oui, frère, et il a laissé cette lettre pour toi.

Le jeune pêcheur prit le papier que Jeanne lui tendait, ôta respectueusement son bonnet de laine, et lut avec recueillement le contenu de la lettre.

— Dom Francesco, dit-il, ne pourra venir de huit jours, et il m'engage à lui rendre demain visite à son couvent. Serait-il malade ?

— Hélas ! dit Jeanne, il ne nous faudrait plus que ce nouveau malheur.

— Non, rassure-toi. Je me rappelle qu'il a dû s'enfermer pour mettre la dernière main à son grand ouvrage et le soumettre à la cour de Rome. Mais ta figure est triste, Jeanne. Qu'as-tu donc ? Je ne te demande pas des nouvelles de Piétro. Hier, il avait promis de venir te voir, et il a tenu parole sans doute ?

— Piétro a été blessé grièvement, cette nuit, par les soldats du vice-roi, dit Jeanne avec douleur.

— Ciel ! que m'apprends-tu là ?

— Son père lui-même est venu m'annoncer ce fatal événement. Je me suis rendue aussitôt à leur cabane, et j'ai pansé la blessure.

— Bonne et excellente fille ! ta présence a dû être pour lui un baume salutaire. Dans cette démarche, tu as été guidée par ton cœur, mais je ne t'en sais pas moins gré... Merci !

Il prit la main de Jeanne et fit quelques pas avec elle, en s'éloignant des deux étrangères.

— Tiens-tu beaucoup à la promenade que je t'avais promise ? lui demanda-t-il en baissant la voix. N'es-tu pas d'avis que je ferai mieux d'aller rendre visite au blessé ?

— Non, car il repose. D'ailleurs il n'y a pas un carlin (1) au logis ; toutes les marchandises de Piétro sont confisquées, et lui-même est sans argent. De mon côté, je n'ai pu me rendre au marché de Naples. Le raccommodage de tes filets va te prendre deux jours... Comment vivrons-nous d'ici là ? Nécessairement ces deux personnes que tu dois conduire à l'île te récompenseront de ta complaisance.

— Tu as raison, sœur. Tâchons avant tout de ne pas mourir de faim !

Sa barque était amarrée au rivage.

Il ramassa les filets et détacha l'amarre, tandis que Jeanne allait prendre la main d'Isabelle et de Pédrille pour leur aider à s'embarquer.

Bientôt elles furent assises à l'une des extrémités de la barque.

Le pêcheur était bout.

Il déploya sa voile triangulaire, prit en main le gouvernail, et le léger esquif, rasant le golfe comme une mouette, courut vers Procida.

Pendant la conversation du frère avec la sœur, avant de quitter le rivage, Isabelle avait été frappée, comme on le pense, de certaines paroles de Jeanne. Elle désirait savoir pourquoi les soldats du vice-roi avaient blessé, la nuit précédente, un homme auquel les deux compagnons de leur promenade semblaient prendre un si vif intérêt.

Elle balança longtemps avant de les interroger.

Le frère était sombre, et la sœur pensive. Ni l'un ni l'autre ne semblaient disposés à un entretien soutenu.

Cependant Isabelle essaya de rompre le silence.

— Me trouverez-vous indiscrète, dit-elle au jeune homme, si je vous

_____

(1) Monnaie de l'époque.

demande votre nom? J'ai plusieurs amies auxquelles je voudrais procurer à leur tour une promenade sur le golfe, et je vous enverrais un messager la veille du jour où je voudrais leur faire ce plaisir.

— Je me nomme Thomas Aniello, dit le pêcheur. Toutefois, comme de ces deux noms mes camarades de la grève en ont fait un seul, on m'appelle de tous côtés, sur le rivage et à Naples, Masaniello. Quand il vous plaira de m'avertir un jour d'avance, vous me trouverez sûrement à vos ordres, senora.

— Pourquoi m'appelez-vous senora? dit Isabelle.

— Parce que vous avez l'accent espagnol. D'ailleurs, vous venez d'adresser à la minute quelques mots en langue castillane à la personne qui se trouve avec vous.

— Ah! dit Isabelle confuse, vous comprenez le castillan?

— Oui, dit Masaniello. L'esclave doit toujours savoir parler la langue de ses maîtres. C'est un moyen de mieux les servir quand ils sont bons, et de mieux leur demander justice lorsqu'ils sont oppresseurs.

Un vif incarnat couvrait les joues de la jeune fille.

Au moment où Masaniello et Jeanne parlaient de leurs affaires, elle avait dit effectivement à sa nourrice:

— Quel dommage que ce beau jeune homme porte le bonnet de laine et le vil sarreau de toile des matelots du port! Il n'y aurait pas à la cour de cavalier plus accompli.

Son embarras fut donc extrême en apprenant que Masaniello avait entendu cette phrase, quand elle avait cru la lui dérober sous le voile de sa langue maternelle.

Néanmoins, comme le jeune homme gardait son air grave et semblait tenir assez peu compte de l'opinion de l'étrangère sur sa personne, Isabelle reprit:

— En effet, je suis Espagnole, et mon père a une modeste place d'officier dans les troupes du vice-roi. J'ai donc été tout à l'heure fort affligée d'apprendre que des soldats, placés peut-être sous le commandement de mon père, ont blessé une personne que vous semblez estimer et chérir. Faites-moi connaître le lieu de l'attaque et le corps auquel ils appartiennent, je vous jure qu'ils seront punis.

— Ces soldats ont exécuté les ordres qu'on leur donne, senora, dit le pêcheur, donc ils ne sont pas coupables. Ce n'est pas à eux, dociles instruments de la tyrannie, que nous devons nous en prendre, mais à la tyrannie elle-même.

— Au vice-roi? balbutia la jeune fille avec trouble.

— Vous l'avez dit, senora; vous l'avez dit!

— Qu'avez-vous donc à lui reprocher?

— Je lui reproche d'écraser le peuple d'impôts.

— Mais il agit au nom de l'Espagne; ce n'est pas lui qu'il faut accuser.

— C'est lui que j'accuse! L'Espagne a trop d'intérêt à conserver sa conquête pour ne pas désavouer une administration fatale, un despotisme indigne qui, d'un jour à l'autre, va forcer le peuple de Naples à la révolte.

— Que dites-vous, juste ciel!

— Senora, vous partagerez mon opinion quand vous aurez entendu l'histoire de pêcheur Piétro, répondit le pêcheur avec amertume.

— J'écoute, dit Isabelle palpitante.

La barque voguait alors en plein golfe.

Un vent du nord-est enflait la voile et poussait directement la petite embarcation vers le but du voyage.

Masaniello quitta le gouvernail et vint prendre place aux côtés de Jeanne, qui écoutait silencieuse et s'occupait à faire quelques reprises aux mailles rompues des filets.

— Piétro, commença le pêcheur, est mon camarade d'enfance. Nous sommes tous les deux d'Amalfi, et l'an dernier il vint à Naples pour essayer de se faire par son travail une existence à l'abri du besoin. Mais à Naples le travail ne produit que le découragement et ne mène qu'à la ruine.

— Comment cela? dit Isabelle.

— Vous allez l'apprendre, répondit le pêcheur. Piétro avait à soutenir son vieux père. Il se fit d'abord manœuvre sur le port afin de gagner de quoi construire une barque. Il y réussit à force de privations et de fatigue, et vint habiter une hutte à côté de la mienne. Mais presque au même instant le vice-roi promulgua coup sur coup deux édits. L'un déclarait que tout pêcheur, propriétaire d'une chaloupe, payerait un impôt annuel de soixante réales d'argent; le second spécifiait que toutes les cabanes dressées sur le rivage seraient passibles d'une imposition de vingt à trente ducats, en raison de leur grandeur et de leur importance. Nous avions donc l'un et l'autre, Piétro et moi, à payer annuellement au fisc environ deux cents réales, c'est-à-dire beaucoup plus que ne rapporte par an le produit de la pêche.

— Miséricorde! Et comment n'avez-vous pas fait de représentations au vice-roi?

— Le vice-roi ferme l'oreille aux plaintes, et ne cherche qu'à se gorger de nos dépouilles. Il ya cent mille ducats de traitement, et il envoie chaque année en Espagne trente vaisseaux portant chacun trois millions de piastres. Calculez l'énormité de la somme! C'est le peuple de Naples qui sue tout cet or.

Isabelle pâlit et garda le silence.

— Quand vint l'heure d'acquitter l'impôt, reprit le jeune homme,

Dieu permit que je fusse prêt; car Jeanne est une sainte et courageuse fille, qui se lève chaque matin avant l'aurore pour aller vendre des fruits au marché de Naples. On n'a pas encore imposé ce commerce. Les fruits sont à peu près l'unique nourriture du peuple; on a peur de l'attaquer jusque dans son existence. Oh! si jamais le délire de nos despotes allait jusque-là!...

Jeanne souleva sa belle tête mélancolique et regarda son frère:

— L'impôt sur les fruits sera promulgué cette semaine, dit-elle; on l'assurait hier au marché.

— Grand Dieu! Mais c'est impossible! s'écria la fille du vice-roi.

— Tout est possible au pouvoir insensé qui ferme les yeux à la lumière, dit Masaniello. Quand Dieu veut perdre les puissants, il les frappe de vertige. Revenons à l'histoire de Piétro. J'avais donc mes deux cents réales; mais lui, le malheureux, était loin de compte! Il se jeta tout en larmes aux genoux des employés du fisc qui emportaient ses meubles, et les supplia de laisser au moins le lit de son vieux père. Comme ils le refusaient impitoyablement, la rage le prit, et j'arrivai juste assez tôt pour l'empêcher de commettre un meurtre, car il les couchait en joue avec son mousquet. Or, s'il eût commis ce meurtre, le jugeriez-vous bien coupable?

— Non, répondit Isabelle.

— Y songez-vous, mon enfant? balbutia dame Pédrille avec épouvante.

— Non, mille fois non! répéta la fille du vice-roi. Le crime appartient à ceux qui poussent le peuple au désespoir.

— C'est mon avis, dit froidement le jeune pêcheur, et quand j'arrêtai le bras de Piétro, je lui dis: « Patience, frère! ce ne sont pas ceux-là qu'il faut punir! » Sa barque fut saisie comme le reste. Il était trop découragé pour reprendre une seconde fois les rudes travaux du port, et le métier de pêcheur lui devenait impossible. Une ressource lui restait: celle de se faire contrebandier ou brigand. De deux maux on choisit le moindre: il se fit contrebandier. Le croyez-vous pour cela moins honnête homme?

— Non, dit encore Isabelle.

— Merci, senora, merci! dit Jeanne, qui prit avec effusion les mains de la jeune fille, et jeta sur elle un doux regard de gratitude. Piétro est mon fiancé, je l'aime! Ce que vous venez de répondre là me fait du bien au cœur.

— O mon père, mon père! pensa la fille du duc d'Arcos, que ne pouvez-vous entendre ce que j'entends!

— Ce pauvre garçon, reprit Jeanne, a reçu hier un coup d'épée des gardes de la porte de Chiamonte, parce qu'il essayait d'introduire en ville, sans payer de droits, quelques livres de tabac et quelques flacons de liqueur. On lui a pris ses marchandises avec trente maravédis, son gain de trois jours; puis on l'a laissé pour mort. La fraîcheur de la nuit lui a rendu ses sens, et il s'est traîné mourant jusqu'à la cabane, où j'ai posé le premier appareil sur sa blessure.

— Croyez-vous, maintenant, senora, reprit le pêcheur, que cinquante mille hommes du peuple, réduits comme Piétro à une extrémité funeste, ne se lèveront pas d'un instant à l'autre pour écraser à leur tour ceux qui les ont écrasés jusqu'ici?

— Je crois, répondit Isabelle, que le duc d'Arcos, mieux informé de ce qui se passe, préviendra la révolte, en rendant justice au peuple, et en le déchargeant du poids des impôts.

— Le ciel vous entende! dit le pêcheur.

Il alla reprendre le gouvernail.

On approchait de l'île, et le moment était venu de tourner certains écueils à fleur d'eau dont était parsemée cette partie de la côte.

Cinq minutes après, Isabelle sauta légèrement sur la rive et prit la main de la sœur de Masaniello, pour l'entraîner elle sous les riants ombrages de Procida.

Dame Pédrille eut beau lui représenter à voix basse l'inconvénance de se rendre familière avec une femme d'aussi commune extraction, la fille du vice-roi, selon son habitude, ne tint nul compte des propos de la nourrice, et lui imposa brusquement silence.

Au bout d'une heure, Isabelle et Jeanne se mirent en devoir de regagner le bord de la mer, chargées d'oranges achetées aux paysannes de l'île.

Masaniello était resté dans la barque.

Elles le virent de loin qui agitait un lambeau de voile.

C'était un signal de détresse.

Le vent avait tourné au sud, et un grain assez noir s'annonçait à l'horizon.

— Vite, vite! cria-t-il dès qu'elles furent à la portée de la voix. Le ciel est menaçant, la mer commence à soulever ses vagues. Hâtons-nous, ou je ne réponds pas du salut!

— Miséricorde! dit dame Pédrille, en faisant un signe de croix, peut-être ferions-nous mieux de rester dans l'île.

— Tu es folle, nourrice. Et si la tempête continue demain?

— Hélas! fit la duègne avec un soupir.

— Décidez-vous, dit Masaniello. Quant à Jeanne et à moi, nous partirons quand même. Il y a là-bas un pauvre blessé qui attend notre visite et nos secours.

— Alors vous ne croyez pas au danger? demanda la fille du vice-roi.

Le pêcheur interrogea de nouveau l'horizon.

— Je crois à une tempête ; mais nous l'affronterons, n'est-ce pas, Jeanne ?

— Oui, frère.

— Et moi aussi ! s'écria vivement Isabelle en sautant dans la barque. Pourquoi donc aurais-je moins de courage que vous ?

— Mon enfant ! mon enfant ! c'est de la folie ! cria dame Pédrille avec désespoir.

— Restez alors, dit le pêcheur à la duègne, et dépêchons !

Isabelle s'avança jusqu'au bord de la barque, tendit la main à sa nourrice, et lui dit avec un accent impérieux :

— Monte, je te l'ordonne !

Dame Pédrille obéit, mais elle se crut sérieusement à sa dernière heure. Elle tira de sa poche un rosaire et se mit à invoquer tous les saints de sa connaissance.

Un vent assez vif soufflait du sud.

Le nuage, qui n'était d'abord qu'un point imperceptible, grossissait à vue d'œil, et développait lentement ses ailes sombres.

— Partons ! s'écria le frère de Jeanne.

La barque s'élança sur les flots, et presque au même instant un coup de tonnerre lointain fit pâlir dame Pédrille, qui se signa de nouveau, et redoubla ses invocations à la Vierge et à saint Janvier.

— Deux à chaque bout de la barque ! cria le pêcheur.

Isabelle courut s'asseoir à ses côtés et lui dit :

— Si vous avez besoin de moi pour exécuter une manœuvre, je suis forte et j'ai du calme ; ne craignez pas de m'appeler à votre aide.

— Bien ! dit Masaniello ; vous êtes aussi courageuse que Jeanne. Soyez tranquille, je réponds de vous.

La promesse semblait un peu risquée avec une embarcation aussi légère et par les rafales inquiétantes qui annonçaient une tempête, dont la violence déjà passerait toutes les prévisions du pilote. Le soleil avait disparu ; la mer prenait cette teinte verdâtre qui annonce un bouleversement profond de ses abîmes. En passant sur la tête des voyageurs, la mouette jetait des cris aigus, et la vague écumait en se heurtant aux flancs de la barque.

Isabelle contemplait le jeune pêcheur avec une sorte d'enthousiasme. Jamais elle n'avait vu de visage aussi noble, d'œil plus intrépide. En ce moment solennel, sa physionomie ne trahissait pas la moindre émotion. Il avait dépouillé son sarrau de matelot pour avoir plus de liberté dans ses mouvements, et dirigeait le gouvernail d'une main sûre et ferme, pendant que Jeanne, intrépide comme lui, réglait, de l'autre côté, les évolutions de la voile, et la présentait au vent de manière à profiter de la violence même de l'orage pour rendre la navigation plus rapide.

— Comment se fait-il, dit Isabelle à Masaniello, que vous conserviez le métier de pêcheur, lorsque vous pourriez aspirer à une profession plus lucrative et moins périlleuse ?

— Parce que je suis plus libre, répondit le jeune homme ; parce que, sous la domination étrangère, je ne vois pas à Naples un seul état que je puisse exercer sans rougir.

— Que dites-vous ?

— Lorsque le pauvre renonce à vivre du travail de ses mains, il n'a que deux carrières ouvertes : la domesticité ou le service militaire.

— C'est vrai, dit Isabelle.

— Or, la domesticité est le pire des esclavages, la domesticité ravale et flétrit.

— Sans doute… mais les armes !

— Les armes ! dit Masaniello, profession sainte quand elle vous appelle à délivrer la patrie, métier lâche et déshonorant quand il sert à l'opprimer !

Il y eut un instant de silence.

À l'horizon, le nuage montait toujours, et l'éclair déchirait de temps à autre sa masse profonde.

— Oh ! reprit le pêcheur, une seule profession m'aurait souri, la plus noble de toutes et la plus indépendante, celle des arts ! vingt fois dans cette barque, Salvator Rosa, le peintre célèbre, le beau génie, est venu reproduire sous mes yeux les sites majestueux d'alentour. Je l'ai vu surprendre les secrets de la tempête, et devant lui j'ai fait poser l'orage ! Ce qu'il crayonnait sur le vélin, je le retrouvais au fond de moi-même, et j'aurais eu, je le sentais, toutes les grandes inspirations de l'artiste !

— Eh bien, dit Isabelle, pourquoi n'êtes-vous pas devenu son élève ?

— Je me contente d'être son ami. L'éducation m'est venue trop tard, il n'est plus temps. Comme vous, Salvator me conseillait le métier des armes ; mais il a compris ma répugnance… car il a, lui aussi, l'amour de la liberté et la haine du despotisme. Servir dans les troupes du vice-roi ! lui ai-je dit : plutôt la misère, plutôt la faim, plutôt la mort !

— Vous haïssez donc bien le vice-roi ?

— Je hais l'injustice et la tyrannie !

Isabelle soupira.

— Mais qui vous prouve que le vice-roi soit injuste ?

— Ses actes !

— Peut-être ignore-t-il les souffrances du peuple ?

— Il n'en est que plus coupable. Le premier devoir d'un puissant est de s'éclairer lui-même, et de ne pas croire les flatteurs et les intrigants qui l'entourent.

— C'est vrai, dit Isabelle avec un nouveau soupir.

Ils échangeaient ces paroles au milieu du bruit de la foudre et du mugissement des vagues. Elles emportaient le faible esquif à leur sommet, le replongeant ensuite au fond des abîmes, et menaçant à chaque minute de l'engloutir.

— Je reste donc pêcheur, dit Masaniello. Quand je suis seul dans ma barque au milieu de l'immensité, je suis libre ! j'oublie les hommes et leurs crimes. Face à face avec Dieu, j'écoute sa voix qui me parle au cœur ; je lis dans les desseins éternels de sa providence, et il me montre dans l'avenir la fin de nos misères. J'entrevois un autre monde, une société meilleure où le puissant n'écrasera plus le faible, où le riche tendra la main au pauvre, et où le mot FRATERNITÉ, cette devise évangélique et céleste, s'inscrira partout sur la bannière des nations. Quitter mon état de pêcheur ? pourquoi donc ? C'est parmi les pêcheurs que le Christ a choisi ses apôtres ; ce sont des pêcheurs qui ont propagé dans le monde les enseignements divins. Quand le ciel veut instruire les hommes ou les châtier, il prête sa lumière aux ignorants et sa force aux faibles. Qui sait ? la délivrance de Naples sera peut-être l'œuvre d'un pêcheur !

Isabelle n'entendait plus l'orage, elle ne voyait plus la mer en furie qui grondait autour d'elle.

La contemplation du pilote absorbait toute son âme.

— Qu'il est beau ! qu'il est grand ! pensait-elle.

En effet, Masaniello était sublime.

Ses cheveux noirs flottaient au vent ; l'éclair qui envoyait sur son front, à chaque seconde, une lueur rapide, semblait le couronner d'une auréole.

On croyait voir le roi de la tempête.

Tout à coup Jeanne s'écria :

— Frère, je ne suis plus maîtresse de la voile !

Presque au même instant une rafale puissante fit tourner la chaloupe sur elle-même.

— Coupe les cordes ! cria Masaniello.

Jeanne obéit, et la tempête emporta la voile sur son aile fougueuse.

Dame Pédrille, plus morte que vive, était couchée au fond du bateau.

— Frère, crois-moi, dit Jeanne, relâchons au port de Pozzuoli.

— Tu as raison, sœur, il ne faut pas tenter Dieu.

La foudre éclatait plus terrible, et les vagues montaient en rugissant jusqu'aux nuages. Isabelle, au moment où une de ces montagnes vivantes semblait descendre sur sa tête, céda tout à coup à l'effroi, et vint tomber éperdue dans les bras du pêcheur. Une sorte de commotion électrique se produisit, à cette minute suprême, chez ces deux êtres jeunes et beaux. La noble fille d'Espagne et l'enfant du peuple comprirent qu'ils allaient s'aimer.

III

La hutte de la Mergellina.

Dix minutes après, Masaniello avait vaincu la tempête, et nos promeneurs se trouvaient en sûreté dans la petite rade de Pozzuoli.

Le frère de Jeanne confia sa barque à un matelot du port, en lui annonçant qu'il viendrait la reprendre le lendemain ; puis on se mit en devoir de regagner Naples, dont on était à deux grandes lieues.

Telle fut l'origine de la singulière liaison qui s'établit entre la fille du vice-roi et le pauvre pêcheur de la grève.

Depuis cette époque, Isabelle, toujours sous le voile de l'incognito, se rendait plusieurs fois la semaine à la hutte du rivage, et chaque visite lui donnait une idée plus haute du caractère de Masaniello.

Les raisonnements du jeune homme, tantôt calmes et graves, et tantôt marqués au coin de l'inspiration, trouvaient en elle un écho docile, qui les reportait fidèlement aux oreilles du duc d'Arcos.

Isabelle s'efforçait de convaincre son père et de lui inspirer de la compassion pour les misères du peuple.

Mais le vice-roi de Naples était un de ces hommes dont une froide et désespérante politique a desséché le cœur (1). Il plaisantait très-agréablement sur cette nouvelle originalité qu'il découvrait chez sa fille, et,

(1) Le duc d'Arcos avait étudié profondément Machiavel, et ainsi que lui ne connaissait rien de défendu pour arriver à ses fins. Possesseur en Espagne de la fortune la plus brillante, il n'avait accepté la dignité de vice-roi que pour s'enrichir encore davantage. Tout lui était bon pour y parvenir. Il vendait les charges, les grâces, les privilèges, les honneurs, fomentait des animosités entre les divers corps d'état, excitait leur jalousie et profitait de toutes les occurrences.

(Histoire de la Révolution de Naples.)

quand celle-ci lui laissait entrevoir la possibilité d'une révolte, il répendait au milieu d'un éclat de rire :

— Ma chère, le peuple est une bête de somme ; plus on le charge, moins il rue !

Le lendemain de ces tentatives de conversion, il arrivait souvent qu'un nouvel impôt témoignait de leur inefficacité. Le plus dangereux de tous, l'impôt sur les fruits, reçut un des premiers sa promulgation.

Isabelle aimait son père, et cet endurcissement lui causait un vif chagrin.

Elle prit le parti, dans ses visites à la cabane du pêcheur, de changer la conversation toutes les fois qu'elle tombait sur des principes de réforme que son esprit approuvait, mais dont les conséquences pouvaient être si terribles pour sa famille.

Peut-être, dès lors, aurait-elle dû rompre avec les habitants de la Mergellina. Plus d'une fois elle en prit la résolution ; mais un attrait invincible dirigeait toujours ses promenades vers la hutte.

Jeanne était devenue son amie.

La fille du vice-roi tâchait de se tromper elle-même, en se persuadant que la sœur l'attirait plutôt que le frère. Comme toutes les jeunes filles dont le cœur s'éveille à l'amour, elle s'y abandonnait avec délices, en lui donnant le nom de l'amitié.

Des impressions à peu près analogues se produisaient chez Masaniello.

Il se défendait, dans sa pensée intime, du tort d'aimer une femme dont la condition était supérieure à la sienne. Cependant un espoir secret se glissait, à son insu, au fond de son âme. Il ne s'aventurait pas en pleine mer le jour où il se doutait qu'Isabelle pouvait venir, et ne manquait jamais d'arriver au commencement de chacune des visites de la jeune fille.

Alors on organisait toujours quelque partie nouvelle.

La barque déployait sa voile blanche au souffle de la brise. Jeanne et Masaniello chantaient. Isabelle se joignait à eux, et les vives et joyeuses barcarolles de Naples se croisaient, sur l'aile des vents, avec les *boléros* de Castille et les *seguidillas* aragonaises.

Voilà où en étaient la fille du vice-roi et ses amis de la Mergellina, lorsque nous avons entamé le récit de notre histoire.

Nous retrouvons Isabelle d'Arcos, le jour où, accompagnée de sa duègne, elle se dirigeait vers la hutte du pêcheur.

Assez clairvoyante de sa nature, dame Pédrille venait de laisser échapper quelques mots bien propres à inquiéter la conscience de la fille du vice-roi. Mais celle-ci n'entendait pas qu'on troublât la sécurité factice où elle se trouvait. Elle cacha son trouble sous le manteau de la dignité. D'ailleurs, ce qui s'était passé récemment entre la nourrice et le vieux soldat de la poterne donnait trop beau jeu à Isabelle pour qu'elle ne punît pas aussi vite la tentative de morale de son chaperon.

Pédrille résolut de ne plus s'exposer aux railleries piquantes de sa jeune maîtresse.

Elles étaient sorties de la ville depuis environ dix minutes.

Bientôt elles approchèrent de la cabane, et aperçurent la sœur de Masaniello assise en dehors sur un banc de pierre.

Jeanne avait la tête cachée dans ses mains.

Au bruit de la marche des visiteurs, elle se redressa, et la fille du vice-roi vit sa figure baignée de pleurs.

— Bonté divine ! qu'as-tu donc, ma pauvre Jeanne ? s'écria-t-elle, en accourant la presser contre son sein.

— Hélas ! hélas ! Jeanne, pourquoi venez-vous si tard ! Vous l'auriez peut-être empêché de partir !

— Qui cela ? Masaniello ?

— Oui ! nous sommes perdus ! Il n'a rien écouté... et cela se conçoit, mon Dieu !

— Voyons, parle, ma bonne Jeanne, dit Isabelle, qui lui prit la main et la pressa dans la sienne avec effusion.

La sœur de Masaniello se leva lentement, ouvrit toute grande la porte de la hutte et dit à Isabelle :

— Regardez !

— Jésus ! qu'avez-vous fait de vos pauvres meubles ? s'écria dame Pédrille avec stupeur, il n'y a plus que les quatre murailles nues.

Isabelle changea de visage.

— Est-ce que les employés du fisc sont venus vous saisir ? demanda-t-elle d'une voix émue.

— Oui, répondit Jeanne. Ils ont tout pris, tout ! J'ai passé la nuit sur ce banc de pierre.

— Mais c'est affreux, dit Isabelle. Et vous ne m'avez pas avertie, Jeanne ! Vous saviez que votre frère ne pouvait acquitter l'impôt. Je serais accourue à votre secours... Oh ! c'est mal, c'est bien mal de ne pas m'avoir fait cette confidence !

— Hélas ! répondit Jeanne, Masaniello comptait sur la bonté d'un saint religieux qui s'intéresse à notre sort, et qui plus d'une fois déjà, dans les circonstances difficiles, nous a obtenu sur la caisse de son monastère des avances, que nous acquittions plus tard avec le produit de notre pêche. Par malheur, dom Francesco, parti depuis trois semaines pour Rome, ne s'est pas trouvé au monastère à l'époque fixée pour son retour, et mon frère, en l'absence de son protecteur, n'a obtenu de l'économe qu'un refus positif.

— Oh ! dit Isabelle, j'aurais dû deviner votre gêne ! Mais si le désastre a eu lieu, je saurai le réparer, Jeanne... et sur-le-champ !

— Non, c'est impossible. L'enlèvement des meubles n'est rien. Vous ne savez pas tout.

— Miséricorde ! qu'y a-t-il encore ?

— Hier, j'avais eu le temps de sauver deux paniers de fruits. C'était notre unique ressource à tous ; car, à peine guéri de sa blessure, Piétro n'a pu reprendre encore aucune espèce de travail. Nous l'avons soutenu jusqu'à ce jour ; c'est une des raisons pour lesquelles il nous a été impossible de payer le fisc.

— Je comprends... Le prix d'une bonne action a été la ruine et le désespoir !

— Mon frère, continua Jeanne, a insisté pour m'accompagner au marché de Naples. Je refusais son assistance, je prévoyais ce qui est arrivé, mon Dieu !

— Jeanne, expliquez-vous, dit Isabelle palpitante.

— Il s'agissait d'obtenir du receveur du fisc l'autorisation de vendre mes fruits avant de payer les droits, ce qui est contre l'habitude. Non-seulement les employés me refusèrent cette grâce, mais l'un d'eux m'arracha brutalement mes paniers, et tous les fruits roulèrent dans le ruisseau.

— Tu entends ? dit Isabelle à Pédrille. Cette pauvre femme dont tu me racontais l'histoire à l'instant, c'était Jeanne... Jeanne, mon amie, ma sœur... qu'ils ont maltraitée !

— Ma fille, dit la nourrice, prenez garde à qui vous allez donner tort ou raison.

— Parlez, Jeanne, parlez ! la vérité seule peut sortir de votre bouche, et je promets de vous croire envers et contre tous.

Isabelle prononça ces paroles avec énergie et jeta sur Pédrille un regard mécontent.

— Je vous l'ai dit, continua Jeanne, mon frère avait voulu me suivre, et tout le malheur est là. Me voyant traiter de la sorte, il lui fut impossible de conserver son sang-froid ; il terrassa l'employé brutal qui avait répandu dans le ruisseau mes figues et mes oranges. De tous côtés on nous donnait droit. Masaniello fut à l'instant même soutenu par deux cents lazzaroni qui poussèrent des cris de vengeance. Le receveur prit la fuite avec ses commis, et leurs bureaux furent livrés aux flammes.

— Voyez le bel ouvrage ! dit Pédrille.

— Tais-toi ! répliqua durement Isabelle. Ou tu es folle, ou il te manque le cœur !

— Au plus fort de l'émeute, reprit Jeanne, une voix annonça tout à coup que le duc d'Arcos était à l'église de Saint-Dominique, et Masaniello cria : « Frères, allons demander au vice-roi s'il a donné l'ordre à de lâches commis d'insulter nos femmes et nos sœurs !... »

— Bien ! dit Isabelle. A sa place j'en eusse fait autant.

— Sans doute, sans doute, grommela la nourrice. Comment donc ! il est tout simple que vous approuviez les outrages faits par ce peuple au duc d'Arcos.

Isabelle tressaillit péniblement.

— Des outrages ! s'écria Jeanne. Il n'y a pas eu d'outrages, c'est moi qui vous le jure devant Dieu ! Quand le vice-roi sortit de l'église et remonta dans son carrosse, mon frère fut chargé par le peuple de lui adresser la parole. Il le fit avec respect et convenance.

— J'ai promis de vous croire, Jeanne, dit Isabelle, et je vous crois.

— Des outrages ! répéta la sœur de Masaniello, dont la figure s'était couverte d'une animation soudaine : apprenez, dame Pédrille, que mon frère est incapable d'un acte répréhensible. Devant le bureau des gabelles, tout autre eût cédé comme lui à l'indignation ; mais, en présence du duc d'Arcos, je l'ai vu calme et digne. Il me tenait par la main. Je l'entendis raconter au vice-roi les faits comme ils avaient eu lieu. Si je déplore le rôle que de fatales circonstances donnent à Masaniello dans tout cela, dame Pédrille, c'est parce qu'il est mon frère, c'est parce que je l'aime et qu'il peut être victime de son dévouement à la cause du peuple. Mais ni lui, ni le peuple, sachez-le bien, n'ont provoqué par aucune insulte l'indigne trahison du vice-roi.

— Une trahison ! dit Isabelle avec épouvante.

— Oui, répéta Jeanne, une trahison : car le duc d'Arcos trouva justes nos plaintes, et lorsque la foule, après le discours de mon frère, fit entendre ce cri :

« — Plus d'impôts ! plus d'impôts ! » le vice-roi se hâta de répondre :

« — Non, rassurez-vous, mes amis : je vais m'occuper, en rentrant, d'abolir toutes les charges qui pèsent sur les classes indigentes et laborieuses. Vous me demandez justice, je vous la promets ! »

Des cris d'enthousiasme accueillirent ces paroles. Le vice-roi monta dans son carrosse, et le peuple lui servit de cortège à son retour au palais. Mais à peine sa voiture fut-elle rentrée à la Vicaria, que les troupes mercenaires d'Allemagne, soutenues par des arquebusiers espagnols, sortirent à l'improviste et chargèrent la foule inoffensive. Des femmes, des enfants, des vieillards, furent odieusement frappés à coups d'arquebuse, ou renversés sur la place et foulés aux pieds des chevaux. Voilà ce que j'ai vu de mes propres yeux. N'accusez donc pas le peuple, dame Pédrille, n'accusez pas mon frère. Maudissez plutôt ceux qui les poussent à la révolte... maudissez-les comme je les maudis moi-même !

MASANIELLO.

— Non pas, dit la nourrice. Vous avez vos idées là-dessus ; moi, j'ai les miennes, et je les garde.

— Assez ! interrompit vivement Isabelle.

Son visage était couvert de pâleur.

Elle prit la main de Jeanne et lui dit avec un léger accent de reproche :

— Le chagrin vous rend impitoyable ; mais, hélas ! je dois vous excuser. Qu'est devenu Masaniello après cette charge des mercenaires allemands ?

— Nous avons été refoulés jusque sur le port, répondit Jeanne, et là vous devinez quels furent les discours tenus dans les groupes. La révolte est décidée, Masaniello en est le chef.

— Ciel ! qu'entends-je ?... Et vous ne l'avez pas supplié, Jeanne ? vous ne vous êtes pas jetée à ses genoux pour l'empêcher de se perdre ?

— Oh ! je lui ai dit tout ce que mon amour fraternel a pu m'inspirer de plus tendre ! J'ai pleuré toutes mes larmes... Il a été inflexible.

— Mon Dieu ! mon Dieu ! protégez-nous ! dit Isabelle, éclatant en sanglots.

— Il m'a reconduite ici, continua Jeanne, en me priant de ne pas chercher à amollir son courage. « Ne m'ont-ils pas tout enlevé ? disait-il. Ma barque est saisie, nous n'avons plus ni pain, ni ressource pour en gagner. Te voir mourir de misère... non ! non !... Devant de pareils excès, la révolte est honorable et sainte. Je vais délivrer Naples, je vais en punir les tyrans ! »

— Et il vous a quittée ?... Maintenant, où est-il, demanda résolûment Isabelle.

— Je l'ignore. Il ne m'a pas fait connaître le rendez-vous des conjurés.

— Mais ne doit-il pas revenir.

— En effet, il reviendra. Je n'ai toujours point de retraite pour la nuit. Il s'est chargé de m'en trouver une.

— Bien ! dit la fille du vice-roi.

Prenant aussitôt la nourrice à l'écart, elle lui glissa rapidement quelques mots à voix basse. Dame Pédrille voulut présenter quelques objections à l'ordre qu'elle venait de recevoir, mais Isabelle l'interrompit aussitôt, et, lui jetant une bourse pleine d'or :

— Je le veux ! dit-elle. Que tout soit ici dans une heure... Va !

La duègne baissa la tête et reprit seule le chemin de Naples, pendant qu'Isabelle allait s'asseoir auprès de Jeanne sur le banc dressé à la porte de la hutte.

— Console-toi, dit-elle, ma bonne sœur, tout est sauvé ! Masaniello renoncera de lui-même à la révolte, et vous n'aurez plus rien à craindre de la misère.

— Oh ! senora, ne me flattez pas d'une espérance trompeuse !

— Je veux que tu m'appelles ta sœur, entends-tu, Jeanne ? C'est la Providence qui m'a conduite ici ce soir. Je le répète, tout est sauvé.

Isabelle éluda les questions de sa jeune amie de la grève, afin de lui laisser le plaisir de la surprise.

Une heure après, dame Pédrille revenait de Naples.

Derrière elle s'avançait une lourde voiture, que suivaient trois manœuvres du port. Cette voiture s'arrêta devant la hutte, et Jeanne s'écria stupéfaite :

— Nos meubles ! on nous ramène nos meubles !

— Et la barque de Masaniello n'est pas oubliée, dit Isabelle en montrant une seconde voiture, qui faisait halte à cent toises de là, sur le sable du rivage.

D'autres manœuvres en descendirent une chaloupe et la remirent à flot.

Suivant les ordres de sa maîtresse, Pédrille avait été trouver le receveur du fisc, entre les mains duquel elle avait versé deux cents réales, à la condition de reprendre les objets saisis la veille dans la hutte du pêcheur.

En moins de dix minutes, tout le pauvre mobilier fut remis en place.

Jeanne pressait avec transport les mains d'Isabelle, et s'écriait :

— Ma sœur, ma bienfaitrice !... Oh ! laissez-moi vous remercier et vous bénir !

— Tu le vois, Jeanne, le mal est réparé. Vous allez reprendre votre douce et tranquille existence. Masaniello n'a plus le moindre motif d'exciter la révolte. Qu'il apaise le peuple. Comme lui, je trouve que la cause de ceux qui souffrent est sainte ; mais par des mesures violentes on risquerait de perdre cette cause et de la perdre sans retour.

— Le voici ! voici mon frère ! s'écria Jeanne avec une explosion joyeuse.

Effectivement, on apercevait dans le lointain le jeune pêcheur, portant un mousquet sur l'épaule.

Il se dirigeait vers la hutte, et marchait à pas rapides.

IV

Le conspirateur.

Isabelle et Jeanne, laissant dame Pédrille sur la porte, coururent au-devant de Masaniello.

Mais, en l'abordant, elles tressaillirent l'une et l'autre et ne purent réprimer un cri d'effroi.

La figure du jeune homme annonçait une animation terrible. Ses yeux étaient injectés de sang. On voyait que la colère, la haine et toutes les passions violentes agitaient son cœur.

— Vous ! s'écria-t-il en reconnaissant Isabelle, vous ici, senora ? Ce n'est point aujourd'hui le jour des visites et des promenades. Rentrez en ville, rentrez-y sur l'heure, et ne quittez plus la maison de votre père... car demain le carnage et la mort se promèneront dans les rues de Naples.

— Miséricorde ! s'écrièrent les deux femmes.

— A propos, senora, reprit vivement le pêcheur, ne m'avez-vous pas dit que votre père était un officier des troupes du vice-roi ? Oui, je me le rappelle, vous m'avez appris cela le jour de notre promenade sur le golfe. Eh bien, si votre père vous aime, s'il ne veut pas vous laisser orpheline, qu'il brise son épée ce soir !... car demain, point de merci, point de trêve ! le peuple écrasera tous les suppôts du despotisme !

Ces derniers mots furent prononcés par le jeune homme avec un accent à donner le frisson.

— Frère ! oh ! reviens à toi ! dit Jeanne, essuyant la sueur brûlante qui découlait du front de Masaniello.

— Laisse-moi ! cria-t-il en la repoussant.

Il parut néanmoins reprendre du calme et s'approcha d'Isabelle, qui le regardait immobile et glacée.

— Je vous fais peur, lui dit-il... pardon... mais n'oubliez pas le conseil que je vous donne. La mesure est si son comble, le jour de la vengeance est venu... et je ne voudrais pas avoir sur les mains, senora, le sang de votre père.

— Malheureux ! dit Isabelle, dans ce combat fratricide que vous annoncez, peut-être serez-vous la première victime.

— Dieu le veuille ! dit Masaniello, pourvu que mon sang féconde la liberté de Naples ; pourvu que nos tyrans soient vaincus, et que cette escadre que vous voyez ici les emporte à jamais loin de nous.

Il désignait les galères espagnoles commandées par don Juan Fernandez, et qui depuis deux heures à peine avaient jeté l'ancre dans le golfe.

— Demain, ajouta le pêcheur, les canons de cette escadre tonneront sans doute contre la révolte, car ils sont aux ordres d'un homme qui soutiendra nécessairement le vice-roi.

— Quel est cet homme ? balbutia Isabelle avec trouble.

— Cet homme s'appelle Fernandez. Ancien gouverneur des Indes, il vient épouser la fille du duc d'Arcos, en lui apportant pour dot trois cent mille ducats, fruit des exactions les plus infâmes. Un matelot, condamné par Fernandez à mourir sous le fouet, s'est échappé ce matin de l'une des galères et a gagné le port à la nage. Nous tenons de lui tous ces détails, qu'il est impossible de révoquer en doute. Le beau-père et le gendre sont dignes de s'entendre. Si Naples ne brise pas sa chaîne, elle aura deux vampires au lieu d'un... mais nous sommes prêts, patience !

Heureusement pour Isabelle, Masaniello regardait l'escadre, en tenant ce discours, car il eût surpris sur le visage de la jeune fille le secret qu'elle lui avait caché jusqu'alors.

Au nom de son fiancé, la pauvre enfant était devenue tour à tour écarlate et pâle. Vous avez jeté sur sa chevelure.

Jeanne n'examinait pas non plus Isabelle.

La sœur de Masaniello suivait avec anxiété le regard de son frère, qui, après s'être arrêté, menaçant et sombre, sur les vaisseaux de Fernandez, descendait lentement le long du golfe.

Il rencontra tout à coup la chaloupe saisie la veille par les employés du fisc.

Quelques minutes avaient suffi pour la remettre à flot. Les manœuvres, en ayant relevé le mât, déployé la voile et fixé solidement l'amarre, s'en étaient allés ensuite, la laissant, coquette et légère, se balancer sur la vague.

Masaniello bondit de surprise.

— Qu'ai-je vu ? s'écria-t-il ; est-ce un rêve ?

Jeanne fit signe à Isabelle qui avait eu le temps de se remettre.

— Non, mon frère, non, ce n'est pas un rêve ! Depuis ton départ, la Providence a travaillé pour nous.

Le pêcheur contempla les deux femmes. Sa poitrine était haletante, sa paupière devenait humide.

Il se tourna de nouveau vers le golfe et s'écria :

— Oui, c'est elle, c'est bien elle!... ma barque bien-aimée!... la compagne de ma vie! mon gagne-pain de chaque jour!... Nous irons encore ensemble affronter la tempête et nous perdre sur l'immensité! Je vais reprendre mon existence indépendante... Oh! la mer, le vent, les flots, mes horizons sans bornes, ma liberté!... je retrouve tout cela, mon Dieu!

Il étendait la main vers le rivage, et sur ses joues hâlées coulaient d'heureuses larmes.

— Viens, lui dit Jeanne, viens, frère... Ce n'est pas tout.

Elle prit Masaniello par un bras, tandis qu'Isabelle, le cœur vivement ému, s'appuyait avec timidité sur l'autre.

Le pêcheur tressaillit, en sentant cette douce main blanche qui ne craignait pas le contact de ses habits grossiers.

— Eh bien, Masaniello, dit Isabelle, chagrinerez-vous encore vos sœurs? continuerez-vous de nous parler de meurtre, de sang et de carnage? Pourquoi vous mêler à ces troubles? pourquoi nous rendre malheureuses, quand nous faisons tout pour vous ramener la paix et le bonheur?

Masaniello écoutait cette voix qui résonnait à son oreille comme une musique délicieuse.

Son cœur battait avec ivresse.

Il lui semblait que deux anges étaient venus tout à coup l'arracher aux ténèbres de l'enfer pour lui redonner toutes les joies du ciel.

On atteignit le seuil de la hutte, et dame Pédrille dit tout bas à sa maîtresse :

— La nuit approche; ma chère enfant, il faut partir.

Mais Isabelle ne l'entendit même pas, et la nourrice mécontente resta sur la porte, prêtant l'oreille et jetant de temps en temps dans la hutte un regard soupçonneux.

La fille du vice-roi jouissait de l'étonnement de Masaniello, qui, retrouvant sa demeure toute meublée, éprouvait une émotion aussi vive que celle dont il avait été saisi à l'aspect de sa chaloupe.

— Oh! murmura-t-il, à qui devons-nous ce bienfait?

— Ne le devines-tu pas, frère? dit Jeanne en lui montrant Isabelle.

Masaniello porta la main sur son cœur et dit à la fille du vice-roi :

— Disposez de ma vie, elle est à vous!

— Ah! répondit Isabelle, vous ne me devez point de reconnaissance! Ne suis-je pas trop heureuse de vous avoir sauvés? J'avais dans ma bourse de jeune fille quelques ducats superflus, et je ne pouvais les employer d'une manière qui me causât une satisfaction plus douce.

Elle tendit la main au jeune homme, qui s'agenouilla pour la porter à ses lèvres.

— Ainsi, reprit-elle en le caressant de son regard limpide, vous n'avez plus de raison pour vous livrer au désespoir. Vous ne retournerez plus à Naples; ou, si vous y allez encore, ce sera pour calmer le peuple, pour apaiser la révolte. Promettez-le-moi, je vous en conjure!

Masaniello se releva brusquement.

Il passa la main sur son front et regarda la jeune fille d'un air égaré. On eût dit qu'il sortait tout à coup d'un rêve consolant et paisible, pour se heurter à une réalité sombre et menaçante.

— Calmer le peuple... apaiser la révolte? balbutia-t-il avec trouble.

— Mon frère! dit Jeanne, oh! tu ne refuseras pas notre bienfaitrice!

— Pas un mot de plus... ce que vous me demandez est impossible.

— Impossible! s'écria douloureusement Isabelle.

— Oui... car ils ont ma promesse.

— Il faut la leur reprendre, dit Jeanne.

— Y songes-tu, sœur? Ils m'ont nommé leur chef!... ce serait les trahir, et j'en suis incapable... Adieu.

Le jeune homme fit un pas vers la porte; mais Isabelle se précipita devant lui, les mains jointes et les yeux baignés de larmes.

— Arrêtez, Masaniello!... Tout à l'heure vous me disiez de disposer de vos jours... Hélas! hélas! c'était donc une parole vide, un sentiment qu'exprimait votre bouche et que répudiait votre âme!

— Non, senora... je l'ai dit, et je le répète encore : prenez ma vie, prenez mon sang jusqu'à la dernière goutte, mais laissez-moi l'honneur!

— L'honneur, Masaniello, le faites-vous consister à désoler Naples par le meurtre et l'incendie?

— Le crime est à ceux qui ont excité le peuple. Ils forcent le lion à sortir de son antre... Tant pis s'il les déchire!

— Mais ce peuple, Masaniello, c'est vous qui allumez sa colère. Pourquoi souffler sur la flamme quand il dépend de vous de l'éteindre?

— Écoutez, senora, dit le jeune homme, vous venez de nous rendre un service qui vous donne des droits éternels à notre reconnaissance; mais s'il faut payer vos bienfaits par une trahison, reprenez-les, senora, reprenez-les, de grâce, et laissez-moi partir!

— Ah! Masaniello, qui vous parle de vos bienfaits?

— Vous êtes Espagnole, et vous ne comprenez pas mes devoirs.

— Je sais que vous allez vous perdre.

— Qu'importe?

— Le duc d'Arcos a des forces considérables; Naples est remplie de soldats.

— Nous avons Dieu pour nous!

— Mais voyez Jeanne qui sanglote et qui pleure! vous êtes son unique appui dans ce monde. Que deviendra-t-elle, si la mort vous frappe?

— Elle a Piétro, son fiancé... Piétro qui ne peut combattre à cause de sa blessure et qui la protégera si je meurs. Du reste, Jeanne est une digne et courageuse Napolitaine. Elle aimerait mieux pleurer sur ma tombe que de me voir abandonner la sainte cause que j'ai toujours soutenue.

— Mon Dieu! mon Dieu! dit Isabelle, il ne devine pas mes terreurs; il est donc sans pitié!

Le jeune homme lui prit la main avec émotion :

— Vous le savez, senora, ma première pensée, tout à l'heure, en vous rencontrant sur le rivage, a été pour le salut de votre père.

— Mon père!... Et si ce n'est pas pour lui que je tremble?

— Que dites-vous?

— Hélas! le péril n'est pas de ce côté! vous seul courez tous les risques.

— Alors, senora, dit le jeune homme avec un frisson dans la voix, puisque le sujet de vos craintes n'est pas celui que je supposais d'abord, il m'est donc permis de croire. Oh! non! non! c'est impossible!

— Masaniello, puis-je donc sans épouvante vous voir courir à une mort certaine?

— Senora, vous ignorez le trouble que vos paroles jettent dans mon cœur. Pitié! pitié!

— Masaniello! vous êtes mon ami, vous êtes mon frère...

— Non! dit tout à coup le jeune homme, je ne suis pas votre frère : je vous ai donné dans mes rêves un autre nom plus doux.

— Eh bien, ce nom, je l'accepte! s'écria-t-elle avec une sorte de délire.

— Isabelle!... oh! prenez garde!... Moi, pauvre pêcheur de la grève, j'obtiendrais votre amour!

— Attendez, reprit la jeune fille palpitante. En vous avouant la faiblesse de mon cœur, et les grands yeux, tout humides de pleurs, achevaient éloquemment les révélations que sa bouche avait commencées.

Quant à Masaniello, il se livrait à lui-même un violent combat.

La lutte entre le devoir et l'amour fut terrible; mais le pêcheur en sortit victorieux.

Il se rapprocha d'Isabelle, l'œil humide, le sein palpitant, et lui dit en réponse à ses dernières paroles :

— En effet, senora, jamais une faute ne peut justifier un crime. Supposez que le peuple et moi nous ayons eu tort de commettre un premier acte de violence, quand nous a trompé odieusement ensuite, et qui a profité de l'erreur où il nous avait jetés lui-même pour verser le sang des Napolitains sur la place de la Vicaria, cet homme, Isabelle...

— Arrêtez, Masaniello!

— Cet homme est un infâme!

— Oh! je vous en conjure, ne me tenez pas de semblables discours!

— Si la faute est du côté du peuple, le crime appartient au vice-roi, et je me charge du châtiment.

— Mon Dieu! mon Dieu! s'écria la jeune fille au désespoir, je viens de lui dire que je l'aime, voilà sa réponse!

— Vous m'aimez, Isabelle?... Oh! soyez bénie pour cet aveu qui répand dans mon âme une joie si pure et si radieuse!... Vous m'aimez?... Hélas! après vous avoir entendue tout à l'heure, j'aurais voulu mourir!

— Masaniello! ne soyez plus sourd à ma prière!

Le jeune homme ne répondit pas et baissa la tête avec une tristesse profonde.

— Vous aviez raison, reprit-il au bout d'un moment de silence, vous êtes Espagnole, et je suis Napolitain; ce qui va se passer doit mettre entre nous une barrière... Vous me haïrez peut-être! mais je dois faire le sacrifice de votre amour.

— Taisez-vous! taisez-vous! s'écria Isabelle au milieu de ses sanglots.

— Laissez-moi poursuivre, laissez-moi vous dire quelle affection sainte et inaltérable j'avais conçue pour vous! Depuis que je vous connais, mon cœur est plein de votre image...

— Isabelle! mensonge! car vous auriez pitié de ma peine.

— Je souffre plus que vous, Isabelle; mais puis-je donc trahir mes frères?

— Vos frères! vous les conduisez à leur perte.

— Je les conduis à la gloire!

— Oh! non, non, vous ne m'avez jamais aimée!

— C'est parce que je vous aime que je suis inflexible.

— Vous l'entendez, Seigneur! dit Isabelle en joignant les mains avec angoisse.

— Oui, répéta Masaniello, c'est parce que je vous aime. Si je vo obéissais aujourd'hui, demain je rougirais en votre présence, demain vous auriez le droit de me traiter de lâche !

— Masaniello !

— De lâche et d'infâme ! car j'aurais menti à ma conscience, faussé mes serments, répudié mes principes. J'aurais jeté la base de mon bonheur sur les souffrances du peuple, et mon bonheur serait maudit.

— Grâce !..... Mais joignez-vous donc à moi, mais dites-lui qu'il est insensé ! s'écria la jeune fille, courant à Jeanne et lui secouant le bras avec force.

La sœur de Masaniello pleurait à l'écart.

Elle essuya ses larmes, se leva lentement et montra le ciel à la fille du vice-roi.

— Je commence à croire, dit-elle, que c'est la volonté de Dieu ! Avant vous, j'ai supplié mon frère ; avant vous, je me suis jetée gémissante à ses pieds. Il n'y a que la sainteté d'un devoir qui puisse lui donner la force de résister ainsi à sa tendresse fraternelle et à son amour. Résignons-nous et prions !

Isabelle, atterrée de cette réponse, chancela sur ses genoux. Son visage se couvrit d'une pâleur effrayante.

Le jeune homme courut la soutenir et la déposa sur un escabeau de la hutte.

Elle était complétement évanouie.

Masaniello s'agenouilla devant elle et prit sa main glacée qu'il approcha de ses lèvres.

— Adieu ! murmura-t-il, adieu !... Le ciel est témoin du courage qu'il m'a fallu pour résister à tes pleurs. C'est la dernière fois, peut-être, que nous nous rencontrons en ce monde : mais si je ne dois plus te revoir, si je succombe à l'œuvre, mon nom, avec celui de ma sœur bien-aimée, le nom de mes deux anges, sera sur mes lèvres à mon dernier soupir !

Il se redressa brusquement, prit son mousquet et s'élança hors de la cabane.

V

Une rencontre suspecte.

La nuit tombait.

Au milieu des ombres du crépuscule on voyait lentement disparaître tout le paysage d'alentour.

Masaniello crut remarquer, en sortant de la cabane, une forme humaine assise à quelque distance sous un bosquet de grenadiers et d'oliviers sauvages, plantés autrefois par Jeanne, afin d'avoir aux environs de la hutte un peu d'ombrage pendant les grandes chaleurs.

Il eut un instant l'idée que ce pouvait être un espion.

Néanmoins, comme il n'avait pas de temps à perdre, il passa outre et, deux minutes après, il pénétra dans la cabane de Piétro.

Depuis quelques jours à peine le contrebandier entrait en convalescence.

Il vint péniblement à la rencontre du frère de Jeanne et lui serra la main.

C'était un homme âgé de trente ans environ, d'une physionomie ouverte et loyale, et qui, dans l'état de santé, devait avoir une force prodigieuse ; car il avait de larges épaules, et ses bras nus trahissaient des muscles d'acier.

— Reste assis, Piétro, reste assis, lui dit le pêcheur.

— Oh ! pourquoi n'es-tu pas venu me voir depuis hier ? murmura le malade.

— Parce que je n'avais à te parler que de ma ruine. Aujourd'hui, c'est différent.

— Voyons, est-ce que tu ne te vengeras pas ? lui demanda le contrebandier d'une voix sourde.

— Demain, répondit Masaniello, Naples redeviendra libre où je serai mort.

— Tu vas soulever le peuple ? Tu vas te battre ?... J'aurai bien assez de force pour te suivre... Attends-moi.

— Je te prie de ne pas bouger de place et de m'écouter sans m'interrompre.

— Parle, dit Piétro.

— Tu n'as pas cessé d'aimer ma sœur ?

— Ah ! peux-tu me faire une pareille question ?

— Tu désires toujours la prendre pour femme ?

— Toujours.

— En ce cas, guéri ou non, tu ne te battras pas avec nous.

Piétro bondit sur son siége.

— Tu ne te battras pas, s'empressa d'ajouter le pêcheur, parce qu'il

faut que l'un de nous deux reste pour soutenir Jeanne. Comprends-tu, frère ?

Une larme descendit sur la joue du contrebandier.

— Tu as raison, murmura-t-il ; n'importe, c'est dur !

— Ainsi, dit Masaniello, voilà qui est convenu. Si tu ne me vois pas revenir demain soir, tu t'appuieras sur le bras de Jeanne, et vous irez ensemble au couvent des bénédictins. C'est décidément aujourd'hui que le révérend père dom Francesco doit être de retour de Rome, et je vais l'avertir tout à l'heure, en passant, que tu iras lui demander la bénédiction nuptiale pour Jeanne et pour toi.

— Bien, dit Piétro, qui s'efforçait de retenir ses sanglots.

— Allons, frère, si tu ne peux pas combattre, tu prieras pour nous. Le ciel soutient les opprimés et non les oppresseurs. Ayons confiance ?

Ils s'embrassèrent en pleurant, et Masaniello sortit.

Son chemin n'était pas de rentrer à Naples. Il longea le mur d'enceinte des fortifications, et se dirigea vers le Pausilippe.

Tout à coup la même forme douteuse qu'il avait entrevue au sortir de la hutte se dessina de nouveau sur son passage.

Le jeune homme ramena vivement entre ses mains l'arme qu'il portait sur l'épaule, afin de n'être pas pris au dépourvu, dans le cas où il aurait affaire à un agresseur.

Aussitôt une voix brusque et retentissante lui cria :

— Hé ! hé ! signor, j'entends grincer, ce me semble, la roue de votre mousquet ? Corpo di Cristo ! c'est de bonne précaution, par le temps qui court et par le jeu que vous jouez, mon maître ! Toutefois, ne soyez pas si vif, et ne me tuez pas sans m'écouter. Diavolo ! je m'y oppose formellement.

Ce discours achevé, le personnage qui venait de le tenir se trouva face à face avec le pêcheur.

— Qui êtes-vous ? demanda le jeune homme, et que me voulez-vous ?

— Bravissimo, signor ! voilà qui est parlé nettement et sans périphrase ! Mais vous avez l'air pressé comme un jeune cerf qui sent la meute à ses trousses. Faisons route ensemble, et je vous répondrai.

Masaniello rejeta son mousquet sur l'épaule, ayant soin toutefois de suivre de l'œil les mouvements de l'inconnu, gaillard robuste, de haute encolure, et qui du reste était armé jusqu'aux dents.

— Vous allez donc révolutionner Naples, caro piscatore ? dit le colosse avec une voix railleuse.

— Des questions ? Il me semble que vous devez d'abord répondre aux miennes.

— C'est juste. Ne nous emportons pas. Vous me demandez qui je suis ? Eh ! sangue di Cristo, vous ne connaissez que moi !

— Je ne dis pas le contraire ; mais vous ferez aussi bien de me décliner votre nom, car je ne suis pas sorcier.

— Corcelli, mio caro... Corcelli, pour vous servir.

— Ah ! ah ! tu es le capitaine de la troupe de bandits du Vésuve ?

— Précisément, signor !

— Que veux-tu de moi ?

— Eh ! mais, carissimo, vous vous placez, d'un seul bond, sur le terrain de la familiarité !... Alors je vais t'y suivre. Ce que je veux de toi ? rien, et je viens t'offrir tout. Mais, avant de m'expliquer plus clairement, je désire savoir si tes projets de révolte sont sérieux.

— Quel intérêt prends-tu à cela ?

— L'intérêt d'un vrai Napolitain, qui a l'amour de la patrie et la haine de l'étranger.

Masaniello dressa la tête.

Il ne pouvait, à cause de l'obscurité, distinguer le visage de son interlocuteur ; mais son accent lui parut plein de franchise.

— Nos projets sont sérieux, répondit-il.

— À la bonne heure, fit le brigand. Mais, per Bacco, mon jeune maître, tu oublies que le duc d'Arcos a mis Naples sur le pied de guerre ; le Château-Neuf est rempli de couleuvrines et te crachera de la mitraille du haut en bas de ses bastions.

— Soit, dit Masaniello ; je braverai la mitraille.

— Fort bien ; mais as-tu fait quelques réflexions, signor piscatore, sur les troupes nombreuses de reîtres et de lansquenets casernées dans l'intérieur de la ville ? As-tu calculé bien au juste ce qu'il y a de fantassins espagnols et d'arquebusiers de Castille échelonnés de poste en poste et de forteresse en forteresse, du bord de la mer aux Camaldules ? Crois-tu que le vice-roi ne lâchera pas à vos trousses tous ses chiens armés ? Corpo di Bacco ? si vous vous tous hachés menu en un clin d'œil !

— Tes prévisions pourront bien être trompées, honnête bandit. Le bras nu de l'homme du peuple vaut mieux que le mousquet du soldat.

— Sottises, mio caro ! Le mousquet du soldat plantera des balles dans le crâne de l'homme du peuple, et si tu n'as que des bras nus à ton service, les poissons du golfe auront, ces jours-ci, l'agrément de manger ceux qui les prennent. Bon appétit ! et au diable la liberté !

— Mais où trouver des armes ? dit Masaniello, que les raisonnements grotesques du bandit commençaient à émouvoir.

— Des armes, carissimo ? Eh ! eh ! le brigand du Vésuve en a quelques-unes à te fournir ! Mais il s'agit de nous entendre.

— Parle.

— Combien te faut-il de mousquets et d'arquebuses ?

— Je te le ferai connaître dans une heure, quand j'aurai compté mes hommes, dit Masaniello.

— Est-ce qu'ils doivent être tous aux catacombes? demanda le bandit.

— Ah ! fit le pêcheur étonné, tu connais le lieu du rendez-vous ?

— Je le connais.

— Qui te l'a indiqué ?

— *Cospetto !* tu es curieux ! au fait, c'est de ton âge. Mais apprends, pour ta gouverne, que le brigand du Vésuve sait tout et n'indique jamais la source de ses renseignements ; c'est le moyen d'y puiser toujours à coup sûr. Non-seulement je connais le rendez-vous des conjurés, mais je puis te dire aussi pourquoi tu t'arrêtes auprès de ce monastère.

Corcelli désignait une masse noire qui se détachait dans l'ombre.

Ils étaient arrivés devant le couvent des bénédictins.

— Bon ! dit Masaniello ; et pourquoi, je te prie ?

— Tu vas rendre visite à certain religieux que je prendrai quelque jour pour directeur de ma conscience, si je me décide, ce qui est peu probable, à m'arrêter mon compte avec Satan, pour en commencer un avec Dieu. Ton moine se nomme dom Francesco. Est-ce bien cela ?

— Où l'as-tu connu ?

— Dans ma caverne du cratère, où il était encore ce matin.

— Tu railles ?

— Non, *per Bacco !* J'ai eu l'honneur de saluer, hier au soir, le *reverendissimo padre* ; car, à son retour de Rome, il n'a suivi la route de mer que jusqu'à Gaëte, et, dans le trajet de Capoue à Naples, mes hommes l'ont pris avec cinq autres voyageurs. Je l'ai invité à souper. Puis nous l'avons relâché au point du jour pour lui ôter l'envie de nous convertir.

— C'est donc lui qui t'a parlé de moi ?

— Ah ! ah ! *povero !* toujours cette maudite curiosité ! Non , ce n'est pas lui. A propos, j'y songe : est-ce que tu as jamais vu la fille du viceroi, *mio amore* ?

— Jamais, dit le pêcheur avec surprise. Pourquoi cette demande ?

— Oh ! n'y attache aucune importance ! *Corpo di Cristo*, je me doutais du tour.

— De quel tour ?

— Ne t'en inquiète pas. Ces petites Espagnoles ont de l'aplomb..... *Cospetto !*..... Du reste, elle n'a pas mauvais goût : les gaillards de ton espèce ne sont pas communs.

— Tu m'impatientes ! cria le pêcheur. Que veut dire ce langage énigmatique ?

— Cela veut dire, *mio caro*, que je m'occupe de temps à autre de tes affaires, et tu ne dois pas t'en plaindre, puisque je vais te donner le moyen de remporter une victoire certaine. Ecoute ! une bonsoir au moine; prends ensuite le chemin des catacombes, décide l'heure de l'attaque, et viens, au sortir de là, me trouver sur le Vésuve. Tu ne comptes pas , j'imagine , dormir cette nuit ? Donc il faut l'employer à nous concerter ensemble. Tu verras mes munitions de guerre ; tu compteras les troupes que je puis mettre à tes ordres, et je te poserai mes conditions. Est-ce dit ?

Masaniello hésitait.

— J'espère, *mio piscatore*, que tu ne me crois pas capable de te tendre un piège ?

— Non, dit le frère de Jeanne : dans quel intérêt, d'ailleurs, me le tendrais-tu ?

— Bien raisonné, *carissimo* ! Foi de brigand, je suis honnête homme, et tu n'as rien à craindre.

— Ce serment me rassure, dit le pêcheur en riant. J'irai donc te voir au sortir des catacombes.

— Attends ! il faut te donner le mot d'ordre.

— Quel est-il ?

— *Masaniello*.

— Peste ! quel honneur pour moi !

— N'es-tu pas le héros du jour?... Au revoir.

— Au revoir ! dit le pêcheur.

Et ils se séparèrent.

VI

Les catacombes.

Située à mi-côte du Pausilippe, en dehors du mur d'enceinte de la ville, l'abbaye des moines de Saint-Benoît avait des remparts solides et se trouvait environnée de fossés et de contrescarpes, précaution fort sage adoptée par les religieux d'un autre siècle, mais dont leurs successeurs étaient loin de se plaindre dans un pays où presque toujours les soldats se faisaient brigands, et où les brigands devenaient quelquefois soldats.

Masaniello trouva le pont-levis encore baissé ; mais la herse était descendue. Il la secoua rudement, et le portier du monastère s'empressa d'accourir.

Deux minutes après, le pêcheur entra dans la cellule de dom Francesco.

Le moine était au milieu de ses livres.

Il souleva le capuchon d'une lampe huileuse qui éclairait son travail, et poussa un cri de joie en reconnaissant le jeune pêcheur de la Mergellina.

— Mon fils ! mon fils bien-aimé! s'écria-t-il en le pressant avec affection contre son cœur. Tu as donc appris mon retour ?

— Oui, mon père. J'ai même su que les brigands du Vésuve avaient osé vous arrêter sur la route de Capoue à Naples.

— Ah !... De qui tiens-tu cette nouvelle, mon fils ?

— De Corcelli lui-même.

— *Sancta Maria !* Tu l'as donc vu ?

— Je le quitte à l'instant. Quelle a été sa conduite envers vous, mon père ?

— Très-convenable. Il m'a relâché ce matin sans difficulté. Du reste, les seigneurs brigands savent qu'avec nous, pauvres moines, on gagne très-peu de plastres et beaucoup de sermons.

— C'est vrai, mon père. Du reste, vous le voyez, je suis instruit de ce qui se passe, et c'est la différence qui existe entre vous et moi.

— Que veux-tu dire ?

— Aucun bruit ne vous est revenu de Naples ?

— Non, dit le moine. C'est-à-dire on a parlé d'une légère émeute que les soldats du vice-roi avaient réprimée.

— Voilà tout ? demanda le pêcheur.

— Je ne sais rien autre chose. Est-ce que tu assistais à cette émeute ?

— C'est moi qui l'ai faite, mon père.

— Toi ! s'écria le moine.

Il attira le jeune pêcheur sur un escabeau voisin du fauteuil garni de cuir où il était assis lui-même. Plongeant ensuite son regard pénétrant dans le regard de Masaniello :

— Parle, murmura-t-il ; c'est donc grave ?

— Oui, mon père. Je remercie la Providence qui vous ramène auprès de moi. Vous êtes mon conseil et mon guide. Si mes idées se sont agrandies, si la lumière a percé les ténèbres de mon intelligence, à qui le dois-je ? A vous, dom Francesco, à vous qui êtes venu trouver dans sa hutte le pauvre pêcheur de la grève, à vous qui avez pris par la main l'enfant du peuple pour lui révéler les régions de l'éternelle vérité.

— Mon fils, j'ai semé sur une terre fertile. La moisson devait être abondante.

— Ecoutez, mon père : l'heure est venue de nous entendre. Vos entretiens et la lecture des livres que vous m'apportiez ont fait naître en moi le projet de rendre à Naples ses libertés anciennes et de soulager les classes pauvres qu'un pouvoir aveugle écrase de taxes impossibles. Ce projet, l'approuvez-vous ?

— Tais-toi, Masaniello, tais-toi !... Cher enfant ! comment pourrais-tu réussir ?

— Là n'est pas la question, mon père. Approuvez-vous mon projet ?

— Oui, si tu as le moyen de l'exécuter.

— Bien, dit le jeune homme. Ce n'est pas tout. Conduit par la saine morale évangélique à jeter un blâme sévère sur les exactions commises, vous avez déroulé sous mes yeux un plan d'organisation sociale et chrétienne qui a fait pousser à votre élève des cris d'enthousiasme.

— C'est vrai, mon fils, je t'ai lu en partie mon *Traité de l'Evangile appliqué à la politique*, ce même ouvrage que je viens de soumettre à l'approbation de la cour de Rome.

Le pêcheur se leva.

— Eh bien ! dom Francesco, il s'agit d'appliquer vos principes. Etes-vous prêt ?

— Mon fils ! mon fils ! ne me berce pas d'une espérance trompeuse ! Tu es bien jeune, et l'imagination t'emporte. Oh ! sauver le peuple, réaliser cette divine maxime du Christ : « Tous les hommes sont frères ! »

— Nous la réaliserons, dit le pêcheur.

— Prouve-le-moi ! prouve-le-moi, Masaniello, et je te suis partout !

— Ecoutez, mon père : vous m'avez jugé depuis longtemps. Mon âme résume en elle les aspirations ardentes d'un peuple mûr pour conquérir ses droits, et qui secoue ses fers avec rage, en attendant l'heure de les briser.

— Oui, tu as raison.

— Ce soir, dom Francesco, j'ai sondé le peuple de Naples. Toutes les âmes ressemblaient à la mienne. Au nom magique de *liberté*, tous les cœurs ont bondi, tous les bras se sont levés au ciel, tous les yeux ont lancé des flammes ! Vous me demandez quelles sont les garanties de la victoire ? je n'en veux pas d'autres.

— Achève, Masaniello, dit le moine palpitant.

— Cette foule de lazzaroni et de pêcheurs, ces têtes échauffées par le soleil napolitain, se trouvaient naturellement déjà portées à l'insurrection. Je n'ai eu qu'un mot à dire, qu'un signe à faire pour allumer le volcan.

— Mon fils !... Oh ! je t'écoute, et je me demande si je ne fais pas un rêve !

— Demain, dit Masaniello, Naples sera libre.

— Est-ce possible, mon Dieu !
— J'ai soufflé sur les passions de l'émeute. Mes frères des faubourgs et de la Mergellina, tout ce peuple couvert de haillons, ce peuple aux joues hâlées, aux bras nus, n'attend que mon signal pour proclamer son indépendance.
— Mais où as-tu parlé au peuple, Masaniello ?
— Sur le port, après l'infâme trahison du vice-roi.
Cela dit, il expliqua brièvement au moine tous les événements de la journée.
Dom Francesco l'écoutait avec admiration.
Les yeux du vieillard étaient inondés de larmes. Son sein battait avec force. Il s'agenouilla, quand le jeune homme eut terminé son récit, et resta quelques secondes en prière.
Se relevant ensuite, il saisit la main du pêcheur, et lui dit :
— Masaniello, j'ai pesé chacune de tes paroles, et je déclare que le bon droit est du côté du peuple. Béni soit le Seigneur, si le moment est venu, et s'il a choisi mon fils bien-aimé pour accomplir l'œuvre sainte !
— Ainsi, vous m'approuvez, mon père ?
— Je t'approuve.
— N'est-ce pas que si j'abandonnais à cette heure la cause sacrée du peuple, je serais un lâche et un infâme !
— Oui, comme Judas, tu vendrais le sang d'un autre Christ, et la malédiction des siècles pèserait éternellement sur ta mémoire.
— Hélas ! dit Masaniello d'une voix frémissante, j'ai pourtant failli succomber, mon père.
— Que dis-tu ! s'écria le moine.
— Une femme, une femme que j'aime se traînait suppliante à mes genoux... Oh ! pardon ! je ne vous avais pas fait cette confidence, et j'ai eu tort, car vous auriez sur-le-champ fermé la blessure. Mais je craignais de guérir. Elle m'était apparue si belle, si radieuse ! C'était un soir, au mugissement des vagues, aux éclats de la tempête. Je venais de la conduire à Procida dans ma chaloupe. Effrayée de l'orage, elle s'est jetée dans mes bras. J'ai senti son cœur battre sur mon cœur, et le ciel de l'amour s'est ouvert pour moi.
— L'amour ! dit le moine, qui retomba sur son siège avec accablement. Pourquoi faut-il qu'il se glisse en toi, mon fils, à cette heure solennelle où je ne te croyais d'autre passion que celle de la liberté ?
— Ah ! répondit le jeune homme, la liberté l'emporte sur l'amour ; mais ce n'est pas sans lutte et sans souffrance. J'ai brisé mon bonheur.
— Quelle est donc cette femme ? demanda dom Francesco.
— Un ange, mon père ! une douce jeune fille dont l'amitié pleine de charme est venue tout à coup rayonner sur ma vie. Je l'adorais dans le secret de mon cœur, tout en cherchant à me persuader que je ne l'aimais pas d'amour. Mensonge heureux ! illusion bienfaisante, qui me permettaient de m'enivrer du son regard et de me bercer sans remords aux doux sons de sa voix ! son image ne me quittait plus ; je la retrouvais partout, dans la veille et dans les rêves ; elle me suivait dans ma barque, je la contemplais dans le miroir des flots ; les nuages prenaient sa forme vaporeuse, et la brise des mers chantait son nom.
— Malheureux !... et depuis dire que tu as cessé de l'aimer.
— Je n'ai pas dit cela, mon père ; mais suis-je donc un homme sans énergie et sans courage ? Prêt à faire le sacrifice de ma vie, pourquoi n'aurais-je pas fait celui de mon amour ?
— O mon fils ! pardonne si je tremble ! mais ouvre l'histoire des passions, et tu verras que l'amour amollit le cœur. Il a perdu les plus grands hommes.
— Quand ils y ont cédé, dit Masaniello, mais non quand ils l'ont combattu.
— Prends garde ! Es-tu bien sûr de toi-même ?
— Oui, je réponds de mon cœur ; il se révolte contre le sacrifice : il saignera longtemps... Qu'importe ? Celle dont je vous parle m'a donné à choisir entre sa tendresse et le devoir ; j'ai choisi le devoir.
— Viens dans mes bras, noble et courageux enfant ! s'écria le moine, vaincu par le ton de fermeté du pêcheur. Je te crois, Masaniello, je te crois !
— Pour en finir, de te parler et calmer d'un seul coup toutes vos craintes, sachez qu'elle est Espagnole et fille d'un capitaine des troupes du duc d'Arcos. Demain je combattrai son père ; donc, entre elle et moi va s'ouvrir un abîme. Qu'elle prenne le parti des tyrans... moi, je suis Napolitain, je suis votre élève ; la révolte m'a nommé son chef... Vive Naples et la liberté !
Dom Francesco le pressait contre son cœur et versait des larmes de joie.
— Maintenant, mon fils, que vas-tu faire ?
— Les conjurés m'attendent aux catacombes.
— Bien ; je vais t'y suivre.
— C'est cela, dit Masaniello, vous bénirez nos poignards.
Le moine tressaillit.
— Seigneur, murmura-t-il en élevant au ciel ses mains tremblantes, je vous prends à témoin que je ne suis pas un homme de sang ! Mais le peuple souffre et pleure, et une implacable tyrannie le pousse au désespoir. Vous ne pouvez pas, ô mon Dieu ! condamner Israël, si les Philistins sont châtiés de leurs crimes.
— Partons, mon père, dit Masaniello.

— Je suis prêt, dit le moine. Toutefois, un mot encore : d'où vient que tu as choisi les catacombes pour lieu de réunion ?
— Hier, nous conspirions en plein soleil, répondit le pêcheur, et sous les yeux des espions du vice-roi, qui devaient nécessairement se mêler à la foule et tout rapporter à leur maître. Il fallait plus de mystère. J'ai donc provoqué ce rendez-vous nocturne dans les catacombes. Rien ne sortira de leurs discrètes profondeurs.
— A merveille. Mais si les troupes du vice-roi cernent l'entrée des souterrains, quelle mesure as-tu prise pour assurer ta retraite et celle de tes complices ?
— Aucune, mon père.
— Imprudent !
— Si le malheur voulait que nous fussions cernés, dit Masaniello, il faudrait, ou repousser les agresseurs, ou nous faire tuer sur la place.
— Jeune homme ! jeune homme ! tu as eu raison de venir prendre les conseils du vieillard ! Le courage sans la prudence peut devenir fatal. Viens, c'est à moi de te conduire.
Ils quittèrent la cellule.
Tous les moines étaient à l'office du soir.
Dom Francesco, suivi du pêcheur, traversa le cloître, tourna derrière la chapelle et s'arrêta devant une rampe humide, dont les degrés se perdaient sous les profondeurs mêmes de l'édifice.
— Où allons-nous, mon père ? demanda Masaniello.
Avant de lui répondre, le bénédictin tira de son froc un briquet et une clef dont il s'était muni.
Prenant ensuite le bras du pêcheur pour l'empêcher de glisser dans l'ombre, il le fit descendre vingt marches, et s'arrêta devant une lourde porte de fer qu'il ouvrit, et dont les gonds rouillés firent entendre un grincement lugubre.
Le moine lui dit alors :
— Les catacombes de Naples ont quatre issues différentes. L'une est dans le bois du Pausilippe. C'est par là sans doute que vous deviez tous vous introduire ?
— Oui, mon père.
— La seconde est sous le Château-Neuf, la troisième derrière le chœur de l'église Saint-Janvier, et la quatrième dans le couvent des bénédictins. Nous y sommes. Tu le vois, la Providence travaille pour nous. Le moyen de retraite que tu n'avais pas, je te l'offre. En cas d'alerte, vous vous réfugierez tous au monastère, et malheur à vos ennemis, s'ils s'engagent à votre suite dans les détours du labyrinthe !
Tout en parlant, dom Francesco allumait deux torches.
Il y en avait une provision tout près de là dans un enfoncement de la muraille.
Le moine en garda une et donna l'autre au pêcheur, poussa la porte de fer, dont le bruit fit hurler les échos du ténébreux séjour, et se mit en marche, après avoir eu soin d'attacher à l'entrée du souterrain le bout d'une cordelette, dont il avait un peloton tout entier dans la poche de sa robe, et qui se déroulait derrière lui à mesure qu'il avançait.
— Tu devines, mon fils, pourquoi je prends toutes ces précautions ?
— Je vous admire, mon père.
— Ce nouveau fil d'Ariane vous procurera le salut, si les soldats du vice-roi viennent à fermer l'issue du Pausilippe.
— Un dernier mot, dit Masaniello. Il n'est que trop vrai, mon père, mille dangers nous entourent. Demain, ce soir peut-être, je puis mourir.
— Que dis-tu ? Chasse ce pressentiment funeste.
— Je puis mourir, répéta le jeune homme d'une voix émue, et je ne veux pas que Jeanne, ma pauvre sœur, reste sans appui sur la terre. Vous connaissez Piétro, son fiancé ? Si je meurs, promettez-moi de bénir leur union.
Le moine pressa la main du jeune homme et essuya silencieusement une larme.
Ils marchèrent pendant une demi-heure sous des voûtes immenses.
Trois galeries superposées d'ossements humains s'élevaient à droite et à gauche ; car les siècles avaient entassé dans ce lieu funèbre d'innombrables dépouilles de la mort, et des générations tout entières y dormaient ensevelies.
Bientôt ils entendirent un murmure lointain, un bruit confus qui se rapprochait sensiblement à chaque pas, et dont la cause ne pouvait être douteuse.
— Nos frères sont là, dit Masaniello.
— Tu leur as donc assigné pour rendez-vous la rotonde de Dioclétien ?
— Oui, mon père.
— Alors, tournons à droite, dit le moine.
Une minute après, ils se trouvèrent dans une espèce de salle gigantesque, creusée dans le roc, et dont les parois tapissées de stalactites étincelantes rayonnaient à la clarté des torches comme des murs de diamant.
Là se trouvaient rassemblés les pêcheurs et les lazzaroni que Masaniello avait, le jour même, harangués sur le port.
A l'aspect du jeune homme, une clameur joyeuse s'éleva de toutes parts.
— C'est lui !
— C'est notre jeune chef !

— Vive Masaniello !

Ils furent à l'instant même entourés, assaillis par ces hommes en gue-nilles, dont les pieds nus foulaient le sol humide des catacombes et dont les rudes visages, à demi couverts d'ombre et à demi éclairés par de fantastiques lueurs, offraient une scène que le pinceau de Rembrandt seul aurait pu reproduire.

La salle immense où bruissait cette foule était de forme circulaire.

Une vieille tradition prétendait qu'au troisième siècle l'empereur Dioclétien l'avait fait creuser dans les entrailles du Pausilippe, afin d'y construire son tombeau. Mais, dégoûté de l'empire, et préférant cultiver les jardins de Salone, il porta ses cendres de l'autre côté de l'Adriatique et ne laissa que son nom à la rotonde souterraine.

Au centre de la grotte était une immense pierre druidique, roulée en cet endroit on ne sait comment ni par quelle puissance.

Masaniello monta sur ce piédestal de granit.

Les pêcheurs firent cercle à l'entour. Un silence profond et solennel régna dans cette multitude. Tous les fronts se découvrirent.

Le conspirateur. — PAGE 8.

— Camarades, êtes-vous venus par différents chemins, comme je vous l'avais recommandé ce soir? demanda Masaniello.

— Nous avons suivi tes ordres.

— Êtes-vous sûrs qu'il n'y ait aucun espion parmi nous ?

— Sois sans crainte, nous nous connaissons tous.

— Que ceux qui ont des armes s'approchent.

Dix hommes se présentèrent, les uns avec des piques, les autres avec des arquebuses ou des pertuisanes.

— Placez-vous à l'entrée des catacombes; et si l'on nous attaque, faites-vous tuer plutôt que de laisser forcer le passage.

Les dix hommes obéirent.

Alors le jeune chef, montrant le religieux qu'il venait de faire monter à sa droite :

— Amis, dit-il, voilà mon maître, voilà notre maître à tous !

— Oui ! oui ! acclamèrent plusieurs voix.

— Nous le connaissons !

— C'est dom Francesco !

— C'est l'ami du peuple !

— Vive le moine bénédictin !

— Tantôt, reprit le jeune homme, ce n'est pas moi que vous avez applaudi sur le port. Je n'étais que l'écho du saint religieux à qui je dois le peu d'instruction que je possède. C'est lui qui vous parlait par ma bouche. Depuis le premier jour de ma jeunesse, il m'a constamment soufflé au cœur des idées généreuses et m'a montré dans l'avenir le bonheur du peuple.

— Vive dom Francesco ! cria la foule.

Et tous ces hommes, lazzaroni, paysans, matelots et pêcheurs s'empressèrent autour du moine pour baiser pieusement le bas de sa robe et le bois de ses sandales.

— Il est vrai, mes frères, dit le vieillard d'une voix émue, que votre bonheur a été l'objet de toutes mes espérances, le but de tous mes travaux. J'ai passé ma longue carrière à plaider votre cause et à défendre vos droits. Béni soit le Seigneur, puisqu'il m'a fait vivre assez longtemps pour assister à la délivrance et voir tomber vos chaînes ! Comme autrefois les Hébreux sur la terre d'Égypte, vous avez travaillé pour d'avides spoliateurs qui s'engraissaient de votre substance et buvaient vos larmes. Mais le regard de Dieu est descendu sur vous. Un autre Moïse se lève, fort, courageux, intrépide, prêt à secouer le joug de Pharaon, prêt à vous conduire à la terre promise de la liberté.

Le religieux, à ces dernières paroles, eut un accent d'inspiration prophétique.

Tous les conjurés y répondirent par des cris unanimes d'enthousiasme.

— Oh ! oui, la liberté !

— Nous la voulons !

— Plus d'entraves !

— Plus d'impôts !

— Plus de souffrances !

— Liberté ! liberté !

Masaniello fit un signe, et le silence se rétablit.

— Tu seras libre, peuple de Naples, je te le promets, je te le jure ! s'écria-t-il avec feu. Mais la lutte doit être sanglante, il y aura parmi nous des martyrs. Êtes-vous prêts à vous battre jusqu'à la mort ?

— Nous sommes prêts !

— Si je n'ai pas d'armes à vous donner, affronterez-vous sans pâlir les troupes du vice-roi ?

— Oui, oui !

— Le canon de ses forteresses ?

— Nous l'affronterons.

— Les arquebuses de ses gardes ?

— Nous irons les prendre.

— Pour nous frayer passage, écarterez-vous de vos poitrines nues les piques espagnoles et les mousquets d'Allemagne ?

— Oui ! répondit encore la foule.

— Viendrez-vous avec moi briser les portes de la Vicaria, et dicter au duc d'Arcos les ordres du peuple victorieux ?

— Nous irons.

— Bien, frères. Maintenant que chacun de vous s'approche et vienne prononcer le serment d'alliance sur l'Évangile et sur la croix.

Deux hommes apportèrent le livre saint et le poids du moine.

Ils l'ouvrirent, et l'on coucha par-dessus un crucifix de bronze.

Tour à tour chacun des conjurés vint mettre un genou en terre, étendit la main sur la croix, et répéta la formule du serment que le pêcheur dictait:

« En présence du Rédempteur des hommes et sur le livre de la parole « sainte, je jure de défendre jusqu'à la mort les droits du peuple de « Naples et d'obéir à notre chef Masaniello. »

Quand ils eurent tous prêté serment, le pêcheur s'écria

— Frères, tirez vos poignards.

— On obéit.

Les dagues cachées sous les haillons du lazzarone ou sous le sarrau du matelot s'agitèrent au-dessus de la foule et jetèrent, à la clarté des torches, mille reflets étincelants.

— Jusqu'ici, continua Masaniello, voilà nos seuls moyens d'attaque et de défense. Or, je le répète, frères, si nous n'en avons pas d'autres, ceux-là suffisent. Ils nous forceront à nous placer avec l'ennemi corps à corps, poitrine contre poitrine. Mais jurez-moi, s'il se trouvait un traître dans nos rangs, de les employer avant tout à lui percer le cœur..

— Nous le jurons !

— Maintenant, mon père, dit Masaniello en pliant le genou devant le bénédictin, demandez pour nous la protection du ciel, et bénissez nos armes.

À l'exemple de leur chef, tous les conjurés s'agenouillèrent.

Le moine étendit les bras sur cette multitude prosternée. Le reflet rougeâtre des torches donnait à sa figure imposante quelque chose de surnaturel et de divin. Sa longue barbe descendait sur sa poitrine en flots de neige, et tous les feux de l'enthousiasme brillaient dans son œil noir.

— Va, s'écria-t-il, va combattre, ô mon peuple ! ta cause est juste et sainte. Sois prodigue de ton sang, ménage celui de tes oppresseurs, et que le Dieu des armées te protége dans la lutte ! Les efforts que tu te prépares à tenter pour la délivrance, je les bénis avec tes armes, je les bénis au nom des cieux !

— Merci, mon père, dit le chef.

Il se releva.

— Frères, ajouta-t-il, que chacun de vous aille prendre du repos ! Dormez, comme chaque nuit, sur les dalles du port, sur le sable de la grève, au seuil des églises, sous le péristyle des palais, et que demain le pêcheur de la Mergellina vous trouve réunis devant sa hutte au lever du soleil ! A demain !

— A demain ! répétèrent les conjurés.

Oh ! sauver le peuple ! réaliser cette divine maxime du Christ : « Tous les hommes sont frères ! » — PAGE 10.

On éteignit les torches. Quelques minutes après, toute cette foule s'était dispersée sous les avenues du Pausilippe, et les catacombes rentrèrent dans l'ombre et le silence.

VII

Sur le Vésuve.

Avant de quitter la rotonde de Dioclétien, le jeune pêcheur écouta une dernière fois les exhortations et les conseils de dom Francesco ; puis il lui dit adieu, et s'élança sur les traces des soldats qu'il venait de gagner à l'insurrection.

Le moine s'enfonça de nouveau sous les voûtes sombres, et reprit à pas lents le chemin du monastère.

— Dieu puissant, murmura-t-il, vous m'êtes témoin qu'il n'y a pas de haine dans mon cœur ! Ces poignards que je viens de bénir ont été tirés pour une cause juste. Veillez sur Masaniello, que votre sagesse le guide, que votre force le soutienne ! Ne permettez pas que la liberté succombe dans cette lutte de tout un peuple contre les ambitieux qui l'ont asservi.

Masaniello trouva quelques-uns des conjurés qui stationnaient à l'étroite ouverture des Catacombes.

Comme il était près de minuit, et qu'il y avait une route assez longue du Pausilippe au Vésuve, le pêcheur pria ces hommes de lui procurer un cheval.

On s'empressa de le satisfaire.

— Mes amis, leur dit le jeune chef, une affaire importante m'appelle au Vésuve. A demain !

Masaniello sauta sur sa monture, la lança au galop sur le revers du fossé qui s'ouvrait au-dessous des fortifications de Naples, et gagna rapidement la route de Portici.

La lune resplendissait sur cette vieille terre de la Campanie que peuplent tant de souvenirs, où Sylla s'éteignit dans les voluptés, où Spartacus commença par le glaive cet apostolat qui pouvait, un siècle avant le Christ, abolir l'esclavage et régénérer le monde. Masaniello avait à sa droite la mer calme et tranquille, d'où chaque baier de la brise faisait jaillir une étincelle argentée ; à sa gauche un long amphithéâtre de montagnes, et devant lui le Vésuve, qui élevait majestueusement vers le ciel sa grande masse pyramidale, écimée par le feu.

Salvator Rosa. — PAGE 14.

Le géant, du reste, sommeillait depuis longtemps.

Aucun vieillard du pays n'avait conservé le souvenir de ses fureurs. Il ne sortait plus de fumée de sa gueule de Titan, qui semble menacer toujours l'Olympe des vieilles fictions païennes. La source de lave que ses flancs vomissaient semblait tarie ; et l'homme, ce pygmée oublieux, qu'aucun désastre ne peut instruire, dont l'audace oublie le lendemain l'expérience funeste de la veille, escaladait de nouveau la croupe du monstre, dont un tressaillement pouvait le briser.

Portici élevait ses coquettes maisons de pouzzolane sur les cendres encore chaudes qui avaient recouvert Herculanum et Pompéi.

Comme au temps où Sylla écrivait ses Commentaires, un vin délicieux mûrissait sur les dernières pentes du Vésuve, et jusqu'au fond du cratère les jeunes filles venaient promener leurs amours sous des bois pleins d'ombrages et autour de lacs bleus. Là où il y avait eu jadis une couronne de feu, Naples voyait une couronne de fleurs et de verdure, et la voluptueuse Parthénope, Parthénope la vierge folle du paganisme, Parthénope la courtisane, souriait à son volcan.

Emporté par son cheval, dont il labourait les flancs de l'éperon, et dont il avait saisi à deux mains la crinière flottante, Masaniello traversa Portici, courut longtemps sur une antique voie romaine, et arriva enfin à la misérable auberge où les voyageurs avaient coutume de laisser leur monture.

De là, il commença à gravir le sentier, à l'extrémité duquel il devait trouver Corcelli.

Le pêcheur traversa les vignes luxuriantes qui suspendaient au-dessus de sa tête aux branches des ormeaux leurs feuilles jaunies et leurs fruits déjà mûrs. Il foula d'un pied rapide le vert tapis des prés que rafraîchissaient, çà et là, quelques sources d'eau murmurante, et franchit la région des laves.

Il avait atteint la dernière croupe de la montagne, lorsque le cri d'une sentinelle l'arrêta.

Le pêcheur lui jeta son nom.

— Passez, lui dit la sentinelle. En suivant ce sillon de soufre qui serpente à votre droite, vous atteindrez facilement le bord du cratère. Notre capitaine vous attend.

Masaniello, après un quart d'heure de marche, parvint au terme de son voyage.

Un horizon d'une magnificence indicible se déployait autour de lui. Naples s'étendait à ses pieds.

Les flèches, les coupoles de cette reine du golfe élevaient leurs croix étoilées au-dessus des vapeurs légères sous lesquelles elle semblait dormir. Aux clartés vacillantes de la lune, Capri, Ischia et Procida ressemblaient à des massifs de feuillage échoués au milieu des eaux et que la vague balance. Une flotte était à l'ancre dans le port. Cette forêt de mâts et de cordages que la réverbération de la mer perçait à jour, contrastait singulièrement avec les sombres perspectives du môle et du Château-Neuf. Isolée au milieu de ce panorama d'une blancheur éblouissante, la lumière jaune du phare avait quelque chose de mystérieux et de sinistre. Il semblait que cette clarté vînt d'un monde inconnu. Par delà le Vésuve, les montagnes de la Calabre ressemblaient à une vaste construction cyclopéenne dont le temps a rongé et festonné la cime.

Le cratère s'ouvrait devant Masaniello comme un immense amphithéâtre dont les rayons de la lune auraient coupé obliquement les innombrables gradins. Au fond, parmi des bouquets d'arbres ténébreux, le ciel se mirait dans une nappe d'eau.

Le jeune conspirateur oubliait le motif de son voyage en contemplant toutes ces merveilles de la nature que Dieu a jetées à la surface du globe avec une prodigalité si féconde.

Corcelli n'apparaissait nulle part.

Masaniello aperçut enfin, à quelque distance, une lumière dans le creux d'un rocher. Il s'approcha.

Quarante ou cinquante individus en haillons se tenaient debout contre les parois d'une grotte. Au milieu d'eux flamboyait une torche, qui parfois éclairait et parfois noyait dans l'ombre leurs mâles figures. A cette clarté mouvante, leurs traits s'articulaient et se modelaient avec une incroyable vigueur.

Un homme à longue chevelure, dont une ceinturon serrait autour de la taille le surtout de velours vert, tournait le dos à la troupe, vers laquelle néanmoins il se retournait fréquemment. Cet homme, armé d'un crayon, traçait avec une merveilleuse bravoure d'artiste des silhouettes sur un carton placé devant lui.

— Che avre resté pien longtemps sans remuer, monsir l'artiste, dit un Allemand d'une taille athlétique. Fous avre plentôt fini mon portrait?

— Tais-toi, coquin, répondit le dessinateur, reste en place. Par saint Janvier! ne me fais pas manquer l'ivrogne que j'ai si longtemps rêvé.

Masaniello reconnut la voix de Salvator Rosa, son ami.

Il entra dans la grotte. Personne ne l'aperçut.

— Monsir l'artiste, reprit l'Allemand, vieux lansquenet qui s'était fait voleur après avoir été routier, fous ne bas manquer de peindre mon mousdache, que les filles de Soumbe avrent trouée tort cholie.

Salvator Rosa répondit à cette observation par un grand coup d'appui-main.

Le brigand tira son poignard.

— Veux-tu bien remettre ce morceau de fer dans son fourreau, drôle! s'écria Corcelli en se plaçant entre Salvator et son modèle.

En ce moment Masaniello vint frapper sur l'épaule du capitaine.

— Ah! voici enfin notre pêcheur de la Mergellina, fit ce dernier. Levez-vous tous, scélérats, et saluez *il signor Masaniello!*

A ce nom, Salvator Rosa se retourna vivement et vint serrer la main du pêcheur.

— Toi, ici! lui dit-il.

— Oui, j'ai à causer d'affaires importantes avec Corcelli. Mais vous,

cher Salvator, comment votre mauvaise étoile a-t-elle pu vous conduire en pareille société?

— Je suis parti de Naples, il y a trois jours, pour aller étudier dans nos montagnes, et ces niais m'ont fait prisonnier.

— Sois certain que tu ne sortiras d'ici qu'en payant ta rançon, interrompit le chef des brigands.

Salvator Rosa se prit à rire.

— Voici, mon pauvre Masaniello, reprit-il, un des originaux les plus amusants que j'aie jamais rencontrés. Cet homme s'imagine qu'un peintre a de l'argent et peut se racheter. Quelle erreur! combien ton illusion est grande, mon brave Corcelli!

— Eloignons-nous un instant, et causons, ajouta Masaniello en attirant le capitaine hors de la caverne.

Ils se promenèrent au bord du cratère.

— D'abord, et avant toute proposition, dit le pêcheur, je demande et j'exige que Salvator Rosa soit mis en liberté.

— Ainsi, je l'aurai nourri gratis?

— N'a-t-il pas dessiné le portrait de presque tous les hommes?

— Belle galerie de famille!

— Salvator est mon ami.

— Mais il est avare comme tout, mon ami.

— Au contraire, il est prodigue.

— Eh bien! qu'il me compte cent ducats et qu'il s'en aille.

— Cent ducats, bon Dieu! cette somme ne s'est jamais trouvée dans la poche d'un artiste, Corcelli.

— Voyons, cinquante.

— Capture des cardinaux, des abbés, des monsignori, et fais-les capituler, à la bonne heure!... mais des peintres! tu plaisantes!

— C'est donc un piège que m'a tendu Salvator Rosa?

— Pourquoi t'y es-tu laissé prendre? Ecoute-moi bien, et profite de mes paroles pour ta gouverne. Quand tu verras un individu assis au milieu de la campagne, sous un parasol de voyage, dessinant un point de vue..., tu retiendras bien le signalement que je te donne?

— Oui.

— Sois certain que ce particulier-là n'a pas un maravédis dans son gousset.

— Pas même cinquante ducats, pas même vingt?

— Il paraît que tu roules sur l'or, Corcelli, ajouta Masaniello. On voit bien que tu es voleur.

— Allons! tu commenceras le prisonnier. Où il n'y a rien...

— Le brigand perd ses droits, c'est juste. Nous voilà d'accord sur les préliminaires. Maintenant, combien as-tu d'hommes sur le Vésuve?

— Deux cents.

— Braves?

— Comme des lions.

— Dévoués?

— Comme des chiens.

— Durs à la fatigue?

— Comme des ânes.

— Et combien d'armes?

— J'ai fait transporter cette nuit, des Apennins ici, trois cents mousquets et cinq cents poignards.

— Tu mets tout cela à la disposition des révoltés?

— Tout.

— A quelles conditions?

— Je ne demande rien, ou plutôt presque rien, cher Masaniello.

— Mais encore?

— Deux petites heures de pillage.

— Que cela?

— Pas davantage.

— J'ai résolu, moi, de faire passer par les armes tout individu qui, après la bataille, attentera aux personnes ou aux propriétés. Vois comme nous sommes d'accord.

Mais pourquoi donc allez-vous faire une révolution, mes petits anges?

— Pour délivrer Naples et non pour la saccager.

— Et veux-tu me dire à moi quel avantage je trouverai à ce que Naples soit délivrée?

— Tu profiteras de la victoire.

— Comment en profiterai-je?

— Tu seras réhabilité...

— Ah! eh! réhabilité!... Corcelli honnête homme!... Corcelli père de famille!... Et puis?

— Tu commanderas une partie de l'armée populaire avec le titre de mon lieutenant.

— Je suis déjà capitaine, et tu veux que j'expose mon pourpoint à être percé d'une balle pour devenir lieutenant?

— Enfin, tes hommes recevront une haute paye.

— Combien par jour?

— Deux ducats.

— De qui les recevront-ils?

— De moi.

— Ah! *piccolo mio*, quelle bonne caution tu me donnes! où est le juif qui voudra m'escompter tes billets? Il tette encore sa mère.

— Je payerai comptant.

— Avec quoi donc?

"Masaniello montra au brigand les navires espagnols à l'ancre dans le golfe.

— Il y a là, reprit-il, un galion qui porte trois cent mille ducats, fruit des exactions de la rapine.

— Trois cent mille ducats ! s'écria Corcelli, en caressant sa moustache. Et combien de canons pour les garder ?

— Je n'en sais rien.

— Hum ! trois cent mille ducats; quelle jolie somme, bien ronde, bien limpide et facile à compter ! trois cent mille ducats !

— C'est aux Indiens du Mexique, c'est aux bourgeois de Flandre que cet or a été extorqué. Le peuple l'a gagné au prix de ses sueurs et de ses veilles, il soldera la victoire du peuple. Demain nous attaquerons la flotte de don Juan Fernandez.

— Tiens, tiens, tiens, mon bon Masaniello, nous commençons à nous entendre ! Ce que je veux chercher dans les palais, tu prétends le trouver sur un navire : qu'à cela ne tienne ! Comment nous y prendrons-nous pour aller fouiller à pleines mains dans le ventre de ce galion ?

— Mon plan d'attaque est arrêté.

— Communique-moi tes idées à ce sujet, *caro mio* ; elles doivent être excellentes, et je serais charmé de les mettre à exécution.

— D'autres se chargeront de ce soin.

— Sournois ! pensa Corcelli, tu es jaloux des vaisseaux du roi d'Espagne comme un amant de sa maîtresse ; mais que je meure capucin si je ne retire pas ma petite part de la cargaison. L'essentiel est d'avoir un rôle dans l'émeute de demain.

— Quel poste nous assigneras-tu dans Naples, Masaniello ? reprit le capitaine.

— Tu occuperas la porte de la Marine.

— A merveille.

— Tu attendras que le tocsin sonne au couvent des Franciscains.

— Après ?

— A ce signal tu feras irruption sur la place du marché. Tu nous trouveras aux prises avec les troupes du vice-roi.

— Alors ?...

— Par Notre-Dame *del Carmine* ! l'ouvrage ne te manquera pas. Tu pourras choisir entre les reîtres, les lansquenets, les arquebusiers de Castille et la *cavalleria del re*. Tout ce que tu tueras sera bien tué.

— Sois tranquille, mes hommes courront d'instinct se jeter dans la bagarre la plus chaude. Mais je vais distribuer à tes lazzaroni pour mille ducats au moins de mousquets et de poignards. Les vauriens ne s'empresseront guère de les rendre.

— On te les payera.

— Toujours sur l'argent du galion ?

— Toujours.

— Ce pauvre petit galion !

— N'oublie pas surtout d'exécuter ponctuellement mes ordres. Tu retourneras sur le port après la bataille, et tu m'y attendras...

— J'obéirai ; ne t'inquiète pas, *carissimo*. Cependant...

— Quoi ?

— Si l'expédition qui attaquera la flotte est repoussée, me sera-t-il permis d'intervenir ?

— Corcelli, Corcelli ! répliqua Masaniello, je crains fort que la pensée de ce galion ne te perde.

— Bah ! fit le voleur en riant. Mais voilà l'aurore qui se lève. Il est temps que tu partes. Je vais faire l'appel de ma troupe, et dans un quart d'heure je te suivrai.

En effet, le jour s'allumait à l'orient. Les étoiles avaient pâli ; une zone de lumière incandescente montait peu à peu à l'horizon, envahissait le ciel et jetait partout, sur la mer et sur la montagne, des reflets de pourpre et d'or.

A ses pieds, au fond du cratère, Masaniello put voir des lacs ceints d'une fraîche pelouse et des massifs d'yeuses et d'églantiers.

Il retourna à la grotte où l'artiste, son ami, dessinait toujours à la lueur de sa torche, pendant que l'aurore jetait partout les trésors de ses lueurs roses et veloutées.

Salvator ressemblait quelque peu en ce moment à l'Orphée antique, lorsqu'au son de sa lyre il attirait les lions et les tigres à ses pieds. Il avait dompté les sauvages natures qui l'entouraient. Les brigands se pressèrent autour de lui, dès qu'il eut achevé son travail. On se passa de main en main ses esquisses, et chacun les regardait avec une naïve admiration.

Le grand Conrad (Conrad était le nom de l'ivrogne qui avait voulu répondre par un coup de poignard au coup d'appui-main que Salvator Rosa lui avait appliqué sur la tête), comme c'est bien son œil stupide et sa face avinée !

— Mon moustache il êdre une suberbe moustache ? fit observer Conrad.

— Je te peindrai à table dans un cabaret, vaurien, interrompit Salvator. Tu auras ton épée sur les genoux et tu videras un pot de bière. Cela te convient-il ?

— la, ia, mein herr ! cela me confient peaucoup. Kirschenwasser ! che fiterai un bot de pière, mais de la ponne, entendez-fous ?

— Et moi, comment allez-vous me représenter, monsieur le peintre ? dit un autre voleur, dont le visage flétri portait encore des traces d'une mâle beauté.

— Je t'habillerai en reître et je te jetterai sur un cheval blanc dans une mêlée furieuse. Tu donneras un grand coup de pointe dans la poitrine à ton ami le Calabrais, qui fera une horrible grimace. Vous formerez un groupe admirable au milieu de mon tableau.

— Salvator, nous partons, dit le jeune pêcheur en entrant dans la grotte.

— Tu as donc fait entendre raison à ce mécréant ? demanda l'artiste en montrant Corcelli.

— Va, gueux de peintre, repartit le brigand, retourne à Naples et débarrasse-nous de tout cet attirail de papiers, de crayons et de couleurs qui distrait mes hommes et les empêche de faire leur service. Drôles, continua Corcelli en s'adressant à sa troupe, regardez bien le prisonnier, et tâchez de le reconnaître.

Les yeux de tous les brigands se tournèrent vers Salvator.

— Celui d'entre vous qui me le ramènera jamais recevra cent coups de bâton. Ainsi, prenez garde !

— Mon épée ! fit Salvator Rosa.

— Rendez-la-lui, *sangue di Cristo !* et qu'il s'en aille, répliqua Corcelli impatienté.

Le peintre ceignit sa rapière, jeta ses cartons et sa boîte à couleur sur ses épaules, prit son bâton ferré et suivit Masaniello.

Ils commencèrent à descendre le Vésuve.

L'aurore dorait les montagnes voisines. La mer, glauque à l'occident, reflétait les nuages qui mêlaient à l'azur des flots une fine poussière de rubis, de topazes et d'émeraudes mélangés. Des vapeurs grises, légèrement teintées de rose à leur surface, reposaient encore sur la plaine, et les pins d'Italie, suspendus au flanc des coteaux, formaient autour d'elles une verte ceinture. Les oiseaux se réveillaient sous le feuillage, et des milliers d'insectes faisaient reluire dans l'espace leurs ailes diaprées.

— Vous ne m'avez pas demandé, Salvator, dit le pêcheur à son compagnon, pourquoi je suis venu ce matin au Vésuve.

— Tu y es venu fort à propos pour moi, du reste, interrompit l'artiste.

— Je vais vous le dire, reprit Masaniello. Vous êtes absent depuis trois jours. Eh bien ! pendant ces trois jours, il s'est passé en ville des choses surprenantes.

— Qu'est-il donc arrivé ?

— Depuis longtemps la tyrannie espagnole avait lassé la patience du peuple napolitain. Toutes nos libertés nous avaient été ravies ; les impôts nous accablaient. Une émeute a éclaté hier sur la place du Marché.

— Et le duc d'Arcos l'a réprimée avec cette brutalité dont il a donné tant de preuves ?

— J'étais à la tête du peuple, Salvator. Le duc a parlementé avec nous. Il nous a attirés vers le palais ; mais à peine y étions-nous arrivés, que les portes se sont ouvertes et que la cavalerie du vice-roi nous a chargés. Quatre ou cinq personnes ont péri.

— Ensuite ?

— J'ai parcouru la ville. De la Mergellina à Loreto, du fort Saint-Elme à la mer, j'ai ameuté tous les pêcheurs, les artisans et les lazzaroni. Cette nuit, les révoltés se sont réunis dans les catacombes. Un saint prêtre a béni nos poignards. Nous livrerons bataille avant trois heures aux soldats espagnols.

— Bravo ! bravo ! s'écria le peintre. Par saint Janvier ! je suis des vôtres ! Il ne sera pas dit que l'épée de Salvator Rosa dorme dans son fourreau de cuir, pendant qu'on se battra dans Naples au cri de liberté ! Mais cela ne m'explique pas le motif de ton voyage au Vésuve ?

— Vous ne le devinez pas ?

— Non.

— Corcelli s'est fait notre allié. Sa troupe combattra dans les rangs du peuple, et il nous offre cinq cents poignards avec trois cents mousquets.

— Tu as raison d'accepter, *corpo santo !* tous les moyens sont bons pour combattre et renverser la tyrannie. Liberté, liberté sainte ! s'écria l'artiste, serait-il vrai que tu féconderas encore cette vieille terre napolitaine, que tant de révolutions ont déchirée ? Masaniello, vois ce paysage d'une incomparable magnificence, qui se déploie devant nous, ces flots étincelants, ces îles couronnées de pampres, cette grande cité assise comme une reine au bord de son golfe, ces montagnes qui tracent à l'horizon des lignes si harmonieuses ; contemple tout cela, et dis-moi si Dieu a fait l'homme pour être esclave, pour pencher toujours son front vers la terre comme un animal abruti, pour nourrir de son labeur quelques gentilshommes portant capes de velours et fraises de dentelles ? Naples cependant est asservie depuis des siècles ; c'est une proie que l'Europe dévore, une courtisane que les rois se disputent. Masaniello, tirons enfin le glaive ; mourons, s'il le faut, mais mourons libres ! Tu commanderas les pêcheurs pendant la bataille ; moi je conduirai les lazzaroni.

Le spectacle que les deux voyageurs avaient sous les yeux était pour le discours de Salvator Rosa un commentaire des plus éloquents. Le soleil s'était levé ; il lançait du haut des montagnes de la Calabre ses mille gerbes lumineuses qui sillonnaient la mer, bronzaient le flanc des collines, inondaient la plaine de rayons splendides et tiraient de chaque maison de Naples d'éblouissantes réverbérations.

Masaniello et son ami descendirent silencieusement les dernières rampes du Vésuve.

Tous deux étaient émus; car l'homme du peuple comprend aussi bien que l'artiste ces magnificences de la nature, que Dieu créa pour captiver notre âme, l'ennoblir et l'élever jusqu'à lui. Ils arrivèrent à l'auberge où le jeune pêcheur avait laissé son cheval.

Le temps pressait; les conjurés attendaient leur chef et s'agitaient déjà, tumultueux, impatients, devant la hutte de la Mergellina.

Salvator se mit en croupe derrière Masaniello.

Piqué au flanc, le cheval hennit de douleur, partit ventre à terre et dévora l'espace.

VIII

Révélation.

Cependant la fille du duc d'Arcos, revenue de son évanouissement, et ne voyant plus Masaniello dans la cabane, comprit que le jeune homme s'était décidé à rompre sans retour.

Isabelle avait pleuré aux genoux du pêcheur; elle lui avait fait l'aveu de sa tendresse, et cette âme inexorable ne s'était pas laissé fléchir.

L'orgueil de la noble fille d'Espagne domina tout à coup son désespoir.

Elle se redressa fièrement, imposa silence du geste aux paroles de consolation que Jeanne essayait de lui faire entendre, et reprit le chemin de Naples, au grand contentement de dame Pédrille, que la scène dont elle venait d'être témoin avait fort scandalisée.

— Voyez-vous, dit-elle, mon enfant, on a toujours tort, à votre âge, de ne pas croire les personnes d'expérience. J'ai cinquante ans, j'ai vu bien des choses, et si vous m'aviez écoutée tantôt, rien de tout cela n'aurait eu lieu. Enfin le mal n'est pas sans remède. Dieu merci, vous devez être édifiée sur le compte de ce Thomas Aniello... Thomas!... le joli nom, par ma foi!..... on a bien fait de lui en escamoter la moitié. Vraiment, il me semble que je viens de faire un mauvais rêve. Vous, Isabelle, vous, ma chère enfant, songer à un pêcheur du golfe? Fi donc! est-ce que ces gens-là comprennent l'amour? Ils ne savent même pas où est la place du cœur. Ah! ma fille, ma fille! quelle leçon pour vous, et que dirait la fille d'Arcos, s'il pouvait se douter que sa noble héritière a fait des aveux semblables à un homme du peuple, à un fauteur d'émeutes, à un manant qui étrennera, demain ou après-demain, la potence neuve de la place du Marché!.... Oui, ma pauvre enfant! et ce sera justice. Que Masaniello et tous ceux qui lui ressemblent soient pendus haut et court le plus tôt possible, voilà ce que je demande au Seigneur dans l'intérêt du vice-roi et dans le nôtre. Ainsi soit-il, amen.

Cela dit, la duègne se signa sur le front et sur la poitrine avec une dévotion tout à fait exemplaire.

Du reste, elle aurait pu continuer longtemps ces curieux discours, sans craindre d'être interrompue par Isabelle.

La jeune fille ne l'écoutait pas. Elle était en proie à un douloureux combat intérieur. Si l'orgueil avait un instant triomphé, l'amour commençait à reprendre le dessus, et les conceptions les moins réalisables, les projets les plus impossibles roulaient dans son imagination en délire. Elle voulait se jeter en rentrant aux pieds du duc d'Arcos, lui avouer sa faiblesse et le supplier d'y avoir égard, s'il ne voulait pas voir mourir son unique enfant. Ou bien elle songeait encore à aller trouver le lendemain, sur son escadre, don Juan Fernandez pour faire appel à sa délicatesse, à son honneur, et le décider à renoncer de lui-même à l'alliance projetée.

Mais elle abandonna ces plans tour à tour, et la pensée de revoir une dernière fois Masaniello fut celle qui garda dans son esprit le plus d'empire.

Dame Pédrille poursuivait impunément ses réflexions et lâchait la bride à ses discours, persuadée, par le silence de sa jeune maîtresse, qu'ils produisaient sur elle une impression profonde.

Les rues de Naples étaient désertes.

Tout le peuple, qui d'ordinaire les remplissait encore à cette heure, avait pris le chemin des catacombes.

Isabelle et sa nourrice atteignirent la poterne par laquelle, trois ou quatre heures auparavant, elles s'étaient échappées de la Vicaria.

Toujours appuyé sur sa hallebarde, le vieux soldat espagnol n'avait pas bougé de place.

— Bien! fit la duègne; c'est du dévouement, Huesca.

Puis, baissant la voix et s'approchant de lui dans l'ombre, elle reprit :

— Je vous en serai reconnaissante... mais chut!... Vous m'avez com-

promise tantôt. Ne recommencez plus vos folies... Un amoureux de dix-huit ans serait plus sage que vous.

Quelques minutes après, la fille du vice-roi rentra dans l'appartement somptueux dont Inès, la jeune Castillane, avait reçu mission de défendre l'entrée.

— Ah! bon Dieu! d'où venez-vous à une pareille heure, senora? dit Inès.

— Silence! fit dame Pédrille en la repoussant. Point de questions, ma chère.

Puis s'approchant d'Isabelle, qui venait de tomber dans un fauteuil en exhalant un soupir :

— Je vous félicite, mon enfant, de l'attention toute particulière que vous avez prêtée pendant la route à mes discours. La sagesse vous a parlé par ma bouche, et ce qui vient d'avoir lieu vous donne, je le vois, une haute idée de mon expérience. Suivez mes conseils, ma fille, suivez-les jusqu'au bout! La première chose à faire est d'aller trouver le vice-roi. Son habitude est de veiller fort tard. Ouvrez-vous à lui, dénoncez les projets de ce misérable pêcheur, afin que de promptes mesures puissent être prises et qu'il soit arrêté au plus vite avec tous les bandits de sa trempe.

— Qu'oses-tu dire, malheureuse? cria la jeune fille, qui se leva rouge d'indignation.

— Je dis, balbutia la duègne, étonnée de la manière dont on accueillait alors ses conseils, je dis ce que je vous ai répété pendant tout le chemin, ma chère enfant. Ce Thomas Aniello et ses complices doivent être pendus sans retard pour la plus grande tranquillité de votre père et pour la vôtre.

— Indigne créature! s'écria, dans une explosion de colère, Isabelle hors d'elle-même.

— Mais, répondit dame Pédrille suffoquée, pouvais-je prévoir que vous aviez changé d'avis? Votre silence était une approbation manifeste, et je ne comprends pas...

— Va-t'en! va-t'en! dit Isabelle avec fougue, et ne te représente plus devant moi!

La duègne sortit, la tête basse, cherchant à s'expliquer le motif de sa disgrâce, et ne se doutant pas que, dans le trajet de la hutte du pêcheur au château du vice-roi, ses divagations avaient été complètement perdues.

Restée seule avec la jeune Castillane, Isabelle fondit en pleurs et raconta tout ce qui s'était passé à la hutte.

Ce n'était pas la première fois qu'Inès recevait ses confidences, et les avis de la sémillante soubrette étaient loin de se distinguer par la sagesse et la prudence qui régnaient, sinon dans les actes de la duègne, du moins dans ses paroles.

Inès approuva le projet que sa maîtresse avait conçu de revoir une dernière fois Masaniello.

— Couchez-vous, senora, dit-elle; dormez quelques heures, et je me charge de vous réveiller avec le jour. Nous retournerons ensemble sur la Mergellina.

Inès tint parole.

Les premiers rayons du soleil, en venant étendre sur les eaux du golfe une nappe étincelante de pourpre et d'or, trouvèrent les deux jeunes filles qui arpentaient la grève d'un pied léger et se dirigeaient vers la demeure de Masaniello.

Mais quelle ne fut pas leur surprise, lorsqu'elles aperçurent une foule immense, amassée par groupes aux environs même de la hutte. C'était le rassemblement de lazzaroni, de pêcheurs et de matelots qui, la veille, avaient prêté serment dans les catacombes.

Exacts à se trouver au rendez-vous assigné par Masaniello, ils attendaient le jeune chef avec impatience.

Ceux qui étaient dans le secret de son excursion au Vésuve commençaient à craindre que le brigand ne lui eût tendu un piège, et faisaient partager cette inquiétude au reste des conjurés.

Isabelle et Inès traversèrent frémissantes ces groupes, où elles ne voyaient que des hommes en haillons, à la tournure suspecte et au visage sombre.

La fille du vice-roi ne devinait que trop la cause de cette réunion tumultueuse.

C'était la révolte qui s'organisait.

Mais le moyen de croire qu'une troupe sans armes pût lutter contre les bataillons puissants que le duc d'Arcos entretenait à Naples? Isabelle n'eut pas un seul instant l'idée que son père courût un danger. Elle plaignait tous ces hommes qui allaient se perdre. Hélas! réussira-t-elle à empêcher celui qu'elle aime de se perdre avec eux? Sera-t-il toujours inflexible? Ne cédera-t-il pas, enfin, à ses prières et à ses larmes?

Elle entra dans la hutte. Jeanne y était seule avec Pietro.

Le contrebandier surmontait la douleur que lui causait encore sa blessure. Il voulait, non pas seulement qu'il avait promis à Masaniello de ne pas exposer ses jours, mais du moins se rendre utile dans la mesure de ses forces et en dehors du danger.

Isabelle courut à la sœur du jeune chef.

Elle l'embrassa, lui demanda pardon de la manière dont elle l'avait quittée la veille; puis, l'interrogeant d'un œil inquiet :

— Où est-il, Jeanne? murmura-t-elle avec un frémissement dans la voix.

Avant que la fiancée de Piétro pût répondre, une vive et joyeuse clameur s'éleva des groupes qui stationnaient devant la cabane.

On cria de toutes parts :

— Masaniello ! Masaniello !

C'était en effet le pêcheur qui revenait du Vésuve avec l'artiste.

— Oh ! ma bonne sœur, dit Isabelle, va lui dire que je le supplie de m'entendre une dernière fois !

Jeanne fit à cette prière.

Mais lorsqu'elle aborda le jeune homme au milieu des conjurés et lui glissa quelques mots à voix basse, il tressaillit et fit un geste de dénégation violente.

Du seuil de la hutte, la fille du vice-roi remarqua ce geste. Un frisson lui passa dans le cœur.

— Ami, dit à Salvator Masaniello très-ému, je vous prie d'accompagner Jeanne : elle va vous conduire auprès d'une jeune fille dont les larmes ont déjà failli ébranler ma résolution. Elle est Espagnole. Je refuse de lui parler, je refuse de la voir ! Faites-lui comprendre qu'en ce moment je ne puis ni ne dois fléchir.

L'artiste se dirigea vers la hutte, et Masaniello, secouant la tête pour en chasser une pensée importune, fit signe à la foule de se réunir en cercle autour de lui.

— Tout est prêt, cria-t-il, et nous avons des armes !

— Où sont-elles ?

— A la porte de la Marine, au milieu de trois voitures de paille, conduites par des hommes de Corcelli, déguisés en villageois.

— Bravo ! crièrent les conjurés.

— Maintenant, dit le chef, voici mes derniers ordres.

La foule se tut et prêta l'oreille.

— Partagez-vous en deux troupes. La première restera sans armes sous mon commandement ; la seconde se dirigera vers la porte de la Marine, où on lui distribuera des pertuisanes, des espingoles et des mousquets. Que tous ces préparatifs d'attaque restent cachés autant que possible. Ne donnez pas l'éveil, ne jetez pas un cri, attendez le signal ! Vous entrerez en ville au moment où le bourdon de la cathédrale sonnera le tocsin.

— Tu seras obéi, cria la foule.

— Je nomme chef de cette troupe Salvator Rosa, le premier de Naples par le génie, le grand peintre que vous connaissez tous. Il est des nôtres.

— Bravo ! bravo !

— Vive notre chef !

— Vive Salvator Rosa !

Toutes ces acclamations montèrent au ciel et furent portées au loin sur les vents du golfe.

En ce moment l'artiste rejoignit Masaniello.

— Frère, lui dit-il, de manière à n'être entendu que de lui seul, où as-tu connu cette jeune fille près de laquelle je viens d'accomplir ta mission ?

— Ici même, sur cette grève, où elle m'est apparue pour la première fois, dit Masaniello, qui étendit la main vers le point du rivage où se trouvait amarrée la chaloupe.

— Et sa famille, tu ne la connais pas ?

— Non.

— Jamais elle ne t'a parlé de son père ?

— Son père est un capitaine des troupes espagnoles.

— Mensonge !

— Que dites-vous ?

— Je dis qu'elle t'a fait un mensonge. Elle se nomme Isabelle d'Arcos ; son père est le vice-roi de Naples.

Masaniello bondit comme un tigre blessé.

— Le vice-roi de Naples ! cria-t-il.

— J'en suis sûr, dit le peintre. Elle ne m'a pas reconnu, bien que j'aie plus d'une fois travaillé aux fresques de la Vicaria ; pour moi, je la reconnais parfaitement. Prends garde, Masaniello, prends garde ! Isabelle d'Arcos se faisant aimer de toi, Isabelle d'Arcos s'échappant du palais pour visiter incognito la hutte du pêcheur... voilà qui doit cacher un piège, une infamie, peut-être... Prends garde !

— Mon Dieu ! mon Dieu ! dit Masaniello, ma tête se brise !... Elle, la fille du despote, chez moi ?... Je comprends tout, maintenant ! me rendre lâche et parjure, c'était son rôle !

— Frère, du calme.

— Oui, j'en aurai, dit le pêcheur.

— Je crois, ajouta Salvator, qu'il est de ton devoir d'aller lui parler toi-même. S'il y a trahison, qu'elle soit retenue en otage. Point de merci ! point de faiblesse !

— Je m'arracherai plutôt le cœur, dit Masaniello.

Il pressa la main de l'artiste et s'approcha des conjurés.

Ceux-ci venaient se partager en deux troupes, ainsi que leur chef l'avait prescrit. Salvator Rosa se mit à la tête de la première et se dirigea vers l'endroit où devait s'opérer la distribution des armes. Quant au frère de Jeanne, il se choisit un lieutenant et lui commanda d'aller attendre avec la seconde troupe sur le chemin de Portici.

Masaniello courut ensuite à sa cabane.

Il y entra l'œil en feu, la poitrine haletante, et congédia d'un geste rapide Jeanne, Inès et le contrebandier.

Seul avec la fille du vice-roi, il se croisa les bras et jeta sur elle un regard sombre.

La malheureuse enfant, avertie par le peintre que Masaniello ne voulait ni lui parler ni la voir, avait été sur le point d'aller le chercher au milieu de cette troupe sinistre, à laquelle il donnait des ordres. Mais elle n'en eut pas le courage, et les clameurs violentes qu'elle entendit la glacèrent d'effroi.

Dans son trouble, Isabelle n'avait effectivement pas reconnu Salvator Rosa.

Voyant tout à coup devant elle celui qu'elle n'attendait plus, un éclair d'espoir brilla dans ses yeux ; mais elle baissa presque aussitôt la paupière devant le visage irrité du pêcheur.

Masaniello lui cria d'une voix furibonde :

— Isabelle d'Arcos, que viens-tu faire ici ?

La foudre éclatant sur la tête de la pauvre fille n'aurait pas eu d'effet plus terrible. Chancelante, éperdue, elle s'appuya contre un meuble pour ne pas tomber à la renverse et murmura d'une voix éteinte :

— Grâce, Masaniello, grâce !... Qui a pu vous instruire d'un secret que vous deviez ignorer encore ?

— Ah ! vous avouez donc ? Vous ne cherchez plus à me tromper de nouveau ? Tant mieux ! l'explication sera plus courte ; je n'ai pas de temps à perdre. Ainsi plus de subterfuges, plus de détours ! Isabelle d'Arcos, fille du vice-roi de Naples, du tyran de ma patrie, je te somme de nouveau de me dire ce que tu viens faire chez l'homme du peuple qui déteste le plus ton père !

— Masaniello, ne me parlez pas ainsi... vous me faites mourir de terreur... Hélas ! je voulais essayer une dernière fois de vous sauver !

— Cela n'est pas ! Quel intérêt peux-tu prendre à mes jours ?...

— Il le demande, ô mon Dieu !

Ces derniers mots avaient un accent de désespoir si vrai, de douleur si réelle, que Masaniello en tressaillit jusqu'au fond de l'âme et sentit tomber sa colère.

— Oh ! murmura-t-il, espérez-vous m'abuser encore ? votre conduite à mon égard est sans excuse. Il est impossible que vous ayez jamais aimé le pauvre pêcheur de la Mergellina, vous, fille de celui qui représente à Naples le roi d'Espagne, vous, presque reine !

Isabelle reprit courage et fit un pas vers lui.

— Masaniello, me crois-tu donc une femme vulgaire ? Que m'importent ta condition misérable et tes haillons d'homme du peuple, si ton âme est grande et noble, si j'ai trouvé chez toi des sentiments dignes et une élévation de cœur que je n'ai jamais rencontrés dans ceux qui m'entourent ?

— Non ! non ! s'écria le jeune homme. C'est en vain que vous essayez de flatter mon orgueil afin de me donner le change. Vous êtes venue troubler ma vie par désœuvrement, par curiosité, sachant que je ne pouvais jamais être à vous. Mais que dis-je ? Plût au ciel que n'ayez pas eu d'intention plus coupable !

— Expliquez-vous, Masaniello, dit la jeune fille palpitante.

— Je prévois ce que vous invoquerez pour votre justification, senora. Mais si le sentiment de l'amour filial vous laisse à vos propres yeux ; si, dans le but de prémunir le vice-roi contre les dangers qui le menacent, vous êtes descendue jusqu'à la feinte, du moins pouviez-vous épargner mon cœur et ne pas me faire vertu pour mieux attirer ma confiance.

Isabelle avait écouté, pâle et l'œil ardent.

— Cette idée ne vient pas de toi, Masaniello ! Confesse-le, parle ! Dis qu'elle t'a été suggérée par une personne étrangère, par une personne qui n'a pu juger de nos relations et qui me calomnie sans me connaître.

La voix de la jeune fille était vibrante, son sein battait avec force.

— Il est vrai, balbutia Masaniello.

— Quelle est cette personne ?

— Celle qui vous a parlé tout à l'heure, en mon nom, et qui vous a reconnue.

La fille du vice-roi posa la main sur son cœur et poussa un soupir, comme si elle venait d'être tout à coup dégagée d'un poids énorme.

— Ah ! dit-elle, je t'aurais méprisé, si tu avais pu trouver en toi cet ignoble soupçon ! Dieu soit loué, je puis t'estimer encore. Écoute, Masaniello, c'est mon âme tout entière que je vais t'ouvrir. Je conçois que la révélation de mon rang et de ma naissance ait bouleversé ton esprit et que tu n'aies pu te rendre compte de ma conduite. Mais un mot suffira pour t'éclairer. Ne pourrai-je descendre jusqu'à toi, j'aurais formé le projet de t'élever assez haut pour que je pusse un jour te présenter à mon père et lui dire : Voilà l'homme que j'aime !

— Isabelle... oh ! taisez-vous ! s'écria le pêcheur avec angoisse.

— Non, répondit-elle. Il faut que je me justifie, puisque tu m'accuses. C'était donc là mon rêve. Tu as en toi tout ce qui est nécessaire pour monter rapidement à une fortune brillante. Hier, tu me parlais d'honneur, tu me disais que tu ne voulais pas trahir la cause du peuple. Est-ce donc le trahir que d'approcher de celui que tu blâmes et de gagner par le raisonnement ce qu'une révolte insensée te fera perdre sans retour ? Le vice-roi céderait à la persuasion ; il châtiera la violence. Oh ! je t'en conjure, ne me donne pas la douleur de te voir traiter en criminel, toi dont la vie pourrait être si radieuse, toi pour qui j'avais caressé tant d'espérances...

— Espérances folles et impossibles ! dit Masaniello, séduit un instant

par le mirage d'ambition qu'Isabelle avait fait passer sous ses yeux, mais recouvrant tout à coup son énergie de conspirateur, et s'appuyant du souvenir du religieux bénédictin pour triompher de cette dernière lutte.

— Ainsi tu persistes dans tes projets de révolte?

— J'y persiste.

— Tu renonces à notre amour?

— Senora, don Juan Fernandez a jeté hier l'ancre dans le golfe avec son escadre. Il vient tout exprès d'Espagne pour épouser la fille du vice-roi.

— Mais je le hais cet homme... je ne serai jamais à lui!

Le pêcheur eut un instant de joie suprême, et son front s'illumina d'orgueil.

— Quoi! senora, vous refuseriez cette alliance?

— Oui, murmura-t-elle au milieu de ses sanglots, je la refuserai... Car c'est toi, Masaniello, toi seul que j'aime. Oh! laisse-toi fléchir! Celui qui brise le cœur d'une femme et qui rejette loin de lui ce trésor de dévouement et de tendresse ne sera jamais heureux.

— C'est possible. Mais celui qui trahit la cause du peuple sera maudit sur la terre et dans le ciel.

— La cause du peuple? Je t'ai proposé de la servir d'une manière plus sûre.

— Illusion! mensonge! En supposant que je puisse monter où m'ont placé vos rêves, je me laisserais séduire comme les autres par la fortune, et je deviendrais méchant et perfide. Je reste Masaniello le pêcheur, je vais combattre!

— Mon Dieu! mais tu cours au dernier supplice...

— Qu'importe! Lorsque les tyrans sont vainqueurs, l'échafaud devient pour les vaincus le trône du martyre.

— Masaniello! Masaniello! tout est donc fini entre nous?

— Oui, senora. La fille du vice-roi de Naples et le pêcheur de la grève doivent oublier leurs beaux jours. Mon cœur en saignera longtemps. Je déchire avec regret cette page de ma vie. Mais le peuple qui souffre attend de moi sa délivrance... Adieu!... je ne vous connais plus!!

IX

Le tocsin.

Piétro accompagna quelques instants le jeune chef de la révolte du côté de la route où l'attendaient les conjurés.

— Eh bien! lui dit Masaniello, puisque tu veux à toute force te rendre utile, j'accepte tes offres. Tu vas fermer ta hutte et la mienne, prendre ta fiancée avec toi et la conduire à l'abbaye de Sainte-Claire, que je fournis de poissons depuis deux ans, et dont l'abbesse ne refusera pas d'accueillir ma sœur. Si nous étions vaincus, Jeanne serait exposée à la haine de nos bourreaux, et, la sachant dans cette sainte retraite, je n'aurai plus d'inquiétude sur son sort.

— Bien; tu seras obéi, dit Piétro. Ensuite?

— Une fois Jeanne en sûreté, tu te dirigeras vers la porte de la Marine. Là, sans affectation et de l'air le plus innocent que tu pourras prendre, tu surveilleras Corcelli et sa troupe. Je me défie de cet homme. Ou je me trompe fort, ou, sous les services qu'il nous rend, il y a quelque projet fatal, que je ne devine pas et auquel il faut dès à présent mettre obstacle. Pour éventer ce projet, je me fie à ton adresse, Piétro.

— Sois tranquille, frère, dit le contrebandier.

Ils se pressèrent la main. Piétro retourna vers la hutte et le chef rejoignit les hommes sur le chemin de Portici à Naples.

A deux heures de là, une scène curieuse se passait dans l'intérieur de la ville, sur la place du marché, devant ce même bureau de la douane, qui n'était plus qu'un monceau de décombres.

Les commis, chassés la veille par le peuple, vinrent de bon matin reprendre leurs fonctions, escortés d'une compagnie de lansquenets, qui avaient reçu la mission spéciale de les protéger et de les défendre.

Ces lansquenets étaient de gros Allemands lourds, épais, ventrus, aux jambes avinées, à la trogne rubiconde et à la moustache indescriptible. Leur premier soin fut de dresser des tentes sous lesquelles ils s'attablèrent pour fumer, jouer et boire, laissant les employés des gabelles s'installer au milieu des ruines et chercher la trace de leurs registres disparus.

Au bout d'une heure, les commis étaient organisés tant bien que mal, et tout prêts à percevoir la taxe; mais une seule chose les empêchait de le faire, c'était l'absence des paysans et des marchands de fruits et de légumes qui arrivaient ordinairement beaucoup plus tôt des bourgades environnantes (1).

Le receveur du fisc interrogea vainement de l'œil le fond des rues voisines; pas une âme ne se montra.

Fatigués d'attendre, les bourgeois de Naples, venus sur la place pour faire leurs acquisitions, rentrèrent dans leurs logis.

Quant aux revendeuses et aux femmes du port, l'œil menaçant et le poing sur la hanche, elles s'approchèrent des bureaux incendiés et se mirent à apostropher les commis, en les accusant du retard des paysans.

— Voyez les beaux mufles! disaient-elles; ce sont eux qui épouvantent les vendeurs.

— Ils ont brutalisé hier cette pauvre fille de la Mergellina. Personne ne voudra plus apporter de fruits au marché.

— Lui prendre sa marchandise, quelle horreur!

— Oh! les coquins!

— N'ont-ils pas une mine d'escrocs?

— Si nous attachions le receveur à la potence neuve?

— Ce serait dommage...

— Pour le receveur?

— Non, pour la potence.

— Qu'importe! pendons-le toujours.

Effrayé de ces propos, un commis se détacha pour avertir le caporal des lansquenets.

L'Allemand vint à pas comptés; mais, ne voyant là que des femmes, il prit la taille à la plus ronde de ces commères, donna deux gros baisers à la plus fraîche, et retourna boire.

Ce fut alors une autre kyrielle d'injures.

— Oh! les lâches.

— Fi! les goujats.

— Cachez vos vilaines trognes.

— Ils ont eu peur.

— Appeler un soldat pour nous battre!

— Heureusement il nous a embrassées.

— Enfin, cria l'une d'elles, voici des marchands!

— Bah! qu'est-ce que tu chantes? c'est une procession.

— Du tout; je vois les paniers.

— C'est drôle, il n'y a que des hommes!

— Tant mieux!

— Ah! voilà nos grippe-sous qui se préparent!

Effectivement, les employés se disposaient à recevoir l'impôt, mais non sans une inquiétude très-visible.

Les allures de ceux qui approchaient n'étaient pas rassurantes. Ils marchaient sur deux lignes avec une régularité parfaite. Chaque homme porteur d'un panier de fruits avait à ses côtés un camarade qui ne portait rien, et dont le bras droit, caché sous le vêtement, semblait tenir une arme offensive.

Enfin, la tête du cortége s'arrêta devant le bureau.

Le receveur interpella l'un des hommes placés au premier rang et lui somma d'acquitter les droits. Celui-ci ouvrit une corbeille d'osier des pastèques d'une fraîcheur appétissante et fit mine de vouloir soumettre sa marchandise au contrôle de la douane. Mais l'employé qui approcha sentit tout à coup sous sa gorge la pointe acérée d'un poignard.

C'était le camarade du porteur de melons d'eau, qui venait de retirer la main de dessous ses vêtements.

— Arrière! cria-t-il; est aujourd'hui le peuple ne paye plus d'impôts!

L'employé recula d'épouvante.

Quant au marchand de pastèques, il avait déjà franchi les limites de la douane et s'installait sur la place, aux applaudissements des revendeuses qui trouvaient la plaisanterie fort agréable.

Au second tour, ce fut un panier de figues, et les figues passèrent comme les pastèques, à l'aide du poignard.

Même cérémonie au troisième tour.

Seulement, comme le receveur avait voulu lui-même arrêter au passage une autre corbeille de melons d'eau, il sentit la lame pénétrer plus avant dans sa gorge que dans celles de ses subalternes.

Le cortége avançait toujours avec un ordre admirable.

Dès le premier signe de violence, on avait eu hâte d'appeler au secours de la douane la compagnie de lansquenets tout entière. Mais ces facétieux Allemands trouvèrent la manœuvre si curieuse et l'exécution si parfaite, qu'ils éteignirent leur mèche à mousquet, relevèrent leurs espingoles et se mirent à battre des mains comme les revendeuses, riant à se tenir les côtes de la mine déconfite du receveur, de l'effroi de ses

(1) A Naples, le fruit est si abondant et si délicieux que le peuple en fait presque exclusivement sa nourriture. On avait jusque-là supporté patiemment les autres impôts, même celui sur les farines; car cela retombait également sur les bourgeois et sur cette grande quantité de noblesse qui demeurait à Naples. Mais l'impôt sur les fruits tombait sur le peuple seul. Sa pauvreté ne lui permettait plus d'acheter ses aliments habituels. Réduit au désespoir, il n'était rien qu'il ne se proposât de tenter pour forcer le duc d'Arcos à retirer l'édit.

(*Histoire de la Révolution de Naples.*)

MASANIELLO.

commis, et du calme imperturbable avec lequel les conjurés imitaient l'exemple de leur chef.

Car c'était Masaniello qui ouvrait la marche du cortége.

Lui et les siens, ayant arrêté les paysans sur les routes et aux portes de la ville, n'avaient pas eu la moindre peine à les décider au refus de l'impôt.

En un instant la place du marché fut couverte de paniers de fruits, dont pas un seul ne versa dans la caisse de la douane le tribut exigé par les ordonnance du vice-roi.

Mais les choses ne pouvaient se passer ainsi.

Furieux de la conduite des lansquenets, le receveur s'élança vers une des rues tortueuses qui avoisinaient la place, et courut à perdre haleine jusqu'au palais, d'où il ramena bientôt tout un escadron de reîtres, cavaliers bizarres, qui, par le désarroi de leur costume et leur tenue débraillée, ressemblaient à des mendiants à cheval, et dont il est difficile de donner un portrait fidèle sans les comparer aux Cosaques de nos jours.

Masaniello les vit déboucher des rues qui menaient à la Vicaria.

Lazzaroni, mariniers, hommes du port, paysans, tout ce peuple enfin qui encombrait la place avait les yeux sur le jeune pêcheur, prêt à obéir sur un mot et à se faire tuer sur un geste. Chaque marchand devait, jusqu'à nouvel ordre, se tenir immobile auprès de son panier de fruits, conservant toujours à droite son camarade du cortége, dont la dague était alors rentrée sous le haillons.

Dès son arrivée sur la place, après avoir franchi le poste de la douane, le jeune chef interrogea du son œil perçant un noir édifice qu'on eût pris pour une forteresse, si la flèche aiguë d'un clocher n'eût dominé ses remparts. C'était le couvent des révérends pères franciscains, garni de créneaux et flanqué de bastions comme celui des moines de Saint-Benoît. Vingt gaillards solides, envoyés par des rues détournées, avant que le moindre signe d'alarme eût pu mettre les religieux en défiance, avaient envahi le monastère et s'étaient emparés de la tour du beffroi.

Masaniello vit flotter un voile rouge à l'une des fenêtres de cette tour.

— C'est bien, se dit-il, mes hommes sont là.

Trois autres troupes, envoyées dans des directions différentes, avaient dû se rendre maîtresses des cloches de Saint-Philippe-de-Néri, de Saint-Dominique et de la cathédrale.

Au premier signal le tocsin devait partout retentir.

Une fois rassuré sur l'exécution de ses ordres, Masaniello se croisa les bras pour regarder en amateur défiler le cortége.

En dix minutes, la chose était faite, et les paysans, suivis de leurs acolytes armés, s'alignèrent sur la place.

Mais si les lansquenets avaient favorisé le désordre, les reîtres, accourus au galop du palais de la Vicaria, ne paraissaient pas d'humeur à suivre cet exemple; ils se rangèrent en bataille vis-à-vis des révoltés, pendant que le receveur et ses commis, s'avançant au milieu du terrain laissé libre entre eux, faisaient une dernière tentative pour engager la foule à rentrer dans le devoir.

— Au nom du vice-roi, dit le receveur, je vous somme de payer l'impôt.

Des huées l'accueillirent.

Masaniello s'approcha.

— Va dire à ton maître que le peuple refuse! s'écria-t-il; va lui dire que nous voulons la charte de Charles-Quint et toutes nos libertés d'autrefois! Ajoute que nous sommes prêts à mourir, et que s'il ne fait pas droit à notre demande, le massacre et l'incendie vont se promener tout à l'heure dans les rues de Naples!

Tout le personnel de la douane recula devant l'expression terrible du visage de Masaniello.

— Nos libertés! hurla la foule, ou mort au vice-roi!

Le receveur se réfugia dans les rangs de la cavalerie allemande, et les reîtres piquèrent des deux pour charger le peuple.

— A nous! cria Masaniello.

En un clin d'œil les paniers furent renversés; les oranges, les melons d'eau, les figues, tout roula sur le sol. Des milliers de bras les ramassèrent, et l'on fit pleuvoir sur les cavaliers une foule de projectiles dont le ciel fut un instant obscurci.

Dès lors, la charge devint impossible.

Les reîtres eurent beau déchirer de l'éperon le flanc de leurs montures, les chevaux effrayés se cabraient, désarçonnaient leur homme ou prenaient le mors aux dents et disparaissaient avec la rapidité de l'éclair au milieu des carrefours voisins.

Une minute après, il n'y avait plus un seul ennemi sur la place.

Témoins de la déroute de leurs compatriotes, les lansquenets les poursuivirent de huées et de sarcasmes.

Ces prudents fantassins avaient flairé l'émeute. Sachant par expérience que le pire des combats est celui où l'on a le peuple pour adversaire, ils résolurent de rester neutres jusqu'au moment où ils pourraient se ranger du côté du plus fort et fixer la victoire indécise. En attendant, ils firent un tour de promenade sur le champ de bataille, ramassant çà et là quelques-unes des armes populaires et les absorbant avec délices.

Mais il leur fallut abandonner bientôt pastèques rafraîchissantes et oranges savoureuses pour ne pas être compromis dans la mêlée terrible qui se préparait.

Le chef des conjurés venait de faire un signal, et le beffroi des franciscains envoyait dans les airs des sons lugubres. Les cloches de Saint-Philippe-de-Néri tintèrent à leur tour, puis celles de Saint-Dominique, puis le bourdon de la cathédrale fit entendre sa voix d'airain par-dessus toutes les autres.

Comme la porte de la Marine se trouvait à peu de distance du foyer de l'émeute, on vit bientôt paraître la troupe de lazzaroni commandée par Salvator Rosa, et les brigands du Vésuve vinrent se ranger en bataille sur la place, le pot en tête, l'escopette au poing.

Alors il y eut un cri formidable jeté par tous ces hommes, une clameur immense qui couvrit un instant les mugissements du tocsin.

Masaniello venait d'apercevoir l'ennemi, mais cette fois l'ennemi sérieux, c'est-à-dire les fantassins espagnols, les arquebusiers de Castille et la *cavalleria del re*, composée de vieux soldats bardés de fer, éprouvés par vingt combats, et montés sur des chevaux ardents, impétueux, dont les naseaux semblaient aspirer le carnage et souffler la mort.

Cette cavalerie menaçante arrivait donc, bride abattue, sur l'émeute. Mais le jeune chef avait tout prévu; la seconde charge ne devait pas mieux réussir que la première, et les mesures étaient prises pour empêcher ses troupes d'être écrasées par ces pesants escadrons.

Autour de la place du marché, s'élevaient une centaine d'échoppes de revendeuses et de baraques construites en planches. Tout fut en un clin d'œil renversé, brisé, démoli, avec cette rapidité fougueuse et cet élan surhumain que le génie des révolutions donne au peuple.

En ce moment, la cavalerie débouchait des rues adjacentes.

— A l'œuvre! cria le chef.

Les poutres, les cloisons, les portes des échoppes, les bancs de chêne et les escabeaux des revendeuses roulèrent à l'instant même sous les pieds des chevaux qui s'abattirent en hennissant de douleur.

Cependant la mousquetade éclatait sur toute la ligne.

Tandis que Masaniello et ses hommes égorgeaient les cavaliers et plantaient leurs poignards dans le poitrail des montures, Salvator Rosa, qui venait d'essuyer une décharge des fantassins espagnols, courut à eux avec sa troupe avant qu'ils eussent pu recharger leurs armes, et les obligea de se replier en désordre sur le château.

D'un autre côté, Corcelli et ses brigands étaient aux prises avec les arquebusiers de Castille.

Les balles sifflaient de toute part, et déjà la place était jonchée de cadavres, le pavé teint de sang. Les coups redoublés du tocsin faisaient accourir de tous les points de la ville, de la grève et des faubourgs une population dégueuillée, armée de pieux, de fourches, de gaffes et de crochets aigus. Toute cette foule, haletante, exaltée, furibonde, opéra sa jonction avec Masaniello, en assommant par derrière les troupes du vice-roi.

Au milieu de cette mêlée sanglante, tenant un poignard d'une main et brandissant une hache de l'autre, Masaniello se multipliait pour donner des ordres.

Il avait fait envahir chacune des maisons situées à l'angle de la place par de robustes matelots du port, qui achevaient d'écraser la malheureuse cavalerie en précipitant par les fenêtres des meubles sur elle.

Presque tous les soldats envoyés du château étaient en déroute, à l'exception des Castillans, qui conservaient intrépidement leur position, et dirigeaient contre la révolte un feu meurtrier.

En ce moment, les lansquenets prirent enfin le parti de ne plus rester neutres.

Le hasard ayant voulu qu'ils reconnussent parmi les hommes de Corcelli quelques-uns de leurs anciens frères d'armes, ils allèrent tout naturellement leur porter secours, et décidèrent l'avantage sur ce dernier point.

On entendit alors la voix de Masaniello qui dominait le tumulte.

— Assez, frères, assez! ne tuez plus! disait le jeune chef; nos ennemis sont en fuite, nous sommes vainqueurs!

Une acclamation d'allégresse éclata dans les rangs de cette multitude, qui, depuis une heure, ne poussait que des rugissements et des cris de mort.

Toutes les bouches portèrent au ciel le nom de Masaniello, toutes les mains voulurent presser la sienne. Mille bras le soulevèrent tour à tour pour le montrer au peuple, dont il venait si énergiquement de faire triompher la cause.

Lorsqu'on l'eut promené d'un bout à l'autre de la place, au milieu des clameurs joyeuses qui redoublaient sur son passage, on le porta vers une estrade, improvisée avec les poutres et les planches qui avaient servi pendant la bataille.

Un escabeau de chêne avait été placé sur cette estrade.

Masaniello monta d'un pas ferme à ce trône populaire, acceptant l'ovation qui lui était due.

— Frères, dit-il en ôtant son bonnet de pêcheur, Dieu nous a donné la victoire... remercions Dieu!

Et la foule de s'agenouiller dans le sang qu'elle venait de répandre.

— Frères, le moment est venu de proclamer nos droits!

— Oui! oui!

— Plus d'impôts!

— Nous te chargeons de nous protéger et de nous défendre.

— J'accepte cette mission, dit le jeune homme, et je vous jure de m'en rendre digne.

— Vive Masaniello !

— Vive le chef du peuple !

Ce cri fut répété trois fois par la foule entière avec un énergique enthousiasme. C'était une immense et solennelle proclamation. Le visage du pêcheur devint radieux ; sa poitrine battait d'un noble orgueil.

Il fit signe à Salvator Rosa de monter sur l'estrade.

— Ecris, lui dit-il.

Le peintre mit un genou en terre, tira de sa poche les tablettes sur lesquelles il avait esquissé, la veille, les rudes physionomies des brigands du Vésuve, et Masaniello lui dicta trois décrets d'une voix brève et rapide. Le premier rétablissait la charte de Charles-Quint, le second déclarait nulles les ordonnances du vice-roi qui frappaient d'une taxe exorbitante le vin et les spiritueux, le troisième enfin abolissait toute espèce d'impôt sur les fruits et sur le poisson.

Cela fait, Masaniello signa.

Salvator lut les décrets à la foule, et des applaudissements unanimes les accueillirent.

Le chef du peuple éleva la main.

Tout le monde se tut.

— Frères, cria-t-il, reprenons nos armes ! vainqueurs sur un point, nous ne le sommes pas sur tous. Allons ensemble trouver le vice-roi, et traitons avec lui de puissance à puissance !

Il descendit de l'estrade.

Déjà la multitude se précipitait avec la fougue d'un torrent dans les rues qui menaient à la Vicaria.

Masaniello, avant de quitter la place du marché, et pendant que Corcelli se préparait à attaquer avec lui le palais, fit appeler un des matelots les plus intrépides de la grève. Il lui ordonna de choisir deux cents hommes, de mettre vingt chaloupes à la mer et d'aller prendre à l'abordage l'escadre de don Juan Fernandez.

X

La Vicaria.

Quelques heures avant les événements que nous venons de raconter, le duc d'Arcos se promenait avec agitation dans une salle immense où les portraits en pied des anciens rois de Naples, dus en partie au pinceau du Véronèse, semblaient, à la clarté douteuse que laissaient pénétrer dans cette pièce de lourdes tentures de damas de Gênes, froncer leurs visages austères et s'indigner de voir les rois d'Espagne, depuis Charles-Quint jusqu'à Philippe IV, partager, aussi en peinture, les honneurs de cette antique résidence.

Trop habile politique pour ne pas deviner ce qu'il avait à craindre, et trop orgueilleux pour faire une concession lorsqu'elle lui était réclamée comme un droit, il se creusait l'esprit pour trouver un moyen de contenter le peuple sans rien lui accorder. C'était difficile, et les conseillers intimes du vice-roi, qu'il avait mandés avant le jour, venaient d'être congédiés avec humeur, parce que leur cerveau de diplomates était resté vide et n'avait rien trouvé de convenable pour sauver la situation.

La violence répugnait au vice-roi. Il savait combien il est dangereux de répondre par des balles au peuple qui demande du pain.

Il se promenait donc dans la chambre du conseil, les bras croisés, la tête basse et les regards attachés sur le tapis à rosaces qu'il foulait de ses mules de velours.

C'était un long vieillard, sec, nerveux, dont l'angle facial, resserré de l'oreille au front, dénotait une volonté hargneuse, une obstination systématique. Son œil était gris, perçant, implacable. Il riait rarement et toujours du bout des lèvres, portait haut la poitrine, avait le geste digne, impérieux, hautain, le ton brusque et saccadé, la démarche grave et pensive ; en un mot, c'était un grand d'Espagne de première classe, guindé, busqué, tiré à quatre épingles, solennel automate fort curieux à voir, chamarré d'ordres sur son costume sombre, à cheval sur l'étiquette, posant et paradant toujours.

Au bout d'une demi-heure de promenade, il s'arrêta devant une table et agita une sonnette d'or qui rendit des sons éclatants.

Un personnage replet, court, ventru, mais au pas leste, à l'œil vif, au sourire insinuant, à la mine sournoise, en un mot l'antithèse vivante du vice-roi, souleva la portière et parut devant lui.

— Comte de Badajoz y Suerra y Nevada y Fualdès, dit le duc d'une voix sévère, vous êtes chargé de ma police ?

— Oui, monseigneur, répondit le petit homme, en faisant une courbette souple et gracieuse, dont un maître de danse eût été jaloux.

— Vos espions sont inhabiles, je ne suis pas satisfait de leurs rapports. Rien de précis, rien d'exact ! Pourquoi n'a-t-on pas opéré d'arres-

tations ? Quel est cet homme qui haranguait, hier au soir, les matelots de la grève ?

— Le même qui s'est permis de présenter une requête à Votre Altesse sous le portail de Saint-Dominique.

— Son nom ?

— Je l'ignore.

— C'est en quoi vous êtes répréhensible, comte.

— Mais les habitants de la Mergellina s'entendent entre eux, monseigneur. Impossible de leur arracher un secret.

— Ne vous excusez pas. Comment se fait-il que le déclamateur du port soit resté libre ?

— Les sbires ont voulu le prendre ; mais il s'est perdu dans la foule des lazzaroni, et l'on n'a pu retrouver sa trace. Tous ces coquins se ressemblent.

— Alors il fallait les arrêter tous !

— Votre Altesse n'y songe pas ; les prisons sont pleines.

— Belle raison !

— Cependant, monseigneur...

— Assez !.... Comte de Badajoz y Suerra y Nevada y Fualdès, je suis mécontent de vous.

Le père d'Isabelle reprit sa promenade. La colère qui grondait en lui ne colora même pas son visage et n'ôta rien à la noblesse ni à la dignité de sa contenance.

— Monseigneur a-t-il quelques ordres à me donner ? murmura le petit homme, assez ému de cet accueil, et dont les révérences étaient en pure perte, car le duc ne le regardait pas.

— Vous ai-je dit de sortir ? demanda l'altesse.

— Non, monseigneur... mais si mes hommes avaient quelques renseignements nouveaux à me donner...

— Qu'ils entrent et vous les transmettent devant moi.

Ces mots n'étaient pas achevés que la portière s'entr'ouvrit légèrement. Une face de sbire parut, pâle, bouleversée, grimaçante, et faisant signe de l'œil au comte de Badajoz y Suerra y Navada y Fualdès.

Le vice-roi, en se retournant, surprit cette pantomime.

— Qu'est-ce que cela, comte ?

— Un de mes hommes, Altesse.

— Approche, maraud, dit le père d'Isabelle.

Le sbire s'avança tremblant.

— Parle ; qu'y a--t-il ?

— Monseigneur, le peuple tout entier se révolte sur la place du marché.

— Tu mens ; cela n'est pas possible, dit le vice-roi, dont la figure de glace laissa paraître enfin quelque émotion.

— Le fermier de la douane , dit le sbire, est en bas dans la cour du palais. On refuse l'impôt, et les lazzaroni menacent du poignard les employés du fisc.

— Tête-Dieu ! s'écria le vice-roi, dont les pommettes se colorèrent assez vivement, je vous avais pourtant ordonné , comte de Badajoz y Suerra y Navada y Fualdès, d'envoyer une compagnie de lansquenets pour assurer la perception des taxes.

— J'ai obéi, Votre Altesse.

— En effet, reprit le sbire, les lansquenets sont là ; mais ils fument, boivent et plaisantent, sans faire usage du mousquet.

— Les misérables ! cria le duc d'Arcos.

En ce moment, la portière se souleva de nouveau. Une seconde tête de sbire parut. Même consternation, même grimace, même pantomime en regardant le comte de Badajoz y Suerra y Nevada y Fualdès.

— Nous apportes-tu des nouvelles ? demanda le vice-roi à ce deuxième archer.

— Oui, monseigneur, répondit-il d'une voix haletante.

— D'où viens-tu ?

— De la porte de la Marine, où nous avions été reconnaître à trois un rassemblement de matelots et d'hommes armés. J'en reviens seul, ajouta-t-il d'une voix presque éteinte.

— Et les autres, coquin ?

— On les a massacrés, monseigneur, et traînés à la mer.

— Par saint Jacques ! c'est donc une révolution ? s'écria le duc d'Arcos, qui avait alors entièrement perdu son magnifique sang-froid.

— Une révolution terrible, monseigneur...

— Va-t'en, coquin !.... Non , reste ! Que faire, au nom du ciel, que faire ?... Ah ! comte ! comte ! c'est pourtant à votre maladresse et à votre sottise que nous devons toutes ces belles choses !

— Monseigneur...

— Taisez-vous !.... Que cent chevaux sortent immédiatement du palais ; que les hommes mettent le sabre au poing et courent ventre à terre au lieu de l'émeute ! Que ma garde se tienne prête , cavaliers et fantassins, sous une des munitions, tous sur le pied de guerre !... Allez, comte, et réparez vos torts par votre promptitude à communiquer mes ordres. Vous reviendrez ensuite.

Badajoz et les sbires s'éloignèrent.

Le duc d'Arcos continua d'arpenter de long en large la chambre du conseil.

Mais sa démarche avait beaucoup perdu de sa noblesse et de son calme majestueux.

— Une révolution ?... Bah ! c'est absurde ! tous ces marauds exagèrent. D'ailleurs, j'ai des forces plus que suffisantes pour réduire à merci la canaille napolitaine. Oh! ce Badajoz, à qui je suis allé confier l'administration de la police! un intrigant, un sot, un énorme fat qui ne songe qu'à plaire aux femmes de ma cour... imbécile!... Hélas! Isabelle avait raison : le peuple souffrait, les taxes pesaient lourdement sur lui... Mais c'est incroyable! et dans quel siècle vivons-nous, mon Dieu! Souffrir, être écrasé d'impôts, j'accorde cela ; mais se plaindre, mais réclamer hautement des droits, mais soutenir cette audacieuse requête les armes à la main?... Par Notre-Dame! ces gens de Naples sont fous, et Sa Majesté Catholique rirait de grand cœur si elle voyait ce qui se passe. Allons, allons, bon peuple, aimable peuple, tu as voulu du sang, tu auras du sang!...

Le comte rentrait.

— Eh bien? demanda le vice-roi.

— Vos ordres sont exécutés, monseigneur.

— Les cavaliers sont partis?

— Au galop.

— Toutes les autres troupes sont prêtes?

— Oui, Altesse; elles n'attendent qu'un signal pour aller châtier les mutins.

— A merveille.

. — Eh ! eh ! nos chers habitants de Naples, ajouta le grand d'Espagne, vous aviez la prétention de nous réduire, et c'est avec le poignard que vous dirigez vos placets! Par saint Jacques! nous y mettrons bon ordre, et je jure Dieu qu'avant une heure...

Il s'arrêta tout à coup, prêta l'oreille, et s'écria :

— Le tocsin !... N'est-ce pas le tocsin, comte ?

— Oui, monseigneur, murmura le chef de police avec un accent d'épouvante.

— Et qui a donné l'ordre de le sonner?

— Personne.

— A moi mes gardes! à moi mes serviteurs fidèles! s'écria le duc d'Arcos, écartant la portière avec violence.

Les chefs des régiments espagnols se tenaient dans l'antichambre, afin d'être plus à portée de recevoir des ordres.

Ils accoururent.

— Vous entendez, nobles capitaines? Ces misérables se permettent de sonner le beffroi ; ils vont jeter partout l'alarme, à Naples et dans les campagnes d'alentour. Courez! courez! que pas un n'échappe !... point de merci! point de trêve!

Il revint tomber sur un fauteuil. Ses membres étaient agités d'un tremblement convulsif, une sueur glacée découlait de ses tempes.

— Sainte madone! tu sont donc vainqueurs et maîtres de la ville entière?... Ecoute !... les cloches tintent à plusieurs églises... J'entends le bourdon de Saint-Janvier... Va !... que fais-tu donc ici, malheureux !... Va, te dis-je, et rapporte-moi des nouvelles!

Badajoz s'élança hors de la chambre.

Mais presque aussitôt il entendit la voix de son maître qui le rappelait.

— Isabelle, ma fille!... cours d'abord me chercher ma fille !

Resté seul, Son Altesse monseigneur le duc d'Arcos reprit un peu de calme.

C'était moins de la peur qu'il éprouvait, qu'une sorte de surexcitation nerveuse produite par tant d'émotions successives, et surtout par ce lugubre et perpétuel tintement de cloches qui annonçait un soulèvement général et beaucoup plus dangereux qu'on n'avait pu le croire. Du reste, au milieu de semblables circonstances, dans cette extension rapide, inattendue de la révolte, le caractère le plus ferme et le plus inébranlable aurait pu fléchir.

Le vice-roi songea dès ce moment à assurer sa retraite, non qu'il voulût quitter Naples et laisser triompher l'émeute, sa résolution au contraire étant de s'ensevelir sous les ruines de la ville plutôt que de laisser porter atteinte au pouvoir dont le roi d'Espagne l'avait institué gardien : mais il réfléchissait au peu de sûreté que lui offrait la résidence de la Vicaria. Les fortifications de ce palais, négligées ou détruites, ne pouvaient plus le défendre contre une attaque sérieuse.

Il valait mieux se retirer au Château-Neuf, place forte du premier ordre, où se trouvaient un arsenal bien fourni et des canons en suffisance pour faire de Naples un monceau de décombres, si la bataille de la rue tournait au désavantage des troupes.

Après le départ du chef de la police, le duc d'Arcos alla s'assurer si une porte mystérieuse enclavée dans le mur avait toujours son bouton secret et son ressort.

Cet examen achevé, il appela trois majordomes, et leur donna l'ordre d'enterrer au fond de souterrains connus d'eux seuls et de lui sa cassette, ses diamants, la vaisselle d'or et d'argent, et tous les objets précieux du palais.

Toutefois, nous devons dire qu'avant de s'occuper de sa propre sûreté et de la conservation de ses richesses, le grand d'Espagne avait songé au salut d'Isabelle.

Il aimait cette enfant de toute l'affection dont son âme sèche et son cœur aride étaient susceptibles.

Une de ses premières inquiétudes avait été la nécessité où il se croyait de garder sa fille avec lui au milieu des fureurs qui allaient éclater, lorsque tout à coup, à travers l'une des fenêtres de la chambre du conseil, ses yeux tombèrent sur l'escadre retenue dans le golfe par les mesures rigoureuses de la quarantaine.

Il prit son parti sur-le-champ.

Ce fut alors qu'il rappela le comte de Badajoz pour lui ordonner d'aller chercher la jeune fille.

Isabelle était de retour de la Mergellina.

Devant Jeanne et le contrebandier, la malheureuse avait dévoré ses pleurs; mais, une fois rentrée au palais, elle leur donna un libre cours, et les consolations d'Inès glissèrent sur son désespoir.

C'en était fait, il n'y avait plus de rapprochement possible entre elle et Masaniello.

Et cependant le refus même du jeune homme de céder à ses larmes, sa persistance à suivre la route que lui traçait impérieusement l'honneur, n'avaient fait que redoubler pour lui l'estime d'Isabelle, et par conséquent son amour.

A quel parti s'arrêter dans ces circonstances funestes ? Lui sera-t-il possible de défendre Masaniello coupable, sans que le courroux du vice-roi ne l'atteigne elle-même, sans que la cour tout entière ne le blâme et ne lui fasse un crime de son intérêt pour le chef des révoltés?

Mais si le jeune pêcheur était victorieux ! S'il forçait le duc d'Arcos à faire droit aux justes réclamations du peuple ?

Isabelle tressaillit à cette pensée, il y eut dans son âme comme un éclair qui chassa pour un instant les sombres nuages du désespoir et lui montra le ciel de l'espérance. Mais bientôt elle s'accusa de folie et retomba dans toute la prostration de sa douleur.

Il est impossible que Masaniello triomphe.

Si le malheureux n'est pas tué sur-le-champ, Isabelle va bientôt apprendre qu'il est chargé de chaînes, ou s'il attend au fond des cachots la terrible sentence qu'aura provoquée son audace.

Tout à coup la jeune fille entendit dans les galeries voisines et dans les cours du palais un bruit inusité.

S'approchant de sa fenêtre, elle vit les gardes de son père en émoi ; tous allaient, venaient, s'interrogeaient avec inquiétude et couraient aux armes. Un escadron de cavalerie allemande montait à cheval, piquait des deux et sortait au galop par les guichets, dont il faisait retentir les voûtes sonores.

Bientôt Isabelle vit ces mêmes hommes revenir en déroute.

D'autres s'élançaient à cheval et partaient au galop; les fantassins d'Aragon chargeaient leurs espingoles, les Castillans leurs arquebuses; et par-dessus tout ce tumulte intérieur il semblait à Isabelle entendre un autre tumulte qui sortait des profondeurs de la ville et ressemblait au mugissement lointain d'un orage.

Enfin, pour mettre le comble à son effroi, le tocsin résonna bruyant, impétueux, rapide, courut de clocher en clocher, et domina toutes les autres rumeurs de sa voix de tempête.

La jeune fille jeta un cri perçant, quitta la fenêtre, et tomba presque mourante dans les bras d'Inès.

Ce fut alors que Badajoz vint la chercher pour la conduire au vice-roi. Isabelle pouvait se traîner à peine, et lorsque le duc d'Arcos la vit arriver pâle, éperdue, il s'avança vivement à sa rencontre, et lui dit en la soutenant dans ses bras :

— Chère enfant, je conçois ton épouvante... Ah ! quand le crime de ce peuple odieux n'aurait d'autre résultat que celui de jeter le trouble dans ton âme et de pâlir ton front, je serais déjà sans pitié, je n'accorderais aux coupables ni pardon ni merci !

— Mon père ! mon père ! murmura la pauvre Isabelle en joignant ses mains tremblantes.

— Il y a surtout leur chef, un pêcheur de la grève, le même qui a eu l'audace de m'apostropher au parvis d'une église... c'est lui, vient-on de me dire, qui excite tous les brigands sur la place du marché. Tiens, ma fille, écoute !... la mousquetade éclate ; ils osent répondre au feu de mes soldats. Oh ! ce chef, ce chef, qu'on me l'amène, et par le sang du Christ...

— Pitié ! pitié pour lui, mon père !

— Qu'oses-tu dire ? ont-ils pitié de moi, ces misérables ? ont-ils pitié de ma fille, que sa mort m'angoisse ? ont-ils pitié de mes troupes qu'ils massacrent? Qu'on m'amène ce pêcheur, te dis-je, et je n'aurai pour lui ni assez de tortures ni assez de bourreaux.

— C'est horrible !

— Je le fais écarteler vivant.

— Grâce !

— Ou plutôt non... car il aurait trop tôt fini de mourir ! Je veux qu'on l'étende sur la roue, qu'on lui brise un à un tous les membres, lentement, avec mesure ; que le fouet du bourreau tire goutte à goutte le sang de ses veines, et qu'on invente pour lui de nouvelles souffrances et de nouveaux supplices !

Le vice-roi parlait au milieu de l'exaspération la plus violente, le regard en feu, les membres agités d'un tremblement convulsif.

Une fois sorties de leur ligne de glace, les natures froides montent plus haut que les autres dans les régions exaltées de la colère.

Monseigneur le duc d'Arcos, l'oreille frappée de tous les bruits sinistres du combat, prévoyant une défaite, envisageant la conséquence déplorable qu'elle aurait pour lui à la cour d'Espagne, se sentait pris d'une sorte de délire. Ses lèvres étaient bleues et serrées, sa bouche était écumante. Le mouton se changeait en tigre.

Sans regarder sa fille, après avoir proféré son atroce discours, il courut jeter dans l'antichambre des ordres furibonds.

Lorsqu'il revint près d'Isabelle, il la trouva complètement évanouie.

Alors ce fut une scène d'un autre genre, où la colère fit place à des transes douloureuses, à des terreurs indicibles. L'altesse tomba gémissante aux pieds de la jeune fille, lui prit les mains et chercha vainement à la rappeler à la vie.

Des hommes effarés, les cheveux en désordre et le visage noir de poudre, se précipitèrent en ce moment dans la chambre du conseil.

Ils venaient annoncer que la révolte était victorieuse.

Les troupes, obligées de céder au peuple, se repliaient en tumulte sur la Vicaria.

— Malheur ! s'écria le vice-roi. Et ma fille, mon enfant que j'allais sauver !... Du secours ! envoyez-moi du secours !

Les majordomes, les chambellans et tous les domestiques du palais s'empressèrent autour d'Isabelle. Les femmes de chambre accoururent ; mais leurs efforts, joints à ceux du vice-roi, ne purent tirer la malheureuse jeune fille de son évanouissement.

Un temps précieux s'écoulait.

Toujours à genoux devant Isabelle glacée, immobile et sans souffle, le duc, éperdu, comptait les minutes et voyait avec effroi passer l'heure. On n'entendait plus de détonations d'armes à feu, mais on savait que l'ennemi prenait des mesures pour circonvenir de toutes parts la Vicaria et recommencer l'attaque.

Enfin Isabelle ouvrit les yeux et murmura d'une voix éteinte :

— Ah ! c'est un rêve, un affreux rêve !

— Ma fille !... Dieu soit béni !... Reviens à toi, chère enfant... Du courage ! il faut partir.

— Partir ? dit Isabelle en regardant le vice-roi.

— Oui, le danger devient pressant, terrible... J'ai donné des ordres, on a dû préparer une barque sur le port. Le comte de Bajadoz et mes chambellans, des serviteurs fidèles, dévoués, sont prêts à te suivre, et tu t'embarqueras pour rejoindre dans le port l'escadre de don Juan Fernandez.

La jeune fille avait écouté palpitante.

Elle réunit en un instant toutes ses forces et se redressa d'un bond.

— Jamais ! s'écria-t-elle, jamais, mon père !

— Que dis-tu ! Les insurgés sont à nos portes... bientôt peut-être ils seront ici.

— Mon devoir est de partager vos périls.

— Elle fit un geste impérieux. Tous les témoins de cette scène disparurent et rentrèrent dans les antichambres.

— Isabelle, mon calme bien-aimée, ne résiste point, je t'en supplie ! l'heure presse, le combat va recommencer, sanglant, implacable !

— Le peuple est donc vainqueur ? demanda-t-elle frémissante.

— Oui, mais nous avons le Château-Neuf, où je vais m'enfermer et bombarder Naples. Qu'ils tremblent !

— Bombarder Naples, mon père ? c'est un crime.

— Qu'entends-je ! dit le duc d'Arcos, dont les sourcils se contractèrent ; ma fille prend contre moi le parti de la révolte ?

— Hélas ! reprit Isabelle, tout à l'heure vous parliez de supplice. Oubliez-vous quelle responsabilité terrible vous aurez devant Dieu, lorsqu'il vous demandera compte du sang versé, de celui que vous avez le projet de verser de nouveau ? Le peuple a souffert, on l'a réduit à une extrémité funeste que je déplore ; on a mis le feu à cette mine qui éclate aujourd'hui. Croyez-vous donc avoir le droit de punir ?

Le grand d'Espagne avait écouté, le visage blême, la lèvre tremblante.

— Isabelle, répondit-il en essayant de contenir sa colère, vous ai-je mandée pour prendre vos avis et recevoir vos leçons ? Il est impossible que vous restiez à Naples ou que vous me suiviez au Château-Neuf. Votre vie m'est précieuse, je ne l'exposerai pas à la rage de ces brigands. Il faut sans retard vous diriger du côté du port. Deux bataillons de mes gardes vous serviront d'escorte. Une fois sur le vaisseau de Fernandez, vous serez en sûreté, ma fille. Si je dompte l'émeute, je vous rappellerai ; sinon, vous retournerez en Espagne dire au roi Philippe IV que je suis mort pour conserver intacte sa puissance.

— Mon père, ô mon père ! ne serait-il pas mieux d'accorder quelque chose à ce peuple ? Pourquoi prolonger une lutte impie ?

— Des concessions ! s'écria le duc avec colère. M'humilier, humilier le roi mon maître devant des rebelles qui sollicitent les armes à la main !

— Ces armes, on les leur a fait saisir.

— Assez, dit le vice-roi d'un ton sévère. La politique ridicule et la sensiblerie nerveuse d'une femme n'ont rien à voir dans tout cela. Vous allez partir.

— Non, mon père, non, répondit froidement Isabelle, je ne partirai pas.

— Mais vous êtes folle !

— C'est une résolution prise.

— Vous savez que je puis vous y contraindre ?

— Je verrais pour la première fois mon père employer la violence à mon égard.

Le duc parvint encore à maîtriser son irritation.

— Enfant, dit-il, pourquoi me chagriner de la sorte et résister à mes désirs, en ce moment où j'ai besoin de toute ma force et de tout mon courage ? Isabelle, ma chère Isabelle, je frémis en songeant que chaque

minute qui s'écoule peut amener ta perte. Va trouver Fernandez, il est ton fiancé. Lui seul, après ton père, doit te défendre et veiller sur toi.

— Mon fiancé ?... Oui, je sais, en effet, qu'il vous a plu de disposer de mon sort. Mais si je ne l'aime pas, cet homme ?

— Isabelle ! cria le vice-roi.

— Si je ne l'aime pas, répéta la jeune fille, soutenant sans pâlir le regard courroucé de son père, me forcerez-vous à lui donner ma main ? Me condamnerez-vous à un éternel désespoir ?

— Mais pourquoi ne m'as-tu pas dit cela plus tôt ? Pourquoi profiter de cette heure fatale et soulever entre nous un débat affligeant ?

— Vous ne m'avez jamais consultée, répondit-elle.

— Une fille respectueuse doit accepter le choix de son père.

— Oui, quand à côté de ce choix ne se trouve pas le malheur.

— Isabelle, vous m'obéirez, cria le duc d'Arcos avec fougue.

— Monseigneur...

— Vous m'obéirez, vous dis-je ! Il ne s'agit pas aujourd'hui de mariage. Plus tard, vous m'expliquerez les raisons de votre refus ; je les apprécierai peut-être. En attendant, regardez don Juan Fernandez comme un ami de notre famille auprès duquel je vous envoie pour vous soustraire aux dangers qui vous menacent.

— Je vous en supplie, mon père, ne me forcez pas à vous répéter une troisième fois que ma résolution est inébranlable.

— Par Notre-Dame ! cria le duc en saisissant avec rage le bras de sa fille, tu partiras, malheureuse, et sur-le-champ !

— Je suis une femme... prenez garde, mon père, dit doucement Isabelle.

Honteux de sa brutalité, le duc retira sa main.

— Des raisons ! s'écria-t-il. donne-moi des raisons.

Elle le regarda bien en face, et lui dit :

— Je me nomme Isabelle d'Arcos. L'honneur du vice-roi de Naples m'est précieux, et je reste avec lui pour que l'histoire ne dise pas un jour : « C'était un cœur dur, une âme sans pitié, qui a fait mourir dans les derniers supplices des malheureux réduits à la révolte par la détresse et la faim. »

— Est-ce là tout ? demanda le duc d'Arcos d'une voix sourde.

— Oui, répondit la jeune fille. En vous écoutant proférer des menaces cruelles, je me suis évanouie d'effroi ; mais, revenue à l'usage de mes sens, j'ai juré par toute l'énergie de mon âme que je resterais près de vous, afin de m'opposer par mes prières et mes larmes à une vengeance inique et barbare.

Sans répondre à sa fille, le vice-roi sonna.

Badajoz et les chambellans rentrèrent.

— Où en sommes-nous ? demanda-t-il.

— Monseigneur, une résistance vigoureuse s'organise. Tout porte à croire que cette fois nous triompherons de l'émeute.

— Bien ! Vous avez transmis mes ordres aux troupes ?

— Oui, monseigneur.

— Point de merci ! point de grâce ! Et si l'on prend le chef des révoltés, qu'on ne touche pas à un cheveu de sa tête... Cet homme appartient au bourreau.

— Mon père, mon père, c'est infâme ! dit Isabelle en faisant un pas vers le vice-roi.

— Vous entendez, messieurs ! la révolte est partout, même au sein de ma famille. Isabelle d'Arcos refuse d'aller sur l'escadre de don Juan Fernandez attendre que nous ayons triomphé des rebelles. Que mes gardes s'avancent et qu'on la sauve en dépit d'elle-même !

Appelés par un des chambellans, vingt soldats des gardes entrèrent. Sur un signe du duc d'Arcos, ils se mirent en devoir d'entourer la jeune fille.

Isabelle marcha droit à eux, pâle, frémissante, l'œil étincelant d'orgueil.

Tout son sang d'Espagnole bouillonnait dans ses veines. Elle tira brusquement de son corsage une petite lame de Tolède, à la poignée enrichie de pierres précieuses, et s'écria :

— Loin d'ici !... Le premier qui m'approche est mort !

Tous les gardes reculèrent.

En ce moment une détonation épouvantable, horrible, quelque chose comme cent coups de foudre réunis éclata du côté du golfe.

Chacun s'empressa de courir aux fenêtres, et, à la place du vaisseau sur lequel monseigneur le duc d'Arcos voulait envoyer sa fille, on n'aperçut que des débris informes et un immense tourbillon de fumée que les vents emportaient entre les nuages.

Presque aussitôt la portière s'écarta violemment, et don Juan Fernandez parut au seuil de la chambre du conseil.

XI

L'abordage.

Le matelot auquel le chef du peuple avait donné l'ordre d'attaquer l'escadre se nommait Gennaro.

C'était un homme de trente ans, endurci à la fatigue, robuste et musculeux comme un athlète, aimant le danger, taquin, querelleur, toujours prêt à casser la tête aux autres ou à faire casser la sienne.

Masaniello ne pouvait mieux choisir.

Au milieu de la troupe victorieuse de la place du marché, le colosse fit choix à son tour des deux cents hommes qui devaient l'accompagner dans son expédition. Tous les lazzaroni de Naples lui étaient connus. Il enrôla sans balancer les garnements les plus détestables, les pillards les plus émérites et les coupe-jarrets les moins scrupuleux, comme propres à remplir, de préférence à tous les autres, la mission de confiance qu'il venait de recevoir, et surtout comme ceux vers lesquels il se sentait le plus d'entraînement et de sympathie.

Car Gennaro, ainsi qu'il le disait lui-même, avait un compte très-long et très-embrouillé à démêler avec le diable.

Tour à tour bandit, routier, matelot, il exerçait indistinctement ces professions diverses, selon qu'elles lui offraient des bénéfices plus variés ou plus de chances d'exercer sa dague. Il avait sur la conscience, en fait de brigandages, de vols, d'expéditions de grands chemins, de profanations de monastères, de coups de stylet donnés ou rendus, un fardeau très-lourd, et qui, pour tout autre, eût été gênant.

Mais lui ne s'en inquiétait guère. Il buvait, mangeait, dormait avec le calme d'une conscience pure, jouissait de la plus belle santé du royaume et comptait sur saint Janvier, son patron, pour arranger les choses.

Il n'y avait pas à Naples, à cette époque, de bandit éhonté, de filou de naissance et de coquin sans vergogne qui ne témoignât la même confiance au saint martyr de Pouzzoles et ne le rendît en quelque sorte solidaire de ses crimes. La tradition s'est perpétuée jusqu'à ce jour, et pas un lazzarone ne donne un coup de poignard sans invoquer ce puissant protecteur.

Saint Janvier doit recevoir, là-haut, des bienheureux de sa connaissance une foule de compliments sur sa clientèle.

Donc, Gennaro, après avoir choisi ses hommes, quitta la place du marché, traversa la porte de la Marine et descendit sur le rivage.

Là notre héros se gratta l'oreille.

On était en vue de l'escadre. Elle se composait de quatre voiles : le vaisseau-amiral, puissant navire, bien campé sur sa quille et montrant, comme un boule-dogue montre sa mâchoire, une double rangée de canons à l'entrée de ses sabords ; deux petites galères fines, coquettes, sautillantes, bien garnies de couleuvrines : enfin un gros brick ventru qui se balançait au milieu d'elles comme un bourgeois en goguette entre deux commères éveillées et rieuses.

Le brick portait les trois cent mille ducats de Fernandez.

C'était le galion dont Corcelli était devenu amoureux pendant son entretien sur le Vésuve avec Masaniello.

Bien que les trois navires de guerre eussent pour mission de convoyer le brick, celui-ci néanmoins n'était pas dépourvu de tout moyen de défense. Il portait dans ses flancs, outre des barriques pleines d'or, des canons fondus à Valence et un nombre suffisant de boulets.

Gennaro ne demandait pas mieux que de se faire casser bras et jambes ; mais il désirait que ce ne fût pas du moins sans capturer son galion, et il cherchait un moyen de l'attaquer sans trop de péril.

Ce fut donc avec une satisfaction très-vive qu'il aperçut les galères et le vaisseau déployer leurs voiles et se diriger vers l'extrémité du golfe, sans doute pour courir des bordées par une fraîche brise de nord-ouest.

Quant au galion, il resta à l'ancre, immobile et paresseux comme un moine qui a trop dîné.

Cependant, il fallait se défier de la mauvaise humeur de ce gros Espagnol, qui pouvait envoyer une bordée à Gennaro, lui couler bas deux ou trois barques, et mettre les autres en fuite.

Il y avait, on l'a vu, dans le port, une énorme bateau chargé de foin qui, la veille, était arrivé de Capri. Une idée lumineuse traversa la cervelle de Gennaro.

Son plan d'attaque fut arrêté.

— Enfants ! dit-il, à la besogne, et dépêchons !

Les lazzaroni coururent démarrer les barques.

— Non pas, diavolo ! non pas ! cria le colosse. Nous avons mieux que vos nacelles... Suivez-moi !

Il se dirigea vers le bateau de foin, dont le propriétaire fut sommé à l'instant même, au nom de Masaniello, chef du peuple, d'avoir à quitter la place et à livrer sa marchandise, sans broncher, sans sourciller, sans

se permettre l'observation la plus simple, sous peine d'être lardé à coups de gaffe et jeté au fond du golfe.

La sommation était nette, claire, précise, parfaitement intelligible ; le propriétaire ne se la fit pas répéter deux fois.

— Allons, montez, vous autres ! cria Gennaro à ses hommes. Corpo santo ! voici la litière fraîche ! Couchez-vous là-dessus, mes gaillards, ou plutôt cachez-vous là-dessous... hein ?... comprenez-vous la manœuvre.

— Oui, oui, bravissimo ! crièrent les lazzaroni.

Toute la bande se précipita sur le bateau et se fourra dans le foin.

La masse des navires à l'ancre tout près de là servit à dérober ces préparatifs aux officiers du brick. Gennaro ne garda que deux rameurs pour aider la voile, prit en main le gouvernail, sortit du port et se dirigea vers l'ennemi.

— Enfants, dit l'hercule, que personne ne bouge ! Les marins espagnols ont des longues-vues traîtresses, dont il faut nous défier. Cachez-vous bien, sacramento ! restez dans le foin... et ne mangez pas tout.

Cependant on voyait du galion approcher cette lourde meule sans la moindre défiance.

La cour d'Espagne avait profité du départ de l'amiral don Juan Fernandez pour Naples, où il n'allait épouser que la fille du duc d'Arcos, et lui avait confié le commandement de l'escadre qu'on envoyait, deux fois par an, chercher les semestres de l'impôt dû au trésor de Madrid. Le galion destiné au transport de ces fonds était vide. Fernandez l'avait lesté de trois cent mille ducats, somme dont la possession devait singulièrement hâter, à son sens, la conclusion de son mariage.

Il était arrêté qu'un autre amiral ramènerait l'escadre à Cadix, dès que l'impôt serait payé, afin que Fernandez pût demeurer auprès de sa jeune épouse.

Don Juan était un homme assez jeune encore, mais dont le visage portait les traces évidentes de l'abus du plaisir. Grand, bien fait, soigneux de sa personne et d'un maintien irréprochable, il passait pour l'un des plus élégants cavaliers de la cour d'Espagne, et beaucoup de nobles senoras eussent facilement donné l'explication de la fatigue de ses traits et du cercle bleuâtre qui entourait ses yeux.

Sans craindre de tomber à faux, on pouvait accuser Fernandez de vouloir se marier beaucoup plus par calcul que par amour.

Une affection sérieuse n'était plus capable de prendre racine dans ce cœur usé. L'instinct de la jeune fille avait éclairé là-dessus Isabelle, beaucoup mieux que n'aurait pu le faire l'expérience de la femme.

C'était le second voyage de don Juan Fernandez en Italie.

Fort de la promesse du duc d'Arcos, il avait repris le chemin de Madrid pour aller réaliser sa fortune et revenir définitivement s'installer à la cour du vice-roi de Naples, auquel il espérait succéder un jour.

Comme la peste désolait Cadix, ainsi qu'une grande partie du littoral qui regarde la côte africaine, aucun navire espagnol n'entrait dans les ports de la Méditerranée sans se soumettre aux mesures de précaution usitées en pareil cas. Voilà pourquoi don Juan Fernandez, arrivé depuis la veille, n'avait pas encore rendu visite au vice-roi.

Mais il était écrit que l'amiral n'achèverait pas sa quarantaine.

Depuis le matin, des bruits inquiétants lui arrivaient de Naples, et jusqu'alors aucune chaloupe, aucune barque de pêcheur n'avait abordé l'escadre pour lui apporter des nouvelles. Désireux d'en apprendre, Fernandez avait passé sur le galion qui portait sa fortune, laissant les galères et le vaisseau courir au loin dans le golfe.

Ce fut donc avec une joie très-vive qu'il aperçut le bateau de foin voguant dans la direction du brick.

Il prit un porte-voix et héla Gennaro.

— Hé ! là-bas, le pilote !...

— Ohé ! fit l'hercule en plaçant ses deux larges mains de chaque côté de sa bouche, et en répondant par une sorte de mugissement de taureau.

— Approche un peu, reprit Fernandez.

— Je n'ai pas le temps, répondit le pilote de sa voix de tonnerre.

— Où vas-tu ?

— A Capri.

— C'est ton chemin... Vire de bord et viens nous parler.

— Non !

— Par saint Jacques ! tu vas obéir, ou j'envoie dans le ventre de ta barque le contenu d'une caronade.

— Envoyez ! cria le colosse..... Au fait, avez-vous quelque chose à boire ?

— Oui ; du malaga ou du xérès, à ton choix.

— Santo Bacco ! voilà qui me décide ! Ne bougez pas, coquins ! ajouta-t-il à voix basse en voyant quelques-uns de ses hommes mettre le nez hors du foin par curiosité.

— Nous étouffons, dirent-ils.

— Sacramento ! j'assomme de ma gaffe le premier qui grouille.

On approchait du navire.

Gennaro vit avec une sorte de satisfaction que le vaisseau de ligne et les deux galères couraient des bordées à une assez grande distance.....

Une minute après, le foin se colait aux flancs du navire, sous les sabords, et n'ayant rien à craindre du canon des batteries.

— Que se passe-t-il donc à Naples ? demanda Fernandez.

— Ah ! señor, de bien vilaines choses !

— Explique-toi...

— Diavolo ! j'ai la gorge sèche, et votre malaga serait bien venu, fit Gennaro d'un air câlin.

— Monte, lui dit Fernandez.

On lui jeta une corde à nœuds. Il se mit à grimper avec l'agilité d'un chat, sauta par-dessus le bastingage, et se trouva debout sur ses jambes musculeuses, en face du fiancé d'Isabelle et de deux officiers qui étaient avec lui.

Isabelle d'Arcos, que viens-tu faire ici? — PAGE 17.

Le reste de l'état-major dînait au frais dans les cabines. Presque tous les matelots se livraient, dans l'entre-pont, aux douceurs de la siesta ou dormaient en plein soleil autour des écoutilles.

— Ah çà, vous autres, cria Gennaro à ses deux rameurs, est-ce que le malaga vous est défendu par ordonnance du médecin ?

La corde à nœuds pendait toujours en dehors du navire ; les rameurs grimpèrent.

— Voyons, reprit Fernandez, on livre donc une bataille dans les rues de Naples ?

— Et une fameuse, répondit Gennaro : sans compter celle que nous allons livrer ici.

— Que veux-tu dire ?

— Le voilà, ce que je veux dire !

En même temps l'hercule terrassa Fernandez d'une main puissante et lui appuya sur la gorge la pointe aiguë d'un poignard. Les deux rameurs exécutèrent absolument la même manœuvre à l'égard des officiers.

— A moi, camarades, à moi ! cria Gennaro de sa voix formidable.

Les hommes couchés dans le foin se dressèrent.

Des grappins furent lancés aux sabords, et les lazzaroni se firent la courte-échelle avec une prestesse si merveilleuse, un ensemble si parfait, que toute la horde déguenillée fut en un clin d'œil sur le pont du navire.

— Infâmes bandits ! cria Fernandez.

— Tais-toi, lui dit tranquillement Gennaro, et répète à ton équipage les ordres que je vais te dicter, ou tu es mort.

Les chefs qui dînaient et les matelots qui ronflaient, attirés par le bruit de la lutte, montrèrent en ce moment aux écoutilles leurs visages effarés.

— Ordonne-leur de redescendre, ajouta Gennaro sur le même ton paisible, mais ayant soin d'appuyer un peu plus fortement son poignard sur la poitrine de Fernandez.

Il achevait à peine de prononcer ces paroles, qu'un coup de mousquet l'atteignit par derrière et le renversa sur le tillac, qu'il inonda de sang.

L'amiral bondit comme un tigre, se précipita par l'écoutille, entraîna avec lui le contre-maître, qui venait de le délivrer, et disparut.

Il avait avec lui vingt hommes d'équipage, excellents soldats de marine, robustes, adroits, déterminés. En un instant sa résolution fut prise. Il rassembla son monde autour de lui et commença à jeter dans la mer, par les sabords, les quinze ou vingt lazzaroni qui pillaient l'entrepont.

Puis il forma sa troupe en colonne serrée.

— Maintenant, escaladons le pont, braves Espagnols ! cria-t-il. Egorgeons cette canaille et lançons-la par-dessus le bord !

Cet ordre fut exécuté avec une rapidité et un ensemble de manœuvres qui tenaient du prodige. Les matelots de Fernandez firent une trouée effroyable parmi les Napolitains qui occupaient le gaillard d'avant.

Le vice-roi de Naples. — PAGE 20.

Mais ceux-ci reprirent courage à la voix del Bambino, vigoureux débardeur des ports de Naples, qu'on avait ainsi nommé par antiphrase et qui venait de succéder à Gennaro dans le commandement.

Alors les gaffes d'un côté, les mousquets de l'autre et les sabres d'abordage accomplirent leur besogne sanglante. On se prit corps à corps, on lutta pied contre pied, poitrine contre poitrine, poignard contre poignard. Mais bientôt, accablés par le nombre, les soldats de Fernandez furent obligés de battre en retraite vers les passavants.

L'amiral vit que son galion était perdu.

Il jeta un regard désespéré vers la mer. Le vaisseau et les deux autres bâtiments commençaient à disparaître à l'horizon, et il était douteux qu'ils pussent entendre à une aussi grande distance le bruit du combat qui se livrait.

L'Espagnol dut alors prendre un parti extrême.

— Pérez, dit-il au capitaine du navire, défendez le terrain pouce à pouce; prolongez le combat de quelques minutes encore, fallut-il y perdre les meilleurs de vos matelots.

Cela dit, Fernandez courut à la soute aux poudres, renversa un baril, y ajusta une mèche qui pouvait durer un laps de temps raisonnable, et l'alluma.

Puis, fermant la trappe de la soute, il en jeta la clef à la mer.

Il remonta sur le pont et fit cesser la bataille.

— Braves gens, dit-il aux lazzaroni, je le vois, toute défense est inutile. Nous sommes dix à peine contre cent soixante. Pourtant nous mourrons tous plutôt que de nous rendre prisonniers.

— Tous! répétèrent les Espagnols.

— Je propose une capitulation.

— Laquelle? demanda il Bambino.

— Nous vous abandonnons le brick. Laissez-nous partir.

— *Addio, addio, carissimi!* répondirent les Napolitains en éclatant de rire.

— Un instant! reprit il Bambino; un instant, mon doux seigneur! Vous nous avez tué quinze hommes, sans compter les pauvres diables qui se sont noyés. Nous sommes tenus de faire dire des messes pour le salut de leur âme, et nous avons besoin pour cela des trois cent mille ducats que renferment les flancs de ce galion. Trois cent mille ducats de messes! Quelle aubaine pour nos prêtres! Où diable avez-vous serré cet argent?

— Cherche-le!

— Vous vous fâchez! Eh! per Bacco! ce n'est pas joli! Vous voyez bien que, recevant de vous une pareille somme en présence de tant de témoins, gens pour la plupart respectables, il est juste que je la compte et que je vérifie le poids et le titre de chaque pièce.

— Laisse-nous partir, ou battons-nous.

— Qu'on descende une chaloupe à la mer, cria il Bambino.

— Les chaloupes sont toutes sur les autres bâtiments, dit Fernandez.

— Alors, prends le bâteau de foin..... et bon voyage, *mio gentile capitano!*

Fernandez ne répliqua rien. Il descendit avec le reste de ses hommes et s'éloigna du brick.

— Mes amitiés au vice-roi! lui cria il Bambino, en se penchant sur le bord. Ne manquez pas de lui présenter mes hommages... à moins qu'il ne soit déjà pendu.

Les Espagnols se dirigèrent vers Naples à force de rames; les dernières paroles del Bambino avaient trop ému Fernandez pour qu'il s'arrêtât à observer le galion et à savourer sa vengeance.

— Flamme et tonnerre! nous sommes des héros! cria le chef des Napolitains à ses hommes, quand Fernandez fut parti.

Les lazzaroni jetèrent au ciel leurs bonnets crasseux et se mirent à sauter, en brandissant leurs gaffes et en poussant des cris de joie.

— A la cale, enfants! Montez quelques tonnes de xérès, et buvons à la santé de Masaniello! Nous chercherons les ducats après.

A peine les tonneaux eurent-ils été transportés de la cale sur le pont qu'il se passa à bord du navire une scène indescriptible de débauche et d'ivresse. Les lazzaroni ne s'étaient jamais trouvés à pareille fête. Ils défoncèrent les pièces et burent en y plongeant la tête. Puis ils recommencèrent leurs danses avec les poses les plus grotesques et les gambades les plus extravagantes. L'un buvait à saint Janvier, un autre à sa maîtresse, un troisième s'étendait sur le tillac, et ses amis lui versaient à pleins seaux du xérès dans la bouche. On eut entendu le bruit qu'ils faisaient de la côte, si le démon de l'émeute n'eût pas grondé dans les rues de Naples. Tout à coup, au milieu de ce tumulte, de cette joie, de cette ivresse, un homme apparut, pâle, tremblant, horripilé.

— Le feu est aux poudres! cria-t-il; nous sommes tous perdus!

Ces paroles glacèrent le rire aux lèvres des buveurs. Ils se regardèrent avec effroi.

— Que diable viens-tu nous chanter là, imbécile! cria il Bambino.

— C'est l'affreuse vérité, répondit le lazzarone. J'ai regardé par une ouverture de la sainte-barbe, et j'ai aperçu une mèche qui brûlait sur un tonneau renversé.

— Damnation! sauvons-nous! sauvons-nous! crièrent les lazzaroni en se précipitant vers les bastingages.

Mais la plupart des malheureux reculèrent devant l'abîme béant des eaux. Ceux qui savaient nager, et ils étaient en petit nombre, sautèrent par-dessus le bord. Les autres couraient çà et là comme des insensés, cherchant une issue pour s'enfuir, tendant les bras vers la côte, jurant, pleurant, invoquant Notre-Dame et saint Janvier.

Ivre de xérès, il Bambino riait et continuait de boire.

Soudain une épouvantable conflagration éclata sous les pieds de tous ces hommes. Une gerbe immense de feu jaillit de la mer, et chacun de ses jets de poupre lança vers le ciel, brisa, dispersa planches, caronades, lazzaroni, tonneaux d'or et de xérès. La mer refilua autour de l'explosion, revint sur elle-même et se couvrit de débris.

Un épais nuage de fumée demeura suspendu dans l'espace et marcha quelque temps ensuite sans se dissoudre emporté par les vents.

Déjà l'amiral avait gagné le port.

Après avoir débarqué avec sa suite, il se dirigea vers le palais du duc d'Arcos et eut la chance heureuse de trouver un passage qui n'était pas encore fermé par la révolte.

Il entrait dans la chambre du conseil au moment où se faisait entendre l'effroyable explosion du golfe.

Fernandez expliqua la catastrophe, et le vice-roi, en présence de l'impossibilité de faire dorénavant de l'escadre un moyen de salut pour Isabelle, sembla perdre le souvenir de ce qui venait d'avoir lieu, et dit à la jeune fille:

Plus de tyrans! La devise de Naples sera désormais: CHRIST ET LIBERTÉ! — PAGE 27.

— Ne me priais-tu pas, ma chère enfant, d'avoir compassion de ces misérables révoltés ? Je ne résiste plus à ton désir. Don Juan Fernandez t'accompagnera au Château-Neuf, et moi je vais rester ici jusqu'à nouvel ordre. Si nous les repoussons, loué soit Dieu ! S'ils forcent au contraire, l'entrée du palais... eh bien ! je les verrai, je leur parlerai, j'écouterai leurs plaintes...

— Oh ! dit Isabelle tremblante, il vaudrait mieux envoyer sur-le-champ des parlementaires. Si vous attendez la fin du combat pour vous exposer aux regards d'un peuple furieux...

— Ma fille ! ma fille ! me laisserez-vous au moins quelque liberté d'action ! Vous n'êtes pas raisonnable, Isabelle, et vous prenez le vice-roi de Naples pour votre esclave.

— Pourtant, dit Fernandez, il est à craindre, monseigneur, que cette horde de scélérats ne se porte à des excès sur votre personne.

Le duc se pencha vers don Juan et lui dit à l'oreille :

— Sois sans crainte, mon fils. Tu n'ignores pas combien ce peuple est niais et stupide. Je l'ai déjà trompé une fois... je me charge de le tromper encore.

Fernandez n'eut rien à répondre.

Il offrit le bras à Isabelle, qui n'osait plus opposer de résistance, et se mit en devoir de la mener au Château-Neuf.

Deux compagnies des gardes eurent ordre de les suivre.

Mais au moment où ils sortaient par une porte secrète, pour gagner la rue, ils tombèrent au milieu d'une foule immense de peuple, qui reconnut la fille du vice-roi et poussa des cris de mort.

XII

Victoire.

A la tête de ses pêcheurs et de ses lazzaroni, Masaniello avait entouré le palais de la Vicaria.

Le tocsin sonnait toujours à Saint-Dominique, à la cathédrale et aux églises voisines du marché. Les détonations des mousquets recommencèrent à se joindre au bruit des cloches et aux cris furieux de la multitude. Du faubourg de Loreto à la Mergellina, des Camaldules au fort du Môle, il n'y avait pas, dans ces milliers de rues tortueuses qui formaient la bonne et fidèle ville de Naples, une seule famille du peuple qui ne fût insurgée.

Cependant la Vicaria présentait un aspect formidable.

Plusieurs compagnies de reîtres et de lansquenets en défendaient l'entrée. La garde espagnole du duc d'Arcos se montrait aux bastions qui couronnaient les murs latéraux de cette résidence, sorte de nid d'aigle, moitié forteresse et moitié palais.

Masaniello disposa ses hommes en tirailleurs, se réservant de forcer lui-même l'entrée du château avec une troupe d'élite, quand le moment serait venu.

Le pêcheur donna le signal de l'attaque.

A peine le feu commençait-il à s'engager que lansquenets et reîtres, séduits par ceux de leurs compatriotes qui avaient déjà fait cause commune avec la multitude, abandonnent leur poste, quittent aux insurgés en criant : « Vivent les Napolitains ! A bas le duc d'Arcos ! » se mêlent aux rangs du peuple et s'élancent avec lui vers le palais.

En un instant les portes sont enfoncées.

On massacre ceux d'entre les Espagnols qui opposent de la résistance ; le grand escalier de la Vicaria est souillé de sang, jonché de morts.

Masaniello est au premier rang des siens.

Intrépide, infatigable, acharné au combat, il poursuit d'escalier en escalier, de galerie en galerie les étrangers qui s'enfuient en jetant leurs armes. Enfin, l'œil en feu, les cheveux et les vêtements en désordre, il se précipite l'épée à la main dans la chambre du conseil.

Le duc d'Arcos était devant lui.

Avec sa figure bilieuse, sa taille roide et busquée, ses chausses et son manteau noirs, le père d'Isabelle ressemblait à un portrait de Vélasquez.

L'ordre de la Toison-d'Or était suspendu sur son pourpoint de velours, et de ses doigts amaigris il tourmentait le manche de nacre rehaussée d'or d'un magnifique poignard javanais.

Masaniello se posa en face du gouverneur dans une attitude sublime d'audace et d'orgueil.

— Duc d'Arcos, lui dit-il, le peuple de Naples que tu as si longtemps opprimé, que tu as accablé d'impôts et dont tu dédaignais hier encore et les prières et les menaces, vient aujourd'hui lui-même protester devant toi contre la tyrannie de ses maîtres. Regarde !

Et, d'un geste solennel, le pêcheur montra au duc le flot tumultueux du peuple qui grondait à la porte, et les haches, les mousquets, les piques, les armes de toute sorte que cette foule menaçante agitait.

Les yeux gris du vice-roi s'arrêtèrent un instant sur cette masse confuse, d'où des cris de mort s'échappaient par intervalles, et se reportèrent sur Masaniello.

— Qui es-tu ? demanda-t-il au jeune homme, toi qu'on rencontre toujours là où l'émeute gronde, où des traîtres égorgent des serviteurs du roi ?

— Qui je suis ? répondit Masaniello avec une ironie amère, à qui les fermiers de la douane ont volé, depuis dix ans, son travail journée par journée, sa vie minute par minute, ses doublons maravédis par maravédis, et qui maintenant a résolu, monseigneur, de manger les fruits qu'il cultive et le poisson qu'il pêche, ou de mourir un mousquet à la main.

— Mais encore ton nom ?

— Masaniello.

— C'est toi, jeune drôle, qui oses attaquer les soldats de Sa Majesté Catholique Philippe IV ?

— Pas un mot de plus, duc d'Arcos ! Masaniello, c'est la victoire du peuple ; Masaniello, c'est l'expression de la volonté du peuple, et cette volonté pourrait vous briser comme un roseau, entendez-vous, monseigneur.

— Mort au vice-roi ! mort au tyran ! s'écrièrent les insurgés.

Quelques-uns d'entre eux se ruèrent dans la salle, et le duc d'Arcos vit des canons de mousquets s'abaisser vers lui.

Le vieil Espagnol ne rabattit rien de sa fierté.

Il saisit Masaniello au bras et le conduisit près de la fenêtre.

— Jeune homme, lui dit-il, tu es généreux, tu es brave, tu veux sauver cette multitude dont la misère t'a ému et qui maintenant n'a plus pour toi assez d'acclamations et de couronnes ?... Ah ! prends garde, Masaniello, prends garde ! la popularité est un souffle inconstant qui vous porte un jour au pouvoir et le lendemain vous renverse. Montre-toi sujet dévoué du roi d'Espagne, notre maître ; dis-moi ce que tu désires : honneurs, fortune, rien ne te sera refusé.

— Que le peuple de Naples soit heureux et libre ! reprit le pêcheur ; qu'il ne travaille plus comme une bête de somme pour enrichir d'insatiables étrangers ; qu'on ne pille plus nos maisons ; qu'on ne jette plus nos femmes et nos enfants, transis de froid, mourants de faim, sur le pavé des rues ! Duc d'Arcos, voilà ce que nous demandons... Oui ou non, veux-tu l'accorder ?

— Qu'il obéisse ou qu'il meure ! s'écrièrent les révoltés.

Ils avaient envahi la salle. Debout entre eux et le duc d'Arcos, Masaniello les retenait encore ; mais il était évident que ces hommes énergiques, irrités par de longues souffrances, ne reculeraient pas longtemps devant un meurtre.

D'immenses clameurs s'élevaient de la place voisine, et la brise de la mer apportait le bruit lointain de la fusillade que les Espagnols soutenaient encore dans certains quartiers de la ville en opérant leur retraite. Ces coups de feu répétés, ce tumulte, cet orage de passions homicides qui grondaient sur la ville électrisaient toutes les âmes, faisaient palpiter tous les cœurs, et rendaient les mains des révoltés impatientes.

Le vice-roi parut céder.

— Enfin, qu'exigez-vous ? demanda-t-il avec un léger accent d'ironie.

— Le renvoi des étrangers et l'abolition des taxes, s'écrièrent cent voix.

— Avez-vous un programme ? Que faut-il faire ? Que faut-il signer ? Tous les regards se portèrent sur Masaniello.

— Il n'y a pas une heure encore, dit-il, sur la place du marché, au milieu des victimes immolées vos satellites, j'ai publié trois édits sanctionnés par les acclamations du peuple. Donnez à ces édits l'approbation du roi d'Espagne, et avant que le soleil se couche Naples sera tranquille, sinon désarmée.

En disant ces mots, le pêcheur tira un papier de la poche de son caban et le lut à haute voix.

Cette lecture fut accueillie par trois salves d'applaudissements.

— Mais j'approuve tout cela, brave Masaniello, reprit le vice-roi en frappant sur l'épaule du pêcheur. Reste avec moi, sois mon conseiller, mon guide ; fais exécuter toi-même ces décrets que tu as rendus ; éloigne de moi les influences funestes qui jusqu'ici m'ont abusé.

— Signez donc ! fit Masaniello.

— Eh quoi ! la parole d'un gentilhomme, d'un grand d'Espagne, du représentant de la noble famille d'Arcos ne peut-elle te suffire ?

— Non !

— Non, non ! répétèrent tous les autres, on n'est plus gentilhomme quand on a menti impudemment à tout un peuple rassemblé.

Un éclair de haine brilla dans les yeux du vice-roi.

Ses lèvres minces se contractèrent. Il se contint pourtant, saisit d'une main tremblante le papier que Masaniello lui présentait, et s'adossa, pour mieux lire, à la muraille de l'appartement.

Il y eut un instant de silence solennel.

On n'entendait que les murmures confus de la foule et les coups répétés que frappaient les espingoles et les pertuisanes sur les dalles du palais.

Tout à coup un panneau céda derrière le duc d'Arcos.

Le vice-roi jeta à la foule un éclat de rire sardonique et disparut.

Masaniello voulut s'élancer à sa poursuite. Cent bras s'appuyèrent à la fois à la porte secrète par laquelle le vice-roi venait de s'échapper. On la frappait de mille coups; vains efforts! Le panneau de fonte ne céda point. A peine les insurgés purent-ils en apercevoir l'étroite jointure, quand ils eurent déchiré le cuir d'Astracan doré qui le recouvrait.

Les cris de « Trahison! aux armes! » sortirent de toutes les bouches.

Masaniello sauta d'un bond sur la magnifique table de chêne sculpté qui occupait le milieu de l'appartement. D'une main il tenait son poignard; de l'autre il agitait le papier sur lequel étaient inscrits ses décrets.

— Ainsi, dit-il, le duc d'Arcos s'est enfui. Tant mieux! cet homme ne savait que piller, assassiner et trahir. Le peuple est assez intelligent pour se gouverner seul, il est assez fort pour défendre l'indépendance qu'il a conquise. Je déclare Philippe IV, roi d'Espagne, déchu du trône de Naples, lui et ses descendants! Vive Notre-Dame! vive la liberté!

— Vive Masaniello, notre tribun, notre chef! répondirent les révoltés.

Une vaste plate-forme s'étendait devant la fenêtre de la salle où se passait cette scène.

C'était là que le duc d'Arcos venait, pendant les belles soirées d'été, respirer la brise fraîche de la mer; c'était là que les dames de sa cour étalaient, aux yeux des Napolitains, leurs grâces, leurs diamants, leurs parures, et les gentilshommes leurs collerettes de dentelles de Flandre et les somptueuses dorures de leurs vestes et de leurs habits dorés.

On y porta Masaniello.

Naples entière, Naples la Vénus Anadyomène, qu'il faut voir et puis mourir, Naples qui souriait pour la première fois, comme une jeune fille encore vierge, aux doux mots d'amour et de liberté, s'étendait aux pieds du pêcheur. Le soleil se couchait au loin derrière les coteaux du Pausilippe; le couvent des Camaldules, le château Saint-Elme, tout amas de pierres brunes au milieu des vignes au vert feuillage, les cent clochers de la ville, les innombrables toitures qui chevauchaient les unes sur les autres comme les vagues d'une mer houleuse, le port, le phare, la mer de Toscane étaient inondés de feux.

Autant que la vue pouvait s'étendre dans la rue de la Vicaria et dans les rues voisines, on n'apercevait qu'une foule bariolée, bruyante de femmes, de pêcheurs, de paysans et de lazzaroni qui se félicitaient de la victoire, chantaient leurs hymnes populaires, et se pressaient tout joyeux sur cette terre sacrée de la patrie qu'ils venaient de reconquérir.

Le combat avait cessé.

Plus d'Espagnols dans la rue, ni au Presidio, ni à la Cavalleria del re. Ils s'étaient tous réfugiés au Château-Neuf, sur les tours duquel ils braquaient déjà leurs pièces contre une population ivre de joie et de bonheur.

Une immense acclamation s'éleva de la ville lorsqu'on aperçut flotter sur la plate-forme de la Vicaria le drapeau napolitain.

Une seconde clameur plus immense encore succéda à la première quand on eut reconnu celui qui l'agitait.

C'était Masaniello.

Il réclama le silence.

— Plus d'Espagnols! s'écria-t-il.

— Vive Masaniello, chef du peuple! répondit la multitude.

— Plus de tributs!

— Vive Masaniello!

— Plus de tyrans! La devise de Naples sera désormais: *Christ et Liberté!*

— Christ et liberté! répéta de ses mille voix tonnantes le peuple ivre d'enthousiasme.

Le pêcheur rentra dans la chambre du conseil.

Il s'assit, appela auprès de lui les chefs de la révolte, leur ordonna de maintenir la population sous les armes, de placer des sentinelles sur les murailles, aux angles de chaque rue, aux abords de toutes les citadelles du port qu'occupait l'ennemi, et de faire couper les aqueducs qui portaient de l'eau au Château-Neuf.

Puis il rédigea immédiatement un placard qui garantissait la vie et la propriété de chacun, et punissait de mort quiconque s'abandonnerait au pillage.

L'image chérie d'Isabelle fut encore présente au souvenir du pêcheur au milieu des graves préoccupations qui l'assiégeaient.

Il voulut qu'on cherchât partout la fille du vice-roi dans la Vicaria, dans la ville, qu'on eût le plus grand respect pour elle, et qu'on la lui amenât si par hasard on découvrait sa retraite.

Ces mesures prises, le jeune homme manda dom Francesco.

Le moine se hâta d'accourir.

— C'est donc toi que je retrouve ici, mon fils, dit-il à Masaniello en lui serrant affectueusement la main, vainqueur de l'Espagnol, chef du peuple, apôtre sublime de l'égalité, de la fraternité chrétienne et de la liberté! Je ne perdais donc pas mon temps lorsque je t'enseignais ces préceptes sublimes de l'Évangile, « que tous les hommes sont frères, qu'ils sont tous nés pour le même bonheur, et que nul d'entre eux ne

doit avoir de maître que notre Père commun qui est aux cieux. » Oh! je n'ai pas jeté sur une terre ingrate la précieuse semence de la doctrine chrétienne! Tu as ouvert à l'humanité des voies nouvelles; tu as appelé au banquet de la vie tous les enfants déshérités qu'on en avait exclus depuis des siècles. Masaniello, tu es grand! tu es véritablement le prophète que le Seigneur devait envoyer pour illuminer son peuple, et le front chauve du vieillard devrait presser la terre qu'a foulée ta sandale de pêcheur.

Le moine se prosternait devant le jeune chef.

Masaniello le retint, le fit asseoir et se plaça lui-même à ses côtés.

— C'est à moi, mon père, répondit-il, de m'humilier devant vous, et de vous demander pardon pour toutes les fautes que j'ai pu commettre pendant cette terrible et mémorable journée. Hélas! j'ai versé le sang! mes mains en sont encore teintes; il me semble, maintenant que le combat a cessé et que la victoire nous reste, que ces malheureuses victimes dont les cadavres jonchent nos rues crient vengeance contre moi!

Dom Francesco leva les yeux au ciel, et d'un air inspiré:

— Aaron lui-même et ses lévites, répliqua-t-il, ne furent-ils pas obligés de s'armer du glaive pour frapper les séducteurs d'Israël et les ennemis de Dieu? Tu as levé l'étendard du Christ, ô mon fils! porte-le bien haut et défends-le sans crainte. Il est des jours dans l'existence des nations où il faut combattre le génie du mal par l'épée et par la parole, et le replonger dans l'enfer qui l'a déchaîné.

— Ce matin, dit Masaniello, j'ai chassé de la place publique les satellites du duc d'Arcos; j'ai rendu par un édit au royaume de Naples ses libertés anciennes, telles que la charte de l'empereur Charles-Quint les avait proclamées.

— Oui, nos tyrans étaient prodigues de libertés à cette époque: François 1er les menaçait; mais depuis... quand ils ont cessé de craindre, ils n'ont plus eu pour nous ni merci ni pitié.

— J'ai aboli l'impôt sur le vin.

— Bien, Masaniello!

— Sur les fruits.

— Très-bien!

— Sur le poisson, sur toutes les denrées dont nous faisons notre nourriture, nous autres pauvres gens de Loreto et de la Mergellina.

— Le ciel t'a inspiré, mon fils, repartit le moine. Ils prétendent, ces nobles seigneurs, que tout appartient au suzerain, l'oiseau qui vole dans l'air, et la bête fauve qui se cache au fond des bois, et le poisson que la vague roule dans ses plis. Mais Dieu fit tout cela pour l'homme, et malheur à celui qui empêche la créature de jouir des dons du Créateur!

— Les Espagnols étaient épouvantés, continua Masaniello. Les reîtres et les lansquenets les avaient abandonnés. Soutenu par mes amis, j'ai pris d'assaut la Vicaria, et devant cette table auprès de laquelle nous sommes assis je présentais, il y a une heure à peine, mes édits à la sanction du vice-roi.

— Il refusait de les approuver, sans doute?

— Non, il applaudissait les lire avec attention, appuyé à cette muraille, dont la tenture est en lambeaux. Puis tout à coup une porte secrète s'est ouverte, et le duc a disparu, en nous jetant un éclat de rire pour adieu.

— Eh bien! qu'il parte! qu'il aille dire à son maître que le peuple de Naples ne veut plus de la domination étrangère, qu'il est rentré dans la plénitude de ses droits et de sa liberté.

— Qu'il parte! répéta le pêcheur, et qu'il emporte avec lui la dernière espérance, la dernière affection, le seul amour de Masaniello.

Le jeune homme, attendri à la pensée d'Isabelle, cacha sa figure dans ses mains.

— Tu pleures, mon fils? demanda le moine qui ignorait encore le secret terrible que Salvator Rosa avait découvert au pêcheur.

— Hélas! j'aimais tant à la voir, fraîche et souriante, venir s'asseoir auprès de moi dans ma pauvre cabane! J'étais si heureux quand je la conduisais à Capri, à Procida, quand la vague nous berçait ensemble, quand sa voix mêlait aux soupirs du vent, au murmure des flots, le refrain de nos harmonieuses barcarolles! Francesco, tout ce bonheur, en un jour il s'est évanoui.

— Que veux-tu, Masaniello?

— Cette jeune fille que j'aime...

— Eh bien?

— Pour laquelle je sacrifierais tout, ma liberté, ma vie, la part de bonheur qui m'attend delà du tombeau...

— Mon fils, je t'en conjure, ne parle pas ainsi!

— C'est Isabelle, c'est la fille du duc d'Arcos!

— Malheureux! fit le moine.

Il laissa retomber sa tête sur sa poitrine et resta sans voix.

Des larmes coulaient sur la joue brunie du pêcheur.

— Tout est perdu! murmura Francesco.

— Non, non! s'écria le jeune homme en surmontant sa faiblesse. La liberté, je ne l'ignore pas, est un bien qu'il faut conquérir à force de souffrances et de larmes. L'amour que j'ai conçu, cette passion monstrueuse, impossible, qui devait unir l'enfant du peuple à la fille du tyran, je l'arracherai de mon âme, dussé-je mourir de douleur et de regret.

— En auras-tu le courage, enfant ?

— Vous me l'avez dit, mon père, et je ne l'ai point effacé de ma mémoire : ce sont les larmes, c'est le sang des martyrs, qui fertilisent le champ de la liberté.

— Que Dieu bénisse tes efforts, Masaniello ! L'homme est faible. Souviens-toi qu'un regard de femme peut briser une épée dans la main la plus ferme. Qu'Isabelle parte sans t'avoir vu !

— Oui, tout est rompu entre Masaniello et la fille du despote ! dit le jeune homme avec exaltation.

Puis, d'une voix pleine de sanglots :

— Où pourrais-je la revoir, d'ailleurs ? ajouta-t-il ; qui sait où le malheur a conduit Isabelle ? Peut-être... Mais n'ayons plus qu'une pensée, puisque telle est la volonté du ciel. L'ennemi du duc d'Arcos doit être l'ennemi de sa fille. Adieu, mon père, adieu !

XIII

L'abbaye de Sainte-Claire.

A peine dom Francesco avait-il quitté le palais, que Piétro se présenta et fut introduit auprès de Masaniello.

— La victoire est à nous, frère, lui dit-il. Plus un seul Espagnol dans Naples ! La garnison tout entière s'est renfermée dans le Château-Neuf, le château Saint-Elme et les diverses fortifications de la rade. Le peuple travaille avec ardeur à couper les aqueducs qui fournissent de l'eau aux assiégés : avant huit jours, pas un étranger ne souillera de sa présence le sol de la patrie.

— A-t-on des nouvelles du duc d'Arcos ? demanda Masaniello.

— Son étendard de guerre flotte sur le donjon du Château-Neuf. On dit qu'il a gagné par un souterrain la caserne de cavalerie de Loreto, qu'il s'est embarqué dans ce faubourg sous un habit de pêcheur, et qu'il a rejoint ses troupes à grand'peine. Mais ce n'est plus au Château-Neuf que se trouve l'ennemi le plus redoutable que tu aies à combattre, Masaniello.

— Que veux-tu dire ?

— Corcelli a rassemblé tous ses hommes près de la porte de la Marine, et demande une heure de pillage. Il faut le dire, ami, Naples ne manque pas de scélérats qui n'attendent qu'un signal pour se joindre aux brigands et souiller par le crime les premiers jours de notre jeune liberté.

— Ah ! le seigneur Corcelli veut piller Naples ! murmura Masaniello ; il veut retrouver sur la terre ferme les ducats engloutis dans le golfe ! L'ours des Apennins veut, de façon ou d'autre, se charger de dépouilles avant de regagner son antre ? Mais il n'a plus affaire à ses vieilles connaissances, les sbires du vice-roi, avec lesquels il y avait toujours moyen de s'entendre. Il quittera dès demain Naples et son territoire, ou je le ferai traquer, lui et les siens, comme des bêtes fauves. Il ne doit plus y avoir de voleurs dans un pays où chacun peut vivre en travaillant.

— Piétro, ajouta le jeune homme, nos amis de la Mergellina sont-ils encore dans le palais ?

— Tous.

— Armés ?

— Jusqu'aux dents.

— C'est bien. J'aurai une entrevue avec Corcelli. Toi, retourne à l'abbaye de Sainte-Claire, rassure ma pauvre Jeanne sur mon sort. Je ne veux pas que les brigands nous voient ensemble. Il faudra que les surveilles une nuit encore, et ils se défieront de toi.

— Masaniello, reprit le fiancé de Jeanne, n'y a-t-il pas à Naples une autre personne dont la vie t'est chère ?

— De qui veux-tu parler ?

— De cette charmante jeune fille que tu as conduite pendant un mois sur la barque, tantôt à Capri, tantôt à Procida ; qui nous aimait tous, et dont la main bienfaisante réparait les maux que le duc d'Arcos nous avait causés, d'Isabelle enfin.

Masaniello pâlit, et d'une voix tremblante d'émotion :

— Lui serait-il arrivé malheur ? demanda-t-il.

— Le peuple avait entouré sa voiture et dispersé son escorte, répondit Piétro, au moment où elle s'échappait de la Vicaria. Corcelli et moi l'avons sauvée. Rendons grâce à la sainte madone. Isabelle ne court plus aucun danger maintenant, car je l'ai conduite...

— Assez, assez, Piétro ! interrompit le pêcheur. Je ne veux ni voir cette femme ni connaître le lieu de sa retraite. J'ai d'autres soins : Naples à rendre heureuse et libre, le règne de la justice à fonder au milieu d'un peuple abruti par l'esclavage. C'est une mission noble et difficile, ami, et dont aucune pensée, ni d'ambition ni d'amour, ne doit me dis-

traire. Retourne à l'abbaye, te dis-je, et que dès demain Isabelle soit rendue à sa famille. Dans une heure je t'aurai rejoint.

Cela dit, Masaniello jeta son mousquet sur son épaule, rassembla ses amis les plus dévoués, se mit à leur tête et sortit de la Vicaria.

Il fut reçu en triomphe par la foule rassemblée sur la place et qui se pressait joyeuse, affairée, dans les rues voisines. Chacun voulait contempler Masaniello, le jeune pêcheur qu'on avait vu enfant, qu'on avait vu grandir, qui venait tous les jours au marché avec sa sœur Jeanne vendre des poissons et des fruits, devenu chef du peuple et vainqueur des Espagnols. Toutes les voix le bénissaient, toutes les mains cherchaient la sienne.

Et lui traversait à pas lents cette multitude enthousiaste, répétant à chaque pas :

— Frères, soyons modérés, soyons calmes dans notre victoire ; montrons-nous dignes de la liberté que nous venons de conquérir. Respectons les propriétés, respectons les personnes de ceux mêmes qui ont dévoré si longtemps les fruits de nos labeurs. Ne donnons pas à nos ennemis le droit de nous accuser ; qu'on saisisse les pillards et qu'on en fasse sur-le-champ bonne justice. Le pouvoir qu'a fondé le peuple doit être respecté.

— Mort aux voleurs ! s'écria-t-on de toutes parts.

— Paolo, continua le jeune homme en s'adressant à un lazzarone, tu vas prendre cinq cents de tes compagnons les plus déterminés, et tu occuperas le rivage entre le port et la Marine. Ne laisse passer aucun des brigands de Corcelli, poursuivit-il à voix basse. Je vais marcher contre eux en remontant la grève. Ces hommes ont de sinistres projets.

Pendant que Paolo exécutait ses ordres, Masaniello entraîna une masse tumultueuse de pêcheurs à travers la place du Marché, passa avec eux sous l'immense ogive de la porte de la Marine, et s'avança vers la horde indisciplinée de Corcelli.

— Suis-moi ! dit-il au brigand.

Il le conduisit dans une taverne voisine, lui indiqua du geste une escabelle branlante, et, quand ils se furent assis l'un vis-à-vis de l'autre, le poignard à la ceinture et le mousquet entre les jambes :

— Corcelli, dit-il au condottiere, tu nous as servi utilement ce matin.

— Oui, répondit ce dernier, et je doute que sans moi vous eussiez mis les Espagnols en fuite avec les oranges, les grenades et les melons d'eau dont vous étiez armés.

— Il s'agit maintenant de rétablir l'ordre parmi ce peuple, dont toutes les passions furieuses sont déchaînées.

— Tiens, tiens, tiens, Masaniello ! mais tu commences à parler convenablement le langage de Son Excellence monseigneur le duc d'Arcos. Per Bacco ! tu fais, avec tes chausses déchirées, ta ceinture rouge et ton caban de bure, un petit vice-roi très-réjouissant.

— Réjouis-toi, Corcelli, et regarde bien le petit vice-roi dont tu parles. Tu ne sortiras pas vivant de Naples si tu ne lui obéis pas.

— Diavolo ! mais, quand on veut être obéi, il faut payer au moins, mon brave ; et j'ai vu que don Juan Fernandez a fait sauter sa galère, et avec sa galère tous ces maudits ducats que tu nous avais promis. A quel imbécile as-tu confié cette expédition ? Quand on prend à l'abordage un navire qui porte trois cent mille ducats, trois cent mille ducats, entends-tu bien, on commence par noyer les poudres. Ah ! si j'avais été là ! Tu as manqué de confiance, Masaniello.

— Tes hommes auront leur solde.

— Et où la prendras-tu, caro mio ?

— Cela me regarde.

— Et ce qui me regarde, moi, carissimo, c'est de ne pas faire trouer par des balles espagnoles les pourpoints de mes drôles sans savoir avec quoi je les remplacerai.

— Quels sont donc tes projets ?

— Tu ignores les lois de la guerre, brave Masaniello, car tu n'as jamais su la faire qu'aux dorades et aux turbots du golfe. Lorsqu'un roi, un duc, ou même un petit baron de nos Calabres a pris à sa solde une compagnie franche pour batailler contre ses voisins, et qu'il n'a rien pour s'acquitter envers le chef, sais-tu comment ce dernier s'y prend pour nourrir son monde ?

— Je l'ignore.

— Il pille en se retirant les serfs et les manants du roi, du duc ou du petit baron qui l'a trompé. Par saint Janvier ! je te traiterai en vice-roi, Masaniello.

— Et moi, je te jure par la sainte madone que je te ferai pendre sur la place du Marché.

Corcelli éclata de rire.

— Sangue di Cristo ! s'écria-t-il, les Napolitains ont fait aujourd'hui une révolution bien profitable. Ils ont un pêcheur en haillons pour maître, au lieu d'avoir un grand d'Espagne en pourpoint doré.

— La volonté du peuple sera respectée ici comme l'était celle du roi dont nous avons secoué le joug, reprit Masaniello.

Il conduisit le brigand à la fenêtre de la taverne.

— Vois, poursuivit-il ; le rivage est couvert d'hommes armés, depuis le pont du petit Môle jusqu'à Notre-Dame del Carmine. Partout des hallebardes, des épées et des mousquets. Tes soldats sont pris dans un cercle d'airain. Un mot, un geste de moi, et vous êtes tous massacrés !

— *Sacramento !* tu nous as trahis.

— Sors de Naples à l'instant. Rends-toi au faubourg de Loreto. Dès que la paix sera rétablie, je te ferai compter vingt mille ducats pour les frais de route, et tu sortiras immédiatement du territoire napolitain.

— Masaniello, le chef du peuple, va traiter avec le duc d'Arcos ; et, pendant que Corcelli attendra le prix de ses bons services, le pêcheur obtiendra...

— Je n'ai jamais rien demandé aux oppresseurs de mon pays.

— La main de la douce Isabelle... continua le brigand. N'est-ce pas ce que tu désires, cher Masaniello ?

Le pêcheur voulut répondre, mais sa voix expira sur ses lèvres.

— Que tes vingt mille ducats soient prêts demain, jeune drôle, ajouta Corcelli.

Et il rejoignit les siens.

— Pauvre fou ! disait à part lui le condottiere en se dirigeant avec sa troupe vers le faubourg de Loreto, tu as vingt-quatre ans à peine, et tu te crois assez habile pour te tirer des griffes de Corcelli, assez rusé pour lutter contre le duc d'Arcos, et assez fort pour vaincre Sa Majesté Catholique le roi de toutes les Espagnes ! Va, je me procurerai des garanties suffisantes pour ne pas devenir ta dupe, et demain, quand le soleil se lèvera, j'aurai regagné les Apennins.

Masaniello était demeuré seul dans la taverne, le regard effaré, les poings crispés et les bras croisés sur la poitrine.

Il était en proie à une tentation furieuse, celle de faire massacrer sur l'heure Corcelli et ses brigands. Il descendit sur la grève et regarda sans mot dire le chef appeler ses soldats, les ranger en bataille, et prendre le chemin du faubourg où venait de lui assigner pour retraite.

Corcelli comprenait sans doute le danger qui le menaçait, car il exécuta sans hésiter les ordres de Masaniello.

Paolo le conduisit à ses cantonnements.

Quand les bandits eurent disparu derrière la grande bastille qui dominait la mer à l'orient de Naples, Masaniello, tout pensif, prit le chemin de l'abbaye où Piétro l'attendait.

De grands préparatifs avaient été faits pour le recevoir. Dès qu'il parut au milieu de la cour d'honneur du monastère, l'abbesse, coiffée de sa mitre et la crosse à la main, vint, au milieu de ses nonnes, à la rencontre du pêcheur victorieux.

Masaniello mit un genou en terre devant elle, baisa dévotement sa main, et se laissa conduire à la chapelle.

Un dais magnifique s'élevait au milieu du chœur.

L'abbesse invita le chef du peuple à s'y asseoir ; mais le jeune homme déclina cet honneur et s'agenouilla sur le marbre de la nef. Il pria avec ferveur pendant toute la cérémonie, implorant les lumières du ciel, demandant à Dieu qu'il le plaçât, lui pauvre enfant sans éducation, sans fortune, au niveau des circonstances périlleuses au milieu desquelles son patriotisme l'avait jeté.

Puis l'abbesse voulut qu'on lui ouvrît le cloître, et bientôt Jeanne fut dans ses bras.

— Oh ! mon frère, sois le bienvenu, lui dit-elle : le Seigneur t'a choisi pour accomplir de grandes choses, et Jeanne est fière de toi.

Masaniello souriait doucement.

— Nous serons donc maîtres enfin et de nos filets, et de notre barque, et de notre pauvre cabane ! reprit la jeune fille. Les ouvriers de Naples travailleront paisiblement, leur travail les nourrira, et d'avides collecteurs d'impôts ne viendront plus leur ravir le morceau de pain noir qu'ils auront gagné ! C'est à toi qu'ils le devront tout ce bonheur ; ils apprendront à leurs petits-enfants à te bénir.

— Oui, nous avons fait de grandes choses, répondit le pêcheur, mais il nous reste à consolider notre œuvre. Prie Dieu et la sainte Madone qu'ils me défendent, qu'ils me soutiennent, qu'ils m'inspirent. Masaniello est bien ignorant, Masaniello est bien faible pour accomplir tous les devoirs qu'il s'est imposés.

— Courage, frère ! La Providence n'abandonne jamais ceux qui ont le cœur droit et que dirigent les préceptes sacrés de l'Évangile. Mais la fille du vice-roi est-là.

— Isabelle au couvent de Sainte-Claire ! interrompit Masaniello.

— Il faut que tu la voies, que tu la consoles, car le malheur a frappé sa famille, et la pauvre enfant est désespérée.

— La voir !... c'est impossible.

— Impossible, dis-tu ! Ah ! quand Piétro était blessé, quand les agents du fisc avaient vendu nos meubles et que je pleurais à la porte de notre cabane dévastée, Isabelle a-t-elle dit qu'il lui était impossible de nous visiter, de réparer le malheur qui nous avait atteints ?

— C'est une noble et généreuse fille, je le sais.

— Et, parce qu'aujourd'hui tu es heureux, parce que tu commandes à la Vicaria, tu refuserais de l'entendre ? Oh ! mon frère, serais-tu donc ingrat ?

— Mon Dieu, mon Dieu, ayez pitié de moi ! murmura le pêcheur. Non, Jeanne, poursuivit-il avec accablement, je ne verrai pas cette femme ; entre elle et nous, vois-tu, il y a du sang et des cadavres. L'amitié ne doit plus unir ceux que la guerre a faits ennemis.

Sans en écouter davantage, Jeanne souleva une tenture.

Isabelle parut devant Masaniello.

— Mon père ! qu'as-tu fait de mon père ? demanda-t-elle au pêcheur.

Il recula de saisissement.

Ce n'était plus la belle et gracieuse jeune fille qui charmait, quelques jours auparavant, par de gais boléros, par des séguidillas sautillantes leurs douces promenades sur le golfe, qui aidait Jeanne à tendre et à tourner la voile, qui de sa main blanche s'amusait à manier l'escope et à alléger la barque de l'eau qui en appesantissait la marche. Isabelle était blême, ses lèvres tremblaient, un feu sombre jaillissait de ses noires prunelles.

— Le duc d'Arcos est en sûreté, noble demoiselle, répondit la jeune chef avec un air de froideur affectée. Il s'est sauvé au Château-Neuf.

Isabelle porta la main à son cœur et remercia le ciel d'un regard.

— Et maintenant que ferez-vous, Masaniello ? ajouta-t-elle.

— Tout est rompu entre Naples et l'Espagne, entre la victime et son bourreau. Que votre père évite de répandre le sang napolitain. Toute tentative pour ressaisir le pouvoir dont il a abusé serait inutile. Qu'il retourne à Madrid, qu'il nous laisse libres.

— Ainsi... vous nous chassez ?

— La déchéance du roi d'Espagne a été proclamée. Demain, noble demoiselle, une barque vous conduira près de votre père, et vous pourrez lui apprendre la résolution du peuple.

— Mais c'est la ruine, c'est la honte, pour la famille d'Arcos !

— C'est la juste punition des crimes que les Espagnols ont commis !

— Mon père a trop d'orgueil pour se résigner à une humiliation semblable. Retourner vers don Louis de Haro dépouillé du gouvernement que lui avait confié Sa Majesté Catholique ! traîner dans l'oubli et la disgrâce une vieillesse déshonorée ! Non, non, le duc d'Arcos est de noble race : il n'acceptera pas vos conditions.

— Alors il fera la guerre ; nous la soutiendrons.

— Et c'est vous, Masaniello, qui parlez ainsi, vous que j'aimais autant que vous aime Jeanne ; vous pour qui j'ai bravé la colère paternelle, vous enfin dont le bonheur, la joie, m'étaient si chers, que j'aurais sacrifié mon repos, ma vie, pour chasser une pensée triste de votre âme, pour sécher une larme dans vos yeux ?

La voix d'Isabelle était devenue suppliante, et le pêcheur, levant les yeux vers elle, surprit un de ces regards humides qui faisaient bondir son cœur lorsque, assis au gouvernail de sa barque, il dirigeait la fille du capitaine espagnol vers les rochers de Procida.

— La volonté du peuple a parlé, dit-il, je dois obéir.

— La volonté du peuple ! eh ! n'êtes-vous pas maître dans Naples, Masaniello ? ce serait un beau spectacle à montrer au monde, croyez-moi, qu'un pêcheur ramenant le pouvoir dans le chemin de la justice, affermissant le sceptre dans les mains de son roi, partageant avec lui la puissance souveraine pour soutenir les faibles et défendre les opprimés.

— Votre père nous a trompés deux fois, Isabelle.

— Ne seriez-vous pas là pour le préserver des conseils perfides, pour lui répéter que l'amour du peuple est le meilleur appui des rois ? Masaniello, ajouta la jeune fille, — et son haleine parfumée caressa le front du pêcheur, — tu es beau, tu es brave... Je t'aime, et la distance qui nous séparait l'un de l'autre ce matin, tu l'as franchie.

— Pas un mot de plus ! murmura Masaniello. Grâce ! le peuple veille à cette porte, et sa colère est inexorable. Vous nous perdez tous deux.

— Je prépare aujourd'hui les liens qui doivent nous unir.

Un éclair de joie céleste illumina le visage du jeune homme ; puis, par un retour subit, son front se couvrit d'un nuage, et, se frappant la poitrine :

— Lâche, s'écria-t-il, n'as-tu donc soulevé le peuple de Naples que pour le trahir et le vendre ? n'as-tu donc jonché de morts le pavé des rues que pour tomber à genoux dans le sang, sous le regard d'une femme ? Isabelle, le bonheur que vous m'offrez en perspective n'est pas fait pour nous.

La jeune Espagnole appuya ses deux mains sur les épaules de son amant.

— Quelles conditions porterai-je au Château-Neuf ? lui demanda-t-elle.

— Je vous les ai fait connaître.

— Masaniello !

— N'est-ce pas assez que nous accordions la vie au duc d'Arcos ? S'il eût été vainqueur, nous eût-il épargnés ?

— Vous ne m'aimez donc point ? demanda Isabelle avec un regard qui fit passer un frisson dans le cœur du frère de Jeanne.

— C'est le devoir, c'est l'honneur que j'écoute. Plaignez-moi. Il me serait si doux de n'écouter que mon amour !

— Ainsi donc... pour nous plus de pitié !

— Hélas !

— Va, répliqua la fière Espagnole en se redressant de toute sa hauteur, la fille du duc d'Arcos s'est assez humiliée. Entre nous désormais haine et guerre ! Faites-moi conduire au Château-Neuf, là où règne encore le noble roi d'Espagne, Philippe IV ; que je cesse de respirer l'air vicié par les félons amis sous tes ordres... à moins toutefois que ce noble peuple de Naples ne veuille garder une pauvre fille en otage afin de désarmer la justice d'un vieillard.

Le pêcheur ne répondit pas.

— Ayez pitié de mon pauvre frère, noble demoiselle, interrompit Jeanne, qui jusqu'alors avait gardé le silence. Ne voyez-vous pas combien il souffre?

— Finissons-en, dit Masaniello.

Il tendit la main à la fille du vice-roi.

— Isabelle... adieu, murmura-t-il.

— Malheureuse que je suis! s'écria la jeune fille, dont le cœur se brisait à cet instant d'éternelle séparation.

Elle se jeta dans les bras du pêcheur, et ce dernier sentit comme l'attouchement de ses lèvres.

— Ma tête se perd, balbutia l'infortuné jeune homme, ma résolution m'abandonne. Isabelle, écoutez-moi.

— Tu es mon amant, mon fiancé. Tu ne me chasseras pas de Naples, tu ne souffriras pas que j'aille mourir loin de toi, inconsolable, exilée.

Et les larmes de l'Espagnole coulaient sur les joues de Masaniello.

— Non, ce serait affreux de me séparer de toi, mon Isabelle bien-aimée! s'écria le pêcheur. Eh bien! que le duc d'Arcos connaisse une fois encore combien est grande la longanimité du peuple victorieux. Piétro vous remettra demain les édits que j'ai publiés; votre père les signera, fera proclamer la charte de l'empereur Charles-Quint, et rentrera dans son palais.

Isabelle resta palpitante dans les bras du pêcheur et lui prodigua les remercîments les plus tendres.

Ainsi Masaniello fit le premier pas dans cette voie fatale où son amour l'entraînait et qui devait le pousser à sa perte. Piétro reçut ordre de tout préparer pour conduire le lendemain Isabelle au Château-Neuf.

Le contrebandier ramena Masaniello à la Vicaria au milieu d'un concours immense.

Quand la nuit devint obscure, le jeune chef du peuple congédia son ami, et l'envoya au faubourg de Loreto pour qu'il y surveillât les brigands du Vésuve.

XIV

Enlèvement.

Les logements des soldats de Corcelli avaient été préparés dans une auberge de Loreto, que fréquentaient ordinairement des mariniers.

Une salle basse, immense, dont le flot venait battre les assises de lave, quand le vent soufflait de la pleine mer, avait été mise à la disposition des brigands.

Dès qu'ils eurent déposé contre le mur tout leur attirail de guerre, mousquets, tromblons, escopetts de fer, vieux casques sous lesquels les ligueurs français et les cavaliers d'ordonnance du duc d'Albe avaient combattu, tristes débris de toutes les guerres civiles et religieuses du seizième siècle, Corcelli manda l'hôtelier.

— Comment t'appelles-tu? lui dit-il.

— Je me nomme *il Cappucino*, monseigneur, répondit le cabaretier en promenant autour de lui des regards inquiets.

— Ecoute-moi donc, *reverendissimo Cappucino*; tu vas nous préparer une cuve d'olla podrida, des montagnes de jambon fumé, et tu feras rouler ici une tonne de vin du Vésuve. Me comprends-tu bien?

— Oui, oui, monseigneur, très-bien, balbutia il Cappucino; Votre Seigneurie veut une cuve d'olla podrida, des montagnes de jambon fumé et un tonneau de lacryma-christi.

— C'est cela.

— Mais toutes ces choses coûteront bien cher.

— Que t'importe! C'est le chef du peuple, Masaniello, qui payera.

— Heu! murmura l'hôtelier en hochant la tête.

Corcelli tira de sa poche une pierre à feu et un morceau d'amadou, battit le briquet avec la lame de son couteau, et alluma la mèche de son mousquet, puis il coucha en joue le signor Cappucino en ajoutant:

— J'ai dit et je répète que Masaniello payera.

L'hôtelier mit son bonnet à la main et recula pas à pas jusqu'à la porte de la salle, en faisant force salutations.

On alluma les lampes fumeuses qui servaient à éclairer le bouge; les brigands sortirent de leurs havresacs des tarots et des dés, fichèrent leurs poignards dans les tables de sapin et commencèrent à jouer un jeu d'enfer.

— Coquins, dit le chef à sa bande, nous partons cette nuit pour les Apennins. Chacun de vous pourra boire tant qu'il voudra; mais je laisserai en gage ici tous ceux qui s'enivreront, et demain on les pendra.

Cet avis donné, Corcelli alla s'asseoir, bourra sa pipe, car il fumait,

nonobstant les lois de la sainte Eglise catholique, apostolique et romaine, et commença à lancer en l'air, à chaque seconde, de capricieux nuages de fumée.

L'olla podrida, le jambon et le vin du Vésuve arrivèrent bientôt.

Alors il se fit un tumulte étrange d'éclats de rire, de blasphèmes, de pots qui se heurtent, de verres qui s'entrechoquent; toute la bande affamée des voleurs se jeta comme un troupeau de bêtes féroces sur la pâture qu'on exposait à sa voracité.

Cette scène se passait à la lueur des lampes suspendues aux poutres du plafond, et qui jetaient par intervalles tantôt de l'ombre, tantôt une lumière rouge et flamboyante sur les figures énergiques des brigands.

A peine Corcelli eut-il achevé de souper, qu'il se fit suivre de ses deux lieutenants, et les conduisit dans une chambre voisine.

— Enfants, leur dit-il, nous sommes descendus ce matin à Naples, et nous avons prêté main-forte à tous ces lazzaroni déguenillés qui ont chassé le duc d'Arcos de son palais. Ce n'est pas, à vrai dire, que je fusse très-curieux de savoir si les mariniers d'Ischia ou de Procida supporteraient ou non l'impôt de la pêche, et si leurs femmes ou leurs filles pourraient vendre des oranges et des melons d'eau sans payer les droits à notre gracieux maître; mais j'espérais avoir pour champ de bataille la rue de Tolède ou celle de la Vicaria, et piller quelque peu, suivant les lois de la guerre. Je ne parle pas de certain galion sur lequel j'avais compté. C'est une affaire... tombée dans l'eau. Vous le savez, le chef de la révolte est un esprit étroit, vulgaire, un manant qui ne connaît pas les égards que l'on doit à des gentilshommes de grand chemin comme nous. Le pillage que j'attendais n'a pas eu lieu.

— Nous avons été dupés, interrompit un petit vieillard à l'air paterne, à la figure anguleuse et flétrie.

On avait surnommé ce personnage *il buon padre*, à cause de la naïveté de ses gestes, et qui jetaient par l'onction singulière de ses paroles. Inutile de dire que *il buon padre* était un des coquins les plus déterminés, les plus avides et les plus inexorables de Corcelli.

— D'autant mieux dupés, continua le chef, que le duc d'Arcos, bien qu'il eût une certaine manie de pendaison qui tient, je crois, à des traditions de famille, était un vice-roi très-généreux, très-libéral, et de temps à autre nous confiait une expédition lucrative. Puis les seigneurs et les dames de la cour nous honoraient d'une confiance toute particulière. Si par hasard ils jugeaient un coup de poignard utile, soit pour calmer un mari jaloux, soit pour corriger un amant infidèle, à prix égal c'était nous qu'ils chargeaient de le donner. Vous voyez que cette révolution maudite, à laquelle nous avons coopéré comme des niais, nous enlève le meilleur de nos revenus.

— Aussi pourquoi nous as-tu conduits contre les Espagnols? répliqua *il buon padre*. Ne savais-tu pas que toutes les industries souffrent en temps d'émeute? La confiance disparaît, l'argent se resserre, il n'y a plus rien à prendre sur la route, et, *per Bacco!* les condottieri meurent de faim.

— *Il buon padre* a raison, ajouta Marsupio, le second lieutenant de Corcelli. Un grand seigneur comme le duc d'Arcos, dont les ancêtres ont habité pendant quatre ou cinq siècles un château fort au sommet d'une montagne, et n'ont eu d'autre occupation que d'égorger les moines et de dévaliser les passants, peut comprendre encore le métier que nous faisons. Il a du respect pour les routiers, il les fait sbirres quand ils sont vieux et que le grand air des Apennins ne convient plus à leur santé. Mais des pêcheurs, des *contadini*! ces gens-là n'ont pour nous ni considération ni pitié.

Après avoir permis à ses lieutenants de donner un libre cours à leur mauvaise humeur, Corcelli continua:

— Masaniello m'a promis de nous compter vingt mille ducats; mais le drôle serait mieux en état d'expédier à Loreto cinq ou six cents pêcheurs armés de gaffes, qui nous embrocheraient comme des congres. Qu'en dis-tu, Marsupio?

— Je dis que les vice-rois en sabots sont une espèce d'hommes d'autant plus dangereux que l'on connaît moins leurs habitudes, répondit le lieutenant.

Et il se versa un verre de vin qu'il avala d'un seul coup.

— J'ai donc le projet de partir cette nuit même; mais auparavant...

La voix de Corcelli devint presque inintelligible.

— Je connais un trésor; deux trésors que je veux enlever d'un seul coup, murmura-t-il.

— Ah, ah! dirent les lieutenants.

Et ils se rapprochèrent du chef, le cou tendu et dévorant Corcelli du regard.

— Ces trésors sont renfermés dans une maison impénétrable et surveillés par un fort détachement.

— *Corpo santo!* s'écrièrent à la fois il buon padre et Marsupio.

— Et cette maison, quelle est-elle? demanda le second.

— Un couvent.

— De combien de soldats se compose la garnison? fit Marsupio.

— De trois cents nonnes.

Les deux brigands éclatèrent de rire.

— Ah! Corcelli, quel joyeux compagnon tu fais! s'écrièrent-ils en se frottant les mains. Un couvent à prendre d'assaut, trois cents nonnes à réduire à l'esclavage ! nous garderons longtemps le souvenir de cette nuit.

— Le trésor est-il considérable ? demanda *il buon padre*.

— Oui et non. Emparons-nous-en d'abord, et nous compterons les ducats après.

— C'est juste.

— Mais je veux tout vous dire, ajouta Corcelli. Vous vous rappelez, coquins, que nous avons conduit ce matin à l'abbaye de Sainte-Claire la fille du duc d'Arcos ?

— Oui.

— Je sais que Jeanne, la sœur de Masaniello, habite aussi la même retraite ; je veux enlever ces deux femmes, et, quel que soit le parti qui triomphe, je suis sûr d'avoir une bonne rançon.

— A quelle heure la bataille ?

— A minuit.

— C'est bien, répliqua *il buon padre*. Nous aurons soin que nos hommes fourbissent leurs armes. Si les nonnes allaient résister !... Peste, il faut tout prévoir.

Pendant ce dialogue, la cuve d'*olla podrida* se vidait dans l'autre chambre ; la montagne de jambon fumé avait disparu, le tonneau de vin du Vésuve était tari.

Un des brigands entra dans la pièce où se tenait le conciliabule des chefs, et vint se placer vis-à-vis de leur table en retroussant sa moustache.

— Que veux-tu, Conrad ? lui demanda Corcelli.

— Chénéral, répondit le lansquenet avec son affreux accent germanique, blus t'olla potrita, blus te lard et blus te vin.

— Allume la mèche de mon mousquet et amène ici l'hôtelier, répondit tranquillement Corcelli.

Un instant après le malheureux aubergiste parut. La première chose qu'il vit en entrant dans la chambre fut une escopette braquée sur lui.

— Un autre tonneau de lacryma-christi, dit le chef des brigands en renforçant sa voix.

— C'est encore Masaniello qui payera ? fit le tavernier.

— Toujours.

Il Cappucino s'inclina et sortit à reculons comme la première fois, c'est-à-dire sans perdre de vue l'arme qui le menaçait.

Le jeu avait succédé à la bonne chère dans le corps de garde des brigands. Les tarots souillés de vin, les dés, les pièces d'argent, roulaient sur les tables avec accompagnement de cris et de blasphèmes. Il s'élevait de fréquentes disputes parmi les joueurs, et on les voyait alors retirer l'une après l'autre de dessous la table leurs jambes couvertes de guenilles, saisir leur poignard et se placer debout au milieu de la salle pour vider le différend. Les chefs ne parvenaient qu'à grand'peine à les séparer en les menaçant de la colère de Corcelli.

Peu à peu l'atmosphère devenait lourde : un épais nuage de fumée suffocante planait sur la tête des bandits, et quelques-uns d'entre eux, vaincus par le sommeil et par l'ivresse, se laissaient glisser par terre.

A l'extérieur, le ciel était pur, le temps magnifique, et quelques pâles rayons de la lune, glissant par les fenêtres du bouge, semblaient s'égarer à regret au milieu de cette saturnale.

Corcelli et ses lieutenants rentrèrent tout à coup et donnèrent le signal du départ.

Il y avait dans ce bouge un mouvement de confusion inexprimable. Les plus ivres d'entre les voleurs se soulevaient en jurant et tâchaient de reprendre leur équilibre. D'autres cherchaient leur argent, leur sac et leurs armes, en soulevant une énorme quantité de guenilles et de ferraille. Il se trouva, quand les rangs se furent formés tant bien que mal, que Conrad était resté couché sur le champ de bataille, les jambes écartées et les bras en croix.

— Lève-toi, drôle, dit Corcelli en le frappant du pied.

— Che feux monder tans les vourgons tu train, grommela l'ivrogne.

— Bonne nuit donc, et surtout bon réveil ! ajouta le chef.

Il recommanda le silence à ses hommes, et la troupe se mit en marche à travers le faubourg de Loreto.

Arrivés au couvent de Notre-Dame del Carmine, les brigands de Corcelli tournèrent à droite, longèrent le fossé de la ville et atteignirent, après un quart d'heure de marche, le pont de Capoue.

Corcelli fit baisser le pont-levis et lever la herse en invoquant le nom de Masaniello.

Il parcourut longtemps toutes ces rues tortueuses, étroites, qui se trouvaient à l'occident de la ville entre l'archevêché et Saint-Dominique. Ses hommes avaient recouvert leurs armes, dont l'éclat aurait pu les trahir, et ils assourdissaient leurs pas.

Ils atteignirent enfin sans rencontre fâcheuse une place étroite au fond de laquelle on apercevait l'église de l'abbaye de Sainte-Claire.

La rosace qui surmontait la façade était éclairée.

Des voix de femmes, voilées par la distance, bruissaient à travers l'espace. Les nonnes chantaient l'office de la nuit.

Corcelli cacha ses hommes sous les saillies en encorbellement des maisons voisines, et commença lui-même à examiner la place, semblable à un loup qui rôde autour d'une bergerie.

Il découvrit, à force de recherches, une chapelle basse, surmontée d'un toit conique en pierre de taille, qu'il était facile d'escalader. Au-dessus de la chapelle s'ouvrait une fenêtre. Le chef appela ses lieutenants et leur expliqua son plan d'escalade. Lui-même tenta le premier l'aventure, afin d'encourager les combattants.

Le chœur de l'église de Sainte-Claire était plein de parfums et de lumières. Cent cierges éclairaient l'autel et laissaient resplendir une magnifique peinture du Corrége.

A droite, c'est-à-dire du côté de l'épître et vis-à-vis de la fenêtre que Corcelli avait désignée comme le but de son attaque, l'abbesse, nu-tête et les mains jointes sur la poitrine, suivait l'office dans un missel armorié qu'une postulante à genoux tenait ouvert devant elle.

Une magnifique émeraude brillait à l'annulaire de sa main droite.

Quatre religieuses l'entouraient, et lui présentaient au moindre geste sa crosse, sa mitre, le bougeoir ou l'encensoir de vermeil.

Dans des stalles disposées sur un double rang se tenaient les clarisses dans leur costume pittoresque, humbles et recueillies. Leurs voix paisibles et un peu nasillardes se répondaient en psalmodiant, et une religieuse d'une rare beauté, assise au pupitre, dirigeait le chœur.

Il y avait parfois des moments de silence solennel.

La lumière des cierges semblait se perdre dans les profondeurs de la voûte, au sommet de laquelle des armoiries d'or scintillaient sur un fond d'azur.

La sainte veille des sœurs clarisses s'achevait, quand le vitrail de la fenêtre dont nous avons parlé se détacha tout à coup et se brisa sur les dalles du chœur avec un fracas épouvantable.

Malgré la règle qui leur ordonnait de tenir constamment les yeux baissés vers la terre, les religieuses ne purent s'empêcher de tourner vers l'endroit d'où partait le bruit des regards effrayés.

Un homme parut sur le bord de la fenêtre et sauta prestement au milieu du chœur.

Deux, trois, quatre, six, vingt individus le suivirent et se rangèrent en bataille à droite et à gauche de l'autel.

Les nonnes ne s'enfuyaient point. Le devoir, et sans doute aussi la peur, clouaient leurs pieds sur le parquet des stalles. Il leur semblait être sous l'empire d'un songe effrayant.

Corcelli s'avança jusqu'au pied du trône de l'abbesse, et lui fit une révérence hypocrite.

Pendant ce temps, *il buon padre* et Marsupio plaçaient des sentinelles à toutes les issues, de façon que personne ne pût s'échapper.

— Vénérable mère, dit Corcelli à la supérieure, permettez à un pécheur repentant de vous baiser les mains.

Et s'approcha d'elle, appliqua ses lèvres sur l'émeraude qui scintillait au doigt de l'abbesse, prit la bague et la laissa tomber dans l'immense poche toujours béante de son justaucorps.

— Malheureux ! s'écria la vieille, ne savez-vous pas que cet anneau contient des reliques auxquelles il vous est défendu de toucher ?

— Ne craignez rien, vénérable mère. J'étais clerc dans mon jeune âge ; je présentais comme Samuel l'eau et le vin aux pontifes du Seigneur. Mes mains ont reçu l'onction du saint chrême ; elles sont consacrées.

Les douces paroles du chef, son air confit, rendirent quelque peu de courage à la supérieure.

Elle se leva puis, étendant la main avec un geste inspiré :

— Sors d'ici, misérable ! dit-elle. Ne viole pas plus longtemps le sanctuaire. Crains l'excommunication qui t'a déjà frappé.

— Je connais, ô sainte femme, le décret du concile de Trente qui déclare retranchés, *ipso facto*, de la communion des fidèles tous ceux qui osent passer sans une permission de l'évêque le seuil de vos abbayes. Mais j'ai reçu du souverain pontife une indulgence générale et plénière qui m'affranchit à jamais de la puissance du démon. Savez-vous où je porte le bref du pape, vénérable mère ? ajouta impudemment Corcelli.

L'abbesse garda le silence.

— Dans le canon de mon mousquet.

Et Corcelli frappa violemment le marbre du chœur de la crosse de son fusil.

— A moi, mes sœurs, à moi ! s'écria la supérieure.

— Préparez vos armes ! répliqua Corcelli d'une voix tonnante ; et, si une de ces femmes pousse un cri ou fait mine de quitter sa place, tuez-la sur-le-champ.

Les clarisses alors se voilèrent les yeux, et il se passa sous la voûte sainte une épouvantable scène de sacrilége et de spoliation.

Le tabernacle fut ouvert, et les hommes de Corcelli en pillèrent les vases sacrés ; ils brisèrent la porte de la sacristie et en crochetèrent les armoires. Toutes les richesses que la piété des fidèles avait entassées dans le couvent de Sainte-Claire, croix d'or enrichies de diamants, bannières étincelantes, ornements dont le travail était plus précieux que la matière, tombèrent entre des mains profanes et furent en un instant lacérés, brisés, jetés pêle-mêle dans d'ignobles bissacs.

Les bandits n'avaient pas encore accompli leur œuvre de destruction lorsque Corcelli, prenant dix de ses coquins les plus dangereux, s'approcha de l'abbesse.

— Deux femmes se sont réfugiées dans ton couvent aujourd'hui ! lui dit-il.

— Deux femmes ! balbutia la vieille à qui la peur avait ôté la raison, oui... en effet... mais de qui veux-tu parler ?

— D'Isabelle, fille du duc d'Arcos; et de Jeanne, sœur de Masaniello. Tu vas nous les livrer.

— Oh! jamais, jamais! s'écria la malheureuse abbesse en se tordant les mains.

— Obéis, vieille femme, obéis! répliqua Corcelli les lèvres tremblantes et les poings crispés.

— Mais il est inouï qu'à Naples deux jeunes filles aient été livrées par la supérieure du couvent qui leur avait donné asile.

La malheureuse ne put en dire davantage.

Corcelli l'avait frappée au bras de la pointe de son poignard. Le sang coula sur les vêtements de l'abbesse; elle s'évanouit.

— La nuit s'avance : que faire, que faire? hurlait Corcelli transporté de rage, en tourmentant la crosse de son fusil.

Il rangea ses brigands en bataille sur l'escalier du chœur, et, d'une voix qui fit frissonner toutes les religieuses :

Gennaro. — PAGE 23.

— Nonnes de l'enfer, s'écria-t-il, voulez-vous me livrer Isabelle, fille du duc d'Arcos, et Jeanne, sœur de Masaniello?

Aucune voix ne répondit.

Corcelli répéta sa question.

Alors une vieille sœur s'avança, en traînant les pieds sur la dalle, prit Dieu à témoin de la violence dont elle et ses compagnes avaient été victimes, et conduisit le terrible routier à la cellule où les jeunes filles étaient enfermées.

Dans une pauvre chambre nue et solitaire Jeanne et Isabelle étaient couchées dans le même lit.

Leurs gracieuses figures, au galbe pur, au dessin correct, aux délicats et frais contours, se dessinaient sur un oreiller de toile d'une blancheur éblouissante. La lumière incertaine d'une veilleuse les éclairait. Jeanne, plus robuste que sa compagne, avait passé son bras sous la tête d'Isabelle, et la fille du peuple semblait protéger dans son sommeil la fille du vice-roi.

La religieuse qui conduisait les routiers de Corcelli réveilla la sœur et la fiancée de Masaniello.

— Levez-vous et habillez-vous, chères enfants, leur dit-elle.

— Et pourquoi cela, bonne mère? fit la jeune Espagnole.

— Vous le saurez assez vite. Habillez-vous, et adressez à Dieu du fond de votre cœur une fervente prière. Le couvent est envahi.

— Et mon frère, où est-il? s'écria Jeanne.

— Masaniello ignore votre malheur sans doute. La sainte Madone peut seule vous sauver.

Les deux jeunes filles se couvrirent précipitamment de leurs habits.

Corcelli fit appeler Isabelle.

— Senora, lui dit-il, préparez-vous à me suivre. Votre père, le duc d'Arcos vous attend au Château-Neuf, et je suis chargé de vous conduire auprès de lui.

— Vous a-t-il remis une lettre pour moi?

— Une lettre!... Ah! noble demoiselle, me croyez-vous assez sot pour me charger d'un papier semblable? Si ces gueux de Napolitains m'eussent arrêté et fouillé, j'aurais été perdu.

Isabelle hésitait.

— Il faudra, continua le brigand, décider votre compagne à vous suivre. Le duc d'Arcos l'ordonne ainsi.

— Mon père ne connaît pas Jeanne.

— Je lui ai parlé de la sœur de Masaniello.

— Et dans quel but peut-il vouloir qu'elle se rende avec moi au Château-Neuf?

— Masaniello vous tient en otage.

— Eh bien?

— Corpo santo! le duc d'Arcos ne serait pas fâché de tenir à son tour en sa puissance la sœur de Masaniello.

— Tu mens, misérable! s'écria Isabelle indignée. Mon père est Castillan, mon père est gentilhomme, il est incapable de t'avoir donné la honteuse mission dont tu parles.

— Ah! pas tant de raisonnements! s'écria Corcelli.

Et, se retournant vers ses coquins :

— A l'œuvre, vous autres! poursuivit-il.

Cinq ou six brigands se précipitèrent dans la chambre, saisirent les jeunes filles, les garrottèrent malgré leurs cris, et les bâillonnèrent.

Corcelli revint ensuite à l'église, en fit barricader les portes à l'extérieur, et opéra heureusement sa retraite avec sa double proie, sans que personne dans le voisinage eût entendu le bruit de son expédition.

XV

Dom Francesco

Piétro avait exécuté fidèlement les ordres de Masaniello : mais, par un fatal enchaînement de circonstances, il n'avait pu sauver ni sa fiancée ni Isabelle.

Il s'était rendu au faubourg de Loreto; il avait vu les brigands de Corcelli s'y installer. Blotti dans une barque amarrée au rivage, il avait été témoin de leur orgie. Le contrebandier les avait suivis dans leur fuite, était arrivé avec eux sur la place du couvent de Sainte-Claire, et s'était caché dans une allée sombre pour les mieux observer.

Par malheur, Corcelli, en disposant sa troupe sur la place et dans les rues voisines, avait fait précisément occuper la porte derrière laquelle Piétro se trouvait caché.

L'enlèvement avait eu lieu.

Les brigands partis, Piétro quitta sa cachette et suivit pas à pas les ravisseurs, ignorant encore le crime dont ils s'étaient rendus coupables. Il ne connut son malheur et celui du jeune chef qu'au moment où il vit les prisonnières de Corcelli monter dans un calessino. La voiture partit au grand trot sur la route de la Calabre, et les brigands l'escortèrent au pas de course.

Piétro s'arrêta sur le grand chemin, se demandant à lui-même s'il s'attacherait à la poursuite des bandits, ou s'il irait à la Vicaria prévenir Masaniello.

Mais le contrebandier songea que chaque minute perdue éloignait de sa fiancée, que dans deux heures peut-être, avant qu'il eût été possible au jeune chef du peuple de rassembler ses amis, Corcelli et sa bande auraient gagné leur retraite; et qu'enfin avant tout il fallait connaître le lieu où les brigands conduisaient leurs victimes.

Alors il s'élança sur leurs traces.

Il les poursuivit avec l'acharnement du désespoir, malgré la fatigue, malgré sa blessure, jusqu'au moment où, vaincu par la lassitude, il tomba, pleurant de rage, au milieu de la route.

L'infortuné se traîna jusqu'au faubourg de Loreto, et y arriva au point du jour,

Il entra dans la taverne del Cappucino.

Les restes de l'orgie s'y trouvaient encore.

Le sol était couvert de débris : les lampes, qu'on avait négligé d'éteindre, achevaient de brûler, et leur lumière vacillante luttait contre les premiers rayons du jour.

Au milieu des bouteilles brisées, des tables et des bancs renversés, Piétro aperçut un homme endormi.

C'était Conrad, ivre comme un lansquenet.

Le contrebandier s'approcha du misérable et le secoua rudement.

Mais Conrad n'ouvrit pas les yeux.

Don Juan Fernandez. — PAGE 23.

Il se contenta de grommeler, de balbutier à chaque secousse quelque affreux juron germanique entre ses lèvres avinées, et continua de dormir avec une invincible obstination.

Piétro réveilla donc le pauvre Cappucino.

— On a fait l'orgie cette nuit dans ta maison ? lui dit-il.

— Ah ! ne m'en parlez pas, *signor mio carissimo*, répéta l'hôtelier. Les coquins ont mangé plus d'olla podrida et de jambon fumé, ils ont bu plus de vin qu'il n'en eût fallu pour nourrir et désaltérer pendant huit jours toute la cavalerie du roi. *Caro mio*, ajouta l'aubergiste d'une voix plaintive et caressante, vous connaissez Masaniello ?

— Sans doute.

— Ils m'ont promis que ce bon Masaniello, que cet excellent *Masaniellino*, que cet *eccellentissimo piccolo Masaniellinello*, me payerait leur dépense. Croyez-vous qu'ils aient dit vrai ?

— Comment puis-je le savoir ?

— Puisque vous êtes l'ami de Masaniello... que Dieu le bénisse ! poursuivit il Cappucino, décidez-le à me compter les douze ducats que ces goinfres m'ont dévorés.

— Écoute, reprit le fiancé de Jeanne, tu peux être payé si tu veux m'obéir.

— Que faut-il faire pour cela, *santa Maria del Carmine* ?

— Un de ces drôles est resté chez toi ?

— Oui, un affreux Allemand, *signor mio*, pour lequel il n'y avait

jamais assez d'olla podrida dans son écuelle, assez de jambon sur son assiette et assez de vin dans son verre.

— Empêche-le de sortir jusqu'à mon retour.

— Vous reviendrez bientôt ?... car, s'il fallait le nourrir longtemps...

— Tu le nourrirais.

— Le désaltérer...

— Tu le désaltérerais.

— Et ce cher Masaniello me payerait tout cela ?

— Tout, jusqu'au dernier maravédis.

Il Cappucino pencha la tête et se mit à réfléchir.

— Quand cet Allemand se réveillera, dit-il, il boira dix bouteilles de vin et il mangera pour six réaux de choucroute : c'est ainsi qu'il faut calculer. Eh bien ! *signor cavaliere*, puisque je me suis engagé, tout à fait malgré moi, dans cette affaire, j'exposerai encore douze réaux pour tâcher de recouvrer la dépense de cette nuit. Allez trouver ce cher Masaniello, et surtout revenez avant l'heure du dîner.

— Compte sur moi.

— A propos, voici ma petite note. Il n'y a pas un cornados à rabattre, ne l'oubliez pas.

Piétro prit le papier que il Cappucino lui présentait, jeta un dernier coup d'œil sur Conrad, en fit deux ou trois fois le tour pour bien connaître à quel coquin il avait affaire, et prit le chemin de la Vicaria.

Frères, respectons les propriétés, respectons les personnes de ceux mêmes qui ont dévoré si longtemps les fruits de nos labeurs. — PAGE 28.

Masaniello avait suspendu son hamac dans la salle des gardes qui précédait la chambre à coucher du vice-roi.

Accablé de lassitude, il s'était endormi d'un sommeil pénible et agité. Il se réveilla au milieu de la nuit, chercha des yeux ses meubles, sa cabane, et le vaste horizon du golfe qu'il avait coutume d'apercevoir par l'ouverture de sa fenêtre : tout cela avait disparu.

Il se voyait à l'extrémité d'une salle immense.

Des nervures sculptées à jour par un habile ciseau en divisaient la voûte en quatre pendentifs, du sommet desquels descendaient autant de lustres aux mille cristaux diamantés,

Les murailles étaient recouvertes d'une riche boiserie aux écussons armoriés.

De distance en distance se dessinait la grande forme d'un chevalier armé de toutes pièces, et ces innombrables statues, roides, immobiles, ressemblaient à une armée fantastique de géants.

Quelques pâles rayons de la lune perçaient les vitraux coloriés des fenêtres, et répandaient sur tous les objets des lueurs mystérieuses.

Masaniello se leva à demi sur son hamac, contempla un instant cette vision étrange, et portant les deux mains à son front :

— Où suis-je, mon Dieu! où suis-je? murmura-t-il avec effroi.

Alors accoururent, comme du fond de sa mémoire, les dramatiques souvenirs de la révolution qu'il avait opérée, la bataille sanglante du marché, celle de la Vicaria, plus acharnée, plus sanglante encore; son entrevue avec le duc d'Arcos, avec dom Francesco, avec Isabelle...

Francesco et Isabelle!... sa conscience et son amour, entre lesquels une lutte terrible était engagée!

Il est des moments dans la vie où Dieu illumine notre âme d'une lumière si pure, si resplendissante, que toutes nos illusions les plus chères et les plus dangereuses disparaissent, et qu'il nous est donné d'apprécier à leur juste valeur, avec une perspicacité merveilleuse, et les biens du présent et les espérances de l'avenir.

Un de ces instants était venu pour Masaniello.

Il se demanda s'il serait capable, lui, pauvre pêcheur, étranger à la science des hommes et des choses, de modérer, de conduire vers la liberté cette révolution populaire dont il avait soulevé l'orage; s'il pourrait, avec sa même simplicité d'homme du peuple, lutter contre l'astucieuse politique du duc d'Arcos; enfin, s'il était raisonnable de penser qu'un vice-roi de Naples, grand d'Espagne de première classe, le plus orgueilleux d'entre les hommes les plus orgueilleux du monde, consentit jamais à unir sa fille avec un pêcheur, un rustre, un manant révolté?

Et Masaniello fut tenté d'accuser la providence de Dieu de l'avoir fait trop ignorant, trop faible, trop pauvre, trop méprisé, pour jouer le rôle immense qu'elle lui avait imposé.

Puis il se supposa un instant associé au gouvernement du duc d'Arcos, marié à Isabelle, séparé en un mot par un abîme des paysans, des pêcheurs, de tous les pauvres serfs au milieu desquels il avait jusqu'alors vécu. Que dirait de lui ce peuple dont il avait tant pleuré les souffrances et dont il avait tant triomphé la sainte cause; ce peuple qui l'adorait, ce peuple qui recueillait sa moindre parole comme une consolation suffisante aux maux les plus cuisants, comme un ordre auquel nul n'avait le droit de se soustraire? Pour tous ces malheureux il deviendrait un renégat, un traître; il verrait se tourner contre lui la haine que le duc d'Arcos s'était attirée.

Masaniello se sentit pris de vertige.

Il poussa un cri d'angoisse, comme un homme qui perd l'équilibre et se penche, sans pouvoir trouver d'appui, sur le gouffre au fond duquel il va se briser.

Le soleil s'était levé resplendissant derrière les coteaux que domine le Vésuve.

Ischia, Procida, Capri sortaient, comme des naïades couronnées d'algues, de la mer bleue dont l'azur se confondait avec celui du ciel. Le Pausilippe, le tombeau de Virgile, le couvent des Camaldules, les sombres murailles du château Saint-Elme s'empourpraient aux premiers feux du jour.

Naples se réveillait.

Les mille voix du peuple commençaient à bruire autour des grandes basiliques aux coupoles de marbre, aux flèches babillardes, qui portent une croix resplendissante au sommet de leurs aiguilles. Il y avait de lointains murmures au fond des rues que surplombaient des toitures dentelées.

Dom Francesco s'était levé de bonne heure.

Il savait que son enfant chéri avait besoin de sa vieille expérience pour se tenir ferme sur la cime glissante où le bras puissant du peuple l'avait hissé. Le bénédictin se présenta à la première heure au palais, et fut introduit immédiatement auprès de Masaniello. Le pêcheur se hâta de conduire dom Francesco à la chambre du conseil, où ils s'enfermèrent afin de n'être pas distraits.

— Tu n'as dormi, mon fils, dit le moine à Masaniello, dont les joues étaient pâles et les yeux rouges de larmes.

— Non, répondit le jeune homme. Le poids dont mes épaules sont chargées m'accable; hier encore je me sentais fort et plein de résolution, aujourd'hui je me sens faible et presque désespéré.

— Courage, Masaniello, courage! Malheur à celui qui regarde en arrière après avoir mis la main à la charrue.

— Oui, oh! oui, malheur à moi, car l'orgueil m'a perdu. Hélas! que ne suis-je encore le pauvre pêcheur du golfe de Naples, qui tendait joyeusement ses filets le soir et s'endormait paisiblement en attendant la pêche que Dieu lui enverrait!

— Regretterais-tu la victoire? demanda dom Francesco, dont l'œil scrutateur interrogeait le visage de son élève.

— L'avenir m'épouvante.

— Tu soutiens une cause juste, tu as accompli une révolution glorieuse. Poursuis ton œuvre avec persévérance, sois fidèle à tes promesses; accomplis sans respect humain la mission que tu as reçue d'affran-

chir le peuple de Naples; et Dieu t'inspirera les résolutions qui sauvent, et Dieu te donnera la force qui triomphe des périls.

— Ceux qui m'environnent sont innombrables.

— Le peuple attend de toi son salut. C'est aujourd'hui qu'il faut fonder sur les ruines de la domination espagnole le règne de l'ordre et de la liberté.

— Vous avez un plan de conduite à me dicter, dom Francesco?

— Hier, en te quittant, j'ai rédigé un projet de constitution nouvelle. Ecoute-le, Masaniello.

Et le moine commença sa lecture :

« Au nom de la sainte Trinité, Père, Fils et Saint-Esprit, et conformément aux principes de l'Evangile, moi, Masaniello, pêcheur de Naples et chef du peuple, je déclare ce qui suit :

« Le roi d'Espagne et sa postérité sont à jamais déchus du trône de Naples.

« La forme du gouvernement sera la République, fondée sur l'élection. »

Masaniello laissa échapper un mouvement d'impatience. Dom Francesco feignit de ne pas s'en apercevoir, et poursuivit :

« Il sera créé, de trois ans en trois ans, au sein de la République napolitaine, par le concours de tous les citoyens, quelle que soit leur condition et leur fortune, un conseil des Dix, chargé de la rédaction des lois. Tout Napolitain pourra faire partie de ce conseil.

« Un magistrat suprême, désigné de la même manière, aura pour mission de veiller au maintien de la constitution et de tenir la main à ce que les lois soient exécutées. La durée de ses fonctions sera de deux ans, et il prendra le titre de Tribun.

« Il sera pourvu par des règlements spéciaux à l'indépendance et à la régularité des élections.

« Toutes les institutions civiles seront basées sur les principes d'égalité, de liberté et de fraternité que le Christ a proclamés.

« Fait au nom du peuple napolitain, au palais de la Vicaria, le huit juillet mil six cent quarante-sept. »

— Je n'ai pas d'objection à faire contre ce projet en lui-même, dit Masaniello, quand le moine eut achevé sa lecture, car il contient une manière de gouverner les peuples dont je ne connais pas d'exemple et dont je n'ai aucune idée.

— C'est Venise, moins son aristocratie.

— Très-bien, mon père. Mais, dites-moi, pensez-vous que le roi d'Espagne nous permette d'établir notre République sans défendre ses droits?

— Tu l'as vaincu, secondé par le peuple; avec le peuple, tu le vaincras encore.

— Et qu'opposerons-nous à sa flotte?

— Les canons des forts que nous allons reconquérir.

— Et à ses armées?

— Si tu comprends bien tes devoirs, Masaniello, si tu sais agiter le peuple demain comme tu l'as agité hier, nos campagnes seront leur tombeau.

Le pêcheur secoua la tête en signe d'incrédulité.

— Enfin, s'écria le moine, tu as proclamé, du haut de cette terrasse, la déchéance de Philippe IV! Tu l'as dit toi-même, dans cette nuit où je guidais tes pas à travers les catacombes : tu ne peux pas abandonner la cause du peuple à cette heure, sans commettre une lâcheté, sans te couvrir d'infamie.

— Le temps porte conseil, dom Francesco. Le duc d'Arcos occupe le Château-Neuf, ceux de l'Œuf et du Môle, et le fort Saint-Elme. En quelques heures il peut faire de Naples un monceau de ruines; nous sommes sans défense.

— Les aqueducs ne sont-ils pas coupés? Le manque d'eau ne va-t-il pas forcer le vice-roi à se rendre?

— Puis nous n'avons point d'argent. J'ai fait visiter avec soin, hier au soir, la Vicaria tout entière, depuis les combles jusqu'aux caves, et nous n'y avons rien trouvé. J'ai vingt mille ducats à payer à Corcelli, afin qu'il emmène ses brigands loin de Naples, et je ne possède pas une réale. Avec cela, comment créer des troupes, comment les armer?

— Fais un appel à tes frères; les Napolitains ne refuseront pas d'acheter leur indépendance en sacrifiant quelques ducats.

— Ainsi la révolution aurait eu pour cause l'énormité des taxes, et nous doublerions les impôts? Non, non, mon père, il n'en sera pas ainsi.

— Tout est impossible à qui n'a plus de foi dans sa cause, fit douloureusement le bénédictin.

— Nos pères étaient heureux jadis sous l'empire de la charte que Charles-Quint leur avait accordée, reprit Masaniello. Ils aimaient l'Espagne alors, ils s'armaient pour la défendre. Exigeons donc qu'on nous rende les droits que cet acte avait consacrés et dont on nous a injustement dépouillés.

— En d'autres termes, tu veux traiter avec le vice-roi!

— Et lui rendre cette autorité dont le poids m'accable, ajouta le pêcheur.

— Hélas! mes idées ne sont pas mûres encore, puisque mon fils lui-même ne sait pas les comprendre, dit le moine avec un soupir. Masaniello, crois-moi, tu seras trompé.

— Le duc d'Arcos réfléchira avant de me tendre un piège. Je suis un homme simple, mais je suis un homme de courage, et l'on ne trouve guère son profit à vouloir me duper. D'ailleurs vous ne m'abandonnerez pas, dom Francesco ; vous serez toujours mon guide, mon conseil. Oh ! pardonnez-moi si je trouve inapplicables les idées que vous aviez conçues. Il faudrait verser tant de sang pour les réaliser !

— N'en parlons plus, répliqua le bénédictin.

Il se rapprocha de Masaniello, lui prit affectueusement les mains, et, l'interrogeant du regard :

— Jure-moi, poursuivit-il, que le souvenir d'Isabelle n'a pas influé sur tes résolutions. Masaniello, j'ai besoin de le croire : car, malgré nos dissentiments, tu n'as pas cessé d'être mon fils bien-aimé.

Une vive rougeur colora le front du jeune homme.

Il balbutia quelques mots.

Ce fut Piétro qui le tira de la position embarrassante où il se trouvait.

Le contrebandier entra dans la salle du conseil, couvert de poussière, souillé de boue, les cheveux en désordre, et le teint coloré par cette excitation fébrile qui soutient toujours, alors même que ses forces sont épuisées, l'homme qu'une grande passion tourmente.

Son apparition fit trembler le moine et Masaniello.

— Qu'y a-t-il ? demanda ce dernier.

— Frère, prépare ton âme, répondit Piétro ; on nous a frappés tous deux d'un coup terrible.

— Parle donc vite !

— Corcelli a pris la fuite, mais il nous a laissé un affreux souvenir de son passage.

— Comment cela ?

— Il a pillé le couvent de Sainte-Claire.

— Et... Jeanne, ma sœur ?

— Il l'a enlevée.

— Malédiction ! Et...

Masaniello n'osait prononcer le nom d'Isabelle.

— La fille du duc d'Arcos ? veux-tu dire.

— Oui, oui, la fille du duc d'Arcos ?

— Elle a été forcée de suivre Jeanne.

— Tu n'as donc pas surveillé les brigands ! s'écria le jeune homme.

— Je ne les ai point quittés un seul instant pendant les longues heures de cette fatale nuit.

— Et il n'est pas venu m'avertir ! s'écria Masaniello hors de lui, en saisissant à deux mains les touffes noires de ses cheveux.

Il se laissa tomber sur un fauteuil ; un long cri de fureur et de désespoir s'échappa de sa poitrine.

— Va, cours sur le port, reprit-il ensuite en s'adressant à Piétro, appelle aux armes tous les pêcheurs, tous les contrebandiers que nous connaissons !... Adieu, mon père... Ce soir, Jeanne et Isabelle seront libres, ou Masaniello sera mort.

— Tu quittes Naples ? reprit dom Francesco.

— Sais-tu quelle route a prise Corcelli ? demanda le pêcheur au fiancé de Jeanne.

— Celle de Capoue.

Masaniello se retourna vers le bénédictin.

— Oui, mon père, oui, je quitte Naples, et je cours prendre d'assaut ce nid de vautours où Jeanne et Isabelle sont maintenant enfermées.

— Mais tout est perdu si tu nous abandonnes. Le duc d'Arcos peut nous attaquer : et qui donc excitera le peuple à la résistance ?

— Eh ! que m'importent la révolution de Naples et les efforts que peut tenter le vice-roi ! Dom Francesco, votre cœur est mort à toutes les passions humaines, la raison seule guide vos démarches. Mais, par la sainte Madone, je suis homme, je suis jeune, et que mes yeux ne voient jamais la lumière du soleil si, avant la fin du jour, les prisonnières de Corcelli ne sont pas en mon pouvoir !

— Que de sang aura coulé, que de victimes auront péri, mon Dieu, murmura le bénédictin, quand Masaniello reviendra dans cette ville que le ciel semble avoir abandonnée !

— Sangue di Cristo ! s'écria le pêcheur que la colère suffoquait, vous déraisonnez, mon père. Après tout, Jeanne, que cet infâme Corcelli tient maintenant dans ses griffes, c'est ma sœur à moi.

— Est-ce uniquement pour elle que tu entreprends cette expédition des Apennins ? demanda froidement dom Francesco.

— Pour Jeanne, oui ; mais aussi pour Isabelle, répliqua Masaniello, pour cet ange de beauté, d'amour, qui, hier encore, au couvent de Sainte-Claire, me répétait tant de doux serments, tant d'ineffables promesses. Mon père, oh ! croyez-moi, il faudrait être insensé, il faudrait être lâche, pour ne pas chercher à racheter au prix de son sang l'honneur et la liberté de ces deux pauvres femmes qui n'ont plus aujourd'hui d'espoir qu'en moi.

— Tu as donc revu la fille du duc d'Arcos, Masaniello ?

— Elle s'était réfugiée avec Jeanne au couvent de Sainte-Claire, et je suis allé visiter ma sœur.

— Il fallait me dire cela, mon fils, quand je t'ai lu tout à l'heure ce projet de constitution : nous n'aurions pas si longtemps discuté, ajouta dom Francesco.

En ce moment une flèche, lancée de la place de la Vicaria, vint heurter la muraille qui faisait face à la fenêtre, et tomba aux pieds de Masaniello.

Une lettre y était attachée.

Le pêcheur s'empara du papier et lut ces mots d'une voix haletante :

« Masaniello, quand tu liras ces lignes, Isabelle et ta sœur seront mes prisonnières.

« Si dans trois jours tu n'as pas fait déposer sous le grand chêne qui s'élève au milieu de la plaine de Portici, en face de l'auberge de Buona Fede, dix mille ducats pour la rançon de la noble demoiselle d'Arcos, jamais ces deux femmes ne retourneront dans ta barque manger des oranges à Procida.

« Souviens-toi qu'il est dangereux de tromper Corcelli. »

— Vous le voyez, mon père, reprit le jeune homme, il est urgent de traiter avec le vice-roi et d'obtenir l'argent nécessaire au rachat de sa fille et de Jeanne. Car, enfin, si notre expédition ne réussissait pas ?... si dans trois jours... mais c'est horrible à penser, dom Francesco !... Ayez pitié de nous, mon père, ayez pitié de Jeanne, d'Isabelle, de moi, de Piétro, car nous vous étions chers autrefois ! Rendez-vous au Château-Neuf, négociez avec les Espagnols, pendant que je conduirai moi-même l'expédition contre les brigands ! Le vice-roi accordera facilement à un homme d'église comme vous, dont la ville entière connaît et honore les vertus, ce qu'il refuserait à un malheureux pêcheur comme Masaniello.

— Cher enfant, répondit le bénédictin, j'ai voulu te prémunir contre un malheureux amour ; j'ai fait tous mes efforts pour t'arrêter sur la voie périlleuse au bout de laquelle tu trouveras peut-être la mort, peut-être le déshonneur... Hélas ! je n'ai point réussi ! Je ne t'abandonnerai cependant pas dans ton infortune. J'irai trouver le duc d'Arcos ; peut-être consentira-t-il à s'aboucher avec toi sur un terrain neutre, que vous désignerez d'un commun accord. Mais que le peuple reste en armes, si tu veux dompter enfin l'orgueil du vice-roi. Dicte-lui toi-même les volontés des Napolitains, et qu'il sache que vingt mille mousquets sont derrière toi pour soutenir au besoin tes prétentions.

— Merci, dom Francesco, merci ! Faites en sorte que mon entrevue avec le duc d'Arcos ait lieu vers la cinquième heure, dans une église, celle de Saint-Dominique, par exemple, qui se trouve à égale distance du Château-Neuf et de la Vicaria ; que mes édits et la charte de l'empereur Charles-Quint soient publiés vers le soir, et que je sois libre ensuite d'aller infliger à Corcelli le juste châtiment de sa perfidie.

Dom Francesco se retira.

— Écoute, frère, dit Piétro à son ami après le départ du moine, tu ne peux quitter Naples. Ce serait d'ailleurs exposer Jeanne et Isabelle aux dernières violences que d'aller attaquer Corcelli dans son antre à force ouverte. J'ai un moyen d'arriver jusqu'à lui.

— Lequel ?

Piétro raconta au fiancé d'Isabelle tous les événements de la nuit précédente, et comment un des voleurs, Conrad, était resté dans la taverne del Cappucino. Puis il lui expliqua de quelle manière il espérait ramener les prisonnières à Naples en égorgeant leurs ravisseurs si cela était nécessaire.

Masaniello approuva son projet.

Il fut convenu entre eux que le pêcheur s'occuperait uniquement de trouver la rançon des deux jeunes filles, tandis que Piétro se ferait conduire par Conrad dans la forteresse qu'occupaient les brigands de Corcelli.

XVI

Le Château-Neuf.

Dom Francesco, revêtu de son meilleur habit de ville, s'avançait la tête baissée, les deux mains fourrées dans les larges manches de sa robe, grave, recueilli, soucieux, vers le Château-Neuf, où l'appelait son importante mission.

L'aspect de Naples l'épouvanta ; la ville était plus agitée, plus tumultueuse encore que le soir précédent.

C'était merveille de voir avec quelle promptitude ce peuple de contrebandiers, de paysans, de pêcheurs et de lazzaroni, paisible et désarmé quelques jours auparavant, avait su trouver des armes. Ce n'étaient partout qu'épées à coquille, gaffes, mousquets, faux, pertuisanes qu'agitaient des soldats en haillons. Des masses d'hommes et de femmes parcouraient les rues comme des vagues furieuses, et débordaient dans les places publiques, où elles tourbillonnaient sur elles-mêmes, s'agitaient longtemps dans le vide et finissaient par se disperser autour des marchands de melons à la glace et de macaroni.

Partout on appelait Masaniello ; partout on demandait avec instance qu'il attaquât le Château-Neuf, dont l'attitude devenait de plus en plus menaçante.

On apercevait les canons de bronze allonger leur gueule béante à travers les embrasures de la forteresse. Ils pouvaient ouvrir le feu à chaque instant et convertir en un monceau de ruines Naples, ses riches églises, ses maisons et ses palais.

Le bénédictin n'arriva qu'avec une peine extrême à la place du château.

Toutes les rues qui l'avoisinaient étaient barricadées, suivant l'ancienne mode parisienne, par des tonneaux remplis de terre et de lourdes voitures abattues au milieu des chaussées. Des sentinelles, fièrement drapées de leur manteau, coiffées du feutre pittoresque des paysans de la Calabre, gardaient ces fortifications de l'émeute.

Vingt fois on arrêta dom Francesco, et on lui permit vingt fois de poursuivre sa route, en le reconnaissant pour l'ami de Masaniello, pour le prêtre révolutionnaire qui avait béni aux catacombes les poignards des conjurés.

Enfin le moine se présenta, un étendard blanc à la main, devant le bastion triangulaire qui couvrait la tête du pont-levis.

Les anciennes forteresses du moyen âge subsistaient encore en Europe, mais on s'était aperçu que ces masses énormes, placées ordinairement à découvert sur des lieux élevés, offraient trop de prise au canon, et ne pouvaient longtemps se défendre. Enfermée dans ces énormes prisons de granit, une garnison pouvait être, en quelques jours, ensevelie sous des décombres.

Des architectes militaires de la Renaissance avaient donc construit autour des vieilles bastilles élevées par Philippe-Auguste et Charles V des fortifications nouvelles, avec escarpes, contre-escarpes, bastions, courtines et demi-lunes, enfin avec tout ce luxe de lignes courbes, de lignes droites et de triangles que Vauban trouva moyen d'exagérer encore. On commença à parler dans les siéges un autre langage; on connut l'art d'ouvrir une tranchée, d'établir dans la contre-escarpe d'un fossé une batterie de gros calibre pour battre en brèche la muraille opposée, de pratiquer la mine, la sape, tous ces moyens d'attaque contre lesquels la défense est maintenant impossible. Les fossés des villes devenaient, à cette époque, le théâtre de combats sanglants, car c'était là que se portait la principale résistance des garnisons. Celles-ci opéraient des sorties par une porte basse pratiquée sous les murailles et qu'on nommait ravelin.

Alors il y avait des tueries atroces. Les assiégés balayaient le fossé, massacraient les sapeurs qui travaillaient dans les galeries, les poursuivaient jusqu'au fond de la tranchée, enclouaient les canons et ne rentraient dans la ville qu'après avoir détruit, en quelques heures, l'ouvrage de plusieurs semaines.

C'est ainsi qu'un grand nombre de villes parvinrent à chasser l'ennemi qui les tenait bloquées, après un siége presque aussi long que celui de Troie.

Dès qu'on eut aperçu du haut du Château-Neuf l'étendard blanc qu'agitait dom Francesco, le gouverneur de la forteresse lui-même se hâta de descendre.

Il sortit par le ravelin, traversa le fossé, et vint parlementer au-dessous du pont-levis. Le bénédictin expliqua sa mission en peu de mots, et demanda à parler à l'archevêque de Naples, qui avait suivi le duc d'Arcos dans sa fuite. Le gouverneur ordonna d'apporter une échelle, invita dom Francesco à descendre, et, lui faisant traverser la voie souterraine, le conduisit à Son Eminence monseigneur le cardinal Filomarini.

Le cardinal-archevêque était en prière quand le bénédictin fut introduit dans sa chambre.

Assis dans un fauteuil, la tête nonchalamment appuyée sur sa main droite, il suivait d'une oreille distraite la psalmodie monotone de ses chapelains agenouillés.

Les deux curés lui lisaient son bréviaire et priaient pour lui.

Car monseigneur Filomarini était assez riche, assez noble, assez haut dignitaire, assez grand seigneur enfin pour implorer par procuration les grâces du ciel et le pardon de ses péchés.

Francesco se tint debout sur le seuil de la porte dans l'attitude la plus humble.

D'un geste presque imperceptible le prélat lui ordonna de s'asseoir, et le moine obéit.

L'office s'acheva.

Notez que monseigneur Filomarini n'avait pas quitté un seul instant sa pose nonchalante, que ses chapelains s'étaient levés, assis, agenouillés pour lui au moment des oraisons et des antiennes, et qu'ils avaient fait les signes de croix nécessaires, toujours par procuration.

La dévotion du cardinal lui coûtait cent soixante ducats par an.

C'était une bien petite dévotion; mais le cardinal avait d'autres habitudes de luxe.

Dom Francesco s'approcha de lui quand il eut congédié ses chapelains, et attendit que Son Eminence lui adressât la parole.

— Que font les Napolitains? demanda le cardinal.

— Ils chantent, ils boivent, ils se promènent et jouent au mousquet, monseigneur, répondit le bénédictin.

Le cardinal hocha la tête.

— Et Masaniello, où est-il?

— Il habite la Vicaria.

Monseigneur Filomarini fit un second mouvement de tête et l'accompagna d'un sourire.

— Ce jeune homme a une cour sans doute, ajouta-t-il : des lazzaroni, des pêcheurs, des filous et des contrebandiers pour chambellans, pour maîtres d'hôtel, pour capitaines des gardes et pour gentilshommes de la chambre? Vous le connaissez, Francesco?

— Beaucoup, monseigneur.

— Quelle sorte d'homme peut-il bien être?

— Très-beau, très-brave et très-généreux, n'en déplaise à Votre Eminence.

— Comme vous en parlez!... Ah! j'oubliais, ajouta l'archevêque, toujours avec le même sourire et la même voix traînante, vous êtes son ambassadeur.

— Je viens porter au duc d'Arcos, au nom du peuple de Naples, des paroles de paix et de conciliation.

— Le duc d'Arcos n'entendra rien et ne doit rien entendre.

— Il veut une guerre d'extermination : il l'aura, monseigneur.

— Les Napolitains sont des sujets rebelles; leurs corps et leurs biens sont confisqués de droit au profit de Sa Majesté Catholique. La jurisprudence du sacré tribunal de l'inquisition est positive à cet égard, vous le savez aussi bien que moi, dom Francesco. Les révoltés doivent se rendre à merci.

— Mais ils ne se rendront pas; et quand bien même les flottes du roi d'Espagne débarqueraient cent mille hommes aujourd'hui sur nos côtes, ces cent mille hommes n'entreraient point dans Naples, ou n'en sortiraient plus s'ils y entraient. Que Votre Eminence s'interpose entre les parties, monseigneur; qu'elle arrête l'effusion du sang. Ce sera un rôle digne en tout du sacerdoce dont elle possède la plénitude.

— Ce peuple est maudit. Il a méconnu, foulé aux pieds le précepte du Christ : « Rends à César ce qui est à César. »

— Eh! ne lui a-t-on pas tout pris, tout enlevé à ce malheureux peuple de Naples, depuis l'avénement de Philippe IV? Ses libertés d'abord et puis les fruits de son labeur, et jusqu'au morceau de pain noir qu'il gagnait à la sueur de son front, et qu'il mangeait en l'arrosant de ses larmes? Ne l'a-t-on pas accablé d'impôts, de corvées, d'exactions de toute sorte? Quelle est la famille dont vos Espagnols n'ont pas réduit les garçons au plus dur servage, déshonoré les filles, pillé, vendu la pauvre habitation? Ah! notre vieille terre napolitaine a bu du sang et des pleurs depuis quelques années, et ce sang, ces pleurs criaient vengeance! Dieu est juste, le jour de la vengeance devait venir.

— Dom Francesco, c'est avec de semblables principes qu'on renverse les trônes.

— Que voulez-vous? quand les rois sont impies, monseigneur...

— Je sais que vous avez de singulières idées en fait de gouvernement, répliqua l'archevêque en lançant au moine un regard oblique. Vous avez été à Rome dernièrement?

— Oui, monseigneur, et j'ai présenté à l'approbation du pape un Traité de l'Evangile appliqué à la politique.

— Si ce livre était condamné, dom Francesco?

— C'est impossible.

— Vraiment?... Et pourquoi cela?

— Parce que saint Thomas d'Aquin fut un grand docteur et un saint prêtre, monseigneur; on le surnomma de son temps l'ange de l'école, et la foi était vive dans l'heureux siècle où il vivait. Or, c'est à lui que j'ai emprunté les doctrines que je professe. Les tribunaux de Rome y regarderont à deux fois avant de me condamner.

— Ne prétendez-vous pas, dans votre ouvrage, que la sainte Eglise catholique, apostolique et romaine s'éloigne chaque jour davantage des divins enseignements du Christ?

— Et c'est là une triste et honteuse vérité. Oui, de l'Evangile, de cette loi de grâce, de tolérance et de charité, nous avons tiré... l'inquisition et ses fureurs; de l'Evangile, de cette loi de liberté et de fraternité, nous avons tiré la puissance exorbitante des rois qui confisquent tout au peuple, corps et biens, à leur profit. Malédiction sur nous! il a existé un pape qui envoya une épée au duc d'Albe avec cette inscription : « Au restaurateur de la foi. » Jésus-Christ et le duc d'Albe! Monseigneur, que Votre Eminence daigne me dire s'il n'y a pas un abîme entre ces deux noms-là?

— J'ai déféré votre livre à mon officialité, répliqua nonchalamment le cardinal; elle prononcera, et, sur son avis, le tribunal du saint-office à Rome vous approuvera ou vous condamnera. Quelles sont aujourd'hui les propositions que nous fait Masaniello?

— Je ne suis point chargé de négocier, monseigneur, mais j'ai seulement mission de ménager une entrevue entre le chef du peuple et le duc d'Arcos.

— Ainsi donc votre ami entend traiter de puissance à puissance?

Le sourire froid et railleur du cardinal vint encore errer sur ses lèvres.

— S'il est vrai que les peuples n'ont pas été faits pour les rois, mais bien que les rois ont été faits pour les peuples, je ne vois pas, sur l'honneur, pourquoi Masaniello ne se placerait pas à l'égard du duc d'Arcos sur le terrain de la plus parfaite égalité.

— Vous ne pressentez pas, révérend père, quelles pourront être les exigences de Masaniello?

— Monseigneur, il s'est montré grand, généreux ; la modération lui sied bien, parce qu'il est fort. Je pense que Masaniello ne demandera pas aujourd'hui plus qu'il ne demandait hier. Il voudra que la charte de l'empereur Charles-Quint nous soit rendue, et que ses trois édits sur les fruits, sur le vin et sur la pêche soient sanctionnés. Mon Dieu ! il tarde à ce pauvre enfant d'abandonner à des mains plus expérimentées que les siennes un pouvoir pour lequel il n'est pas né.

— Je vais en référer au vice-roi, ajouta le cardinal.

Il souleva une portière et disparut.

La garnison du Château-Neuf était dans une situation déplorable. Non-seulement le duc d'Arcos prévoyait comme très-prochain le jour où ce grand nombre d'hommes, agglomérés sur un seul point, manqueraient de vivres ; mais les fontaines s'étaient taries de la veille, et l'eau stagnante des bassins ne se distribuait plus que par faibles rations.

A peine les diverses salles du château avaient-elles suffi pour loger l'état-major de la petite armée du duc.

Entassés dans les préaux, exposés à la fraîcheur de la nuit, et, pendant le jour, aux rayons brûlants du soleil, les soldats tombaient malades, et ceux qui résistaient aux intempéries de l'air semblaient découragés.

La plupart étaient atteints de nostalgie.

Il faut avoir vu des révolutions pour comprendre comment la démoralisation avait pu gagner en aussi peu de temps les Espagnols enfermés au Château-Neuf. Une journée d'émeute peut abattre des hommes que ne décourageraient pas vingt défaites. Le duc d'Arcos, qui, pour la première fois de sa vie, se voyait forcé d'humilier son orgueil castillan, n'osait s'avouer à lui-même qu'il désirait capituler.

L'archevêque le trouva sur la plate-forme du château, d'où il observait les Napolitains hissant au sommet des églises voisines les canons qu'ils avaient trouvés sur les tours et les courtines des murs d'enceinte. Le vice-roi échangeait des signaux avec le fort Saint-Elme et le château de l'Œuf.

Dès qu'il eut appris le motif qui amenait le prélat auprès de lui, il manda Fernandez.

Pour bien comprendre le dialogue qui va suivre, il faut se rappeler qu'il a lieu entre un cardinal depuis longtemps rompu aux intrigues de la cour de Rome, et deux seigneurs que le cabinet de Madrid avait chargés nombre de fois des missions les plus délicates.

— Fernandez, dit le duc d'Arcos, ce que vous aviez prévu est arrivé. Ces rustres n'ont su que faire du pouvoir dès qu'ils en ont été maîtres, et voilà qu'ils se rendent à merci.

— Il ne pouvait en arriver autrement, monseigneur, répondit don Juan ; Votre Altesse est nécessaire au bonheur des Napolitains.

— Ce jeune pêcheur, ce Masaniello, vous savez, demande une entrevue : convient-il de la lui accorder ?

— Je n'y vois aucun inconvénient.

Les regards de Fernandez se portèrent sur le gibet qui dessinait sa forme lugubre au sommet du donjon.

— Son Eminence le cardinal-archevêque, reprit le duc d'Arcos, aura donc la bonté d'avertir le chef des rebelles que je pourrai le recevoir en audience particulière à midi précis.

— Il serait bon, je crois, répondit le prélat, que Votre Altesse fît comparaître devant elle les parlementaires des révoltés.

— Croyez-vous, mon cousin (1), que je puisse recevoir officiellement un pareil homme sans le faire pendre immédiatement ? Il vaudrait mieux, ce me semble, mander son chef.

— Je ferai observer à Votre Altesse que cet envoyé est un bénédictin respectable, que son âge et surtout son titre doivent mettre à l'abri de toute violence. Sa mission, du reste, est toute de conciliation et parfaitement en rapport avec le caractère sacré dont il est revêtu.

— Qu'il vienne, répondit le duc d'Arcos. Don Fernandez, veuillez l'introduire.

Le fiancé d'Isabelle quitta la terrasse et revint bientôt, suivi du bénédictin.

Le duc d'Arcos s'était assis sur l'affût d'un canon. L'archevêque était à sa droite ; don Juan Fernandez prit place à sa gauche.

Francesco se tint debout devant eux, tête découverte et les yeux baissés.

— Vous venez de la part de Masaniello ? lui dit le vice-roi.

— Oui, monseigneur, répondit Francesco.

— Avez-vous des pouvoirs pour stipuler en son nom ?

— Je n'en ai point. Le chef du peuple traitera lui-même avec Votre Altesse, monseigneur ; si vous consentez à le recevoir dans un endroit neutre, l'église de Saint-Dominique, par exemple, ou toute autre qui soit à égale distance du Château-Neuf et de la Vicaria.

— Pourquoi ne viendrait-il pas ici ?

— Il n'y viendra pas.

— Fernandez, interrompit le duc d'Arcos en s'adressant au fiancé d'Isabelle, avez-vous donné des ordres pour que le feu s'ouvre immédiatement sur la ville ?

— Oui, monseigneur. Le meilleur esprit anime la garnison ; vos soldats feront leur devoir.

(1) Les rois et les vice-rois donnaient ce titre aux cardinaux.

— Les canons sont-ils en batterie ?

— Tous.

— Le service des pièces est-il organisé ?

— Au signal que donnera Votre Altesse, tous vos canonniers seront à leur poste.

— Les forges pour les boulets rouges sont-elles installées ?

— Parfaitement.

— Les artificiers ont-ils achevé les fusées et les gargousses ? A-t-on disposé sur les glacis la colonne d'attaque qui doit pénétrer dans la ville quand il en sera temps ?

— Quatre compagnies, commandées par un mestre de camp, envahiront Naples de quatre côtés à la fois. Des détachements de sapeurs les accompagneront.

— Nos signaux ont été compris par le fort Saint-Elme et le château de l'Œuf ?

— Les gouverneurs de ces places ont achevé leurs préparatifs, répondit don Juan Fernandez.

— Vous le voyez, reprit le duc d'Arcos, il ne reste plus aux rebelles d'autre parti que celui d'une prompte soumission.

— Prenez garde, monseigneur, répondit dom Francesco. J'ai traversé Naples dans toute son étendue. Si le combat s'engage, pas un Espagnol n'échappera...

Le vice-roi se mit à rire.

— Je serais curieux de savoir, tête Dieu ! quelles conditions Masaniello prétend imposer à notre très-gracieux et très-noble maître le roi catholique Philippe IV. Par le nom des d'Arcos ! ce jeune drôle oublie singulièrement qu'il existe une potence sur la place du marché et qu'un grand nombre de ses pareils ont déjà, une cravate de chanvre autour de la gorge, qui l'avaient moins mérité que lui.

— Masaniello veut éviter l'effusion du sang, calmer nos discordes civiles et remettre Naples sous la domination du roi. S'il eût écouté les avis de personnes clairvoyantes...

— Les vôtres, peut-être, dom Francesco ? interrompit l'archevêque.

— Les miens, vous l'avez dit, monseigneur.

— Qu'eût-il fait ? demanda le duc d'Arcos.

— Il eût à jamais chassé de Naples cette nuée d'oiseaux de proie qui traversent incessamment la mer et viennent s'abattre sur nos belles contrées. Il ne l'a pas voulu. Fasse Dieu qu'il n'ait pas à se repentir de sa modération !

— Ainsi donc, ce petit pêcheur de la Mergellina voudra bien souffrir que nous régnions quelques jours de plus à Naples ? Bon père, nous lui serons reconnaissants en temps et lieu de sa condescendance. Voyons qu'exige-t-il pour nous permettre de rentrer à la Vicaria ?

— Lui-même l'expliquera à Votre Altesse.

— Mais enfin, je ne puis quitter le Château-Neuf sans connaître au moins quelles seront les bases de notre négociation.

— Le révérend dom Francesco pense que son protégé, le chef du peuple, comme il l'appelle, ne demandera qu'une sanction nouvelle de la charte de Charles-Quint... et l'approbation de quelques édits, interrompit l'archevêque. Ai-je rapporté fidèlement vos paroles, mon père ? continua-t-il en se tournant vers dom Francesco.

— Très-fidèlement, répliqua le moine.

— Alors, à quoi bon ce bruit de guerre, tout ce fracas d'émeute, tous ces préparatifs de combats ? reprit le duc d'Arcos. N'ai-je point accordé à Masaniello ce qu'il désire ?

— On m'a dit que Votre Altesse avait disparu au moment de signer les actes que les insurgés lui présentaient.

— Eh ! pouvais-je lui accorder valablement au milieu des misérables dont les poignards menaçaient ma poitrine et dont les mousquets étaient dirigés sur moi ?

— Vous serez libre à Saint-Dominique.

— Qu'on m'envoie des otages, et je m'y rendrai.

— L'entrevue aura lieu en présence de monseigneur l'archevêque. Masaniello vous donne sa parole que votre personne et celle de vos serviteurs seront à l'abri de toute insulte. Moi-même je me porte garant pour Masaniello. Acceptez mes propositions, monseigneur, et à midi les barricades vous seront ouvertes, la rue de Tolède sera libre ; vous pourrez vous rendre au lieu désigné pour les conférences, avec autant de troupes qu'il vous plaira d'en prendre, tandis que Masaniello et ses amis iront à votre rencontre par la rue de la Vicaria.

Le duc d'Arcos accéda enfin aux désirs du bénédictin.

Dom Francesco régla avec lui le cérémonial de l'entrevue, puis le vice-roi congédia le moine en lui disant :

— Rendez-vous maintenant auprès de Masaniello, et tâchez de lui faire comprendre que, ce soir, l'ordre sera rétabli dans Naples, quelle que soit l'issue de nos négociations. Mon père, j'ai négligé jusqu'ici de vous entretenir d'un malheur qui m'est personnel, qui m'a frappé dans mes plus chères et mes plus saintes affections. Isabelle ma fille m'a été enlevée ; elle se trouve aujourd'hui au pouvoir de l'émeute. Masaniello me répond d'elle sur sa tête : qu'il songe à la respecter.

Le bénédictin n'avait pas d'ordre pour instruire le duc d'Arcos du sort d'Isabelle. Il se tut, et quitta la plate-forme du Château-Neuf.

Don Juan Fernandez reconduisit l'archevêque et vint ensuite retrouver le vice-roi.

— Ami, dit ce dernier, que penses-tu de cette course que nous allons faire à Saint-Dominique, pour nous conformer au bon plaisir du *senor* Masaniello?

— Je dis, monseigneur, qu'il se présente quelquefois d'étranges circonstances dans la vie.

— De quelles circonstances veux-tu parler?

— De celles qui peuvent conduire le chef des armes et du nom d'Arcos à s'aller aboucher avec un triple manant comme ce Masaniello.

— Patience! patience! Fernandez!

— Vous avez résolu d'octroyer de nouveau la charte de Charles-Quint à ces Napolitains, que le ciel confonde?

— Quand le torrent populaire menace de vous entraîner, ne faut-il pas lui ouvrir un passage?

— Oui; mais il fait en passant des brèches si larges, si larges, monseigneur, qu'il est impossible de les réparer. Raisonnons un peu.

— Oui, raisonnons.

— Quand vous aurez supprimé l'impôt sur le vin, sur les fruits et sur le poisson, monseigneur, avec quoi, je vous le demande, payerez-vous chaque année votre subside au trésor de Madrid?

— Nous économiserons, Fernandez.

— Mais sur quoi?

— Je l'ignore, par Notre-Dame del Pilar.

— Réformerez-vous vos chambellans?

— C'est impossible.

— Vos majordomes?

— Encore moins.

— Vos écuyers?

— Tu sais bien que l'étiquette de la cour des vice-rois est réglée par des ordonnances dont je ne puis m'affranchir.

— Alors il faudra renvoyer vos compagnies espagnoles?

— Et rester à la merci de cette canaille napolitaine? Tu plaisantes, Fernandez!

— Ah! je comprends, vous n'aurez plus de fauconnerie, plus de meute!

— Mais je courrai donc le lièvre avec un simple basset, comme un hobereau des Calabres? Cher ami, j'économiserai sur quelque autre chose... nous verrons.

— Sur vos équipages?

— Et dans quelle voiture monteront mes ambassadeurs quand ils viendront me présenter leurs lettres de créances?

— Au moins désorganiserez-vous le service si coûteux de vos écuries? Je conçois que vous puissiez renoncer à cette manie de chevaux arabes qui fait passer tous les ans soixante mille ducats de votre poche dans celle des maugrabins. C'est une économie notable qui n'atteindra que des mécréants.

— Tais-toi, Fernandez, tu m'irrites, et j'ai besoin de toute ma patience pour la cérémonie dont le moment approche.

— En aurez-vous toujours assez de patience, monseigneur, pour écouter les doléances de vos municipalités, de vos corporations, quand tous ces bourgeois gourmés viendront réclamer pour le maintien de leurs privilèges? En aurez-vous assez de patience quand il faudra leur arracher, ducat par ducat, les sommes nécessaires à l'entretien de votre maison? Si la régente Marguerite des Pays-Bas était encore de ce monde, elle pourrait vous dire ce qu'elle a souffert de la susceptibilité tracassière, de la sordide avarice des magistrats de Bruxelles et d'Anvers; elle vous ferait comprendre s'il lui était possible d'avoir une minute en repos, quand messeigneurs des états de Flandres, de Brabant et de je ne sais quelles autres provinces, étaient assemblés. L'empereur Charles-Quint, voyez-vous, monseigneur, avait été élevé parmi tous ces gens des Flandres; il était possédé de la manie des chartes: aussi, à sa mort, tout cet empire immense qu'il avait fondé s'en alla par lambeaux. Mieux vaudrait pour vous abdiquer que d'accorder à ces bandits napolitains la charte qu'ils s'obstinent à vouloir reconquérir.

— Isabelle, ma chère Isabelle, ma fille adorée, est tombée entre leurs mains, Fernandez, murmura le duc d'Arcos, dont une larme mouilla la paupière.

— Hélas! monseigneur, j'ai fait des efforts surhumains pour la sauver; mais on dirait que vos Espagnols pactisent avec le peuple. Aux cris de la multitude, au premier signal de l'attaque, ils se sont dispersés. Moi-même j'ai été entraîné loin d'Isabelle par une horde furieuse.

— Mes trésors sont restés à la Vicaria. Ils ont été découverts peut-être?

— Nous ferons rendre en détail ce qu'on nous a pris d'un seul coup, dit Fernandez.

— Nos troupes sont démoralisées. Je connais les Espagnols, vois-tu? Ce sont les plus braves soldats du monde; ils feraient des prodiges de valeur pour soutenir leur vieille réputation; mais quand les prodiges sont impossibles...

— Vous exagérez le malheur de notre situation, monseigneur.

— Hélas! mon ami, la soif et la faim sont des ennemis contre lesquels on ne lutte pas, même avec du courage. Comprends-tu cela, Fernandez? être bloqué, sans pain, sans eau, sous ce ciel maudit! C'est à en devenir fou.

Il y eut entre le vice-roi et son conseiller un moment de silence.

— Et pourtant, continua le duc d'Arcos, que dira Sa Majesté Philippe IV, lorsque je reviendrai en Espagne après avoir perdu un des plus beaux fleurons de sa couronne? ou bien lorsqu'elle apprendra que j'ai laissé amoindrir sa prérogative et briser à demi dans mes mains le sceptre qu'elle m'avait confié? Le duc d'Arcos sera exilé de la cour, flétri, déshonoré. Oh! comment tout cela finira-t-il, grand Dieu!

— Très-bien, si vous voulez m'entendre.

— A ma place, que ferais-tu?

— Je retrancherais du texte de la charte de Charles-Quint tout ce qui a rapport aux privilèges des corporations et des municipalités et aux droits et franchises de la noblesse, du clergé et de la bourgeoisie. J'apposerais mon sceau à cet acte ainsi modifié; j'ordonnerais à mon chancelier de rétablir les articles supprimés, quand il donnera lecture de ce carré de parchemin aux lazzaroni et aux mendiants de Naples rassemblés; je gagnerais ainsi du temps, monseigneur, et gagner du temps c'est quelque chose, lorsqu'on est pressé par les révolutions. — Puis Sa Majesté Catholique enverrait une flotte à Naples avec des troupes de débarquement? dit le vice-roi.

— Franchement, je crois que les vaisseaux du roi d'Espagne arriveraient trop tard, répondit Fernandez.

— Les révoltés, s'apercevant de notre supercherie, auraient pris déjà une revanche éclatante? C'est là ta pensée.

— Ils seront rentrés, au contraire, dans la fange d'où ils n'auraient jamais dû sortir. Tant que Masaniello vivra, Naples ne sera jamais tranquille.

— Tu t'abuses. Tant que Masaniello vivra, Naples ne sera jamais tranquille.

— Monseigneur, ajouta le gentilhomme, Votre Altesse permet-elle que j'invite deux de mes bons amis, messeigneurs Caraffa et de Monteleone, à se joindre à son cortège?

— Sans doute; je te prie même de le faire.

— C'est bien, dit Fernandez. Maintenant, duc d'Arcos, retenez ma promesse : avant que la nuit descende des hauteurs du Pausilippe, vous serez de retour à la Vicaria, et le royaume de Naples tout entier sera rentré sous la domination du roi Philippe IV.

XVII

La charte de l'empereur Charles-Quint.

Le duc d'Arcos s'avançait vers l'église Saint-Dominique par la rue de Tolède, Masaniello par celle de la Vicaria.

Mais le cortége du vice-roi présentait un aspect bien différent de celui qu'offrait l'escorte tumultueuse du pêcheur.

Le peuple de Naples, attiré par la nouvelle des conférences qui allaient avoir lieu, se pressait sur les pas de son chef, joyeux, bruyant, en habits de fête, exhortant Masaniello à prendre courage et à défendre énergiquement les droits de ses frères opprimés.

Les fenêtres des maisons, les tours des églises, les terrasses des palais étaient encombrées d'une foule curieuse de jeunes gens et de jolies femmes, qui agitaient leurs chapeaux, leurs éventails, et faisaient retentir les airs de mille cris.

Masaniello marchait au milieu d'un groupe de pêcheurs de la Mergellina.

Il portait le costume de sa profession, un chapeau de feutre à larges bords, un manteau et des culottes de bure, une ceinture de couleur éclatante, et de longues bottes dont le cuir grossier remontait au-dessus du genou.

Du reste, les habits du jeune homme étaient d'une propreté presque recherchée.

Le pittoresque de ces vêtements faisait mieux ressortir l'élégance de sa taille et la mâle beauté de sa figure.

Dom Francesco marchait à côté de son enfant chéri, partageant son triomphe, s'associant à ses périls.

Les maisons étaient hermétiquement closes, au contraire, sur la route que devait parcourir le vice-roi.

Un escadron de cavalerie, le sabre au poing, précédait Son Altesse.

Don Juan Fernandez et quelques seigneurs napolitains se pressaient autour d'elle, moins pour l'honorer peut-être que pour lui faire un rempart de leurs corps.

Venait ensuite une infanterie nombreuse, au milieu de laquelle des chevaux traînaient deux pièces de canon chargées à mitraille.

La marche était fermée par une troupe de gendarmerie d'élite.

Tous ces hommes étaient tristes sous leurs pourpoints brodés, sous leurs brillants uniformes. Le souvenir de leur récente défaite semblait gravé sur leurs visages, et nul d'entre eux n'avait confiance dans l'avenir.

Masaniello arriva le premier à l'église Saint-Dominique.

Tout y avait été préparé pour l'entrevue du pêcheur et du duc d'Arcos.

Monseigneur le cardinal-archevêque avait abandonné à chacun des deux chefs le libre usage de l'une des portes latérales de l'église adjacente.

C'étaient comme deux camps opposés, ayant une issue différente, que gardaient les Espagnols pour le duc d'Arcos, et pour Masaniello quelques lazzaroni.

Le chœur de l'église devait servir de rendez-vous pour les conférences.

Il était convenu que le vice-roi et son adversaire entreraient dans cette espèce de champ clos par les deux grilles opposées, et s'y rencontreraient après avoir parcouru le même espace de terrain.

Un trône magnifique s'élevait sur les marches du maître-autel, et c'était là que siégeait monseigneur Filomarini, en grand costume de cardinal, au milieu de cette cohue d'acolytes que les princes de l'Église traînent toujours après eux.

La nef était déserte.

En entrant dans la basilique, Masaniello sentit battre violemment son cœur.

Tous ces préparatifs, qui semblaient le mettre à l'égard du vice-roi sur le pied de l'égalité la plus parfaite; ces prêtres en habit de cérémonie, ce prélat environné de la pompe romaine, ce grand vaisseau solitaire et plein des murmures de la foule qui s'agitait au dehors, tout lui inspirait une sorte de crainte religieuse.

Puis, que d'intérêts chers à son âme il allait défendre avec le représentant d'un des souverains les plus puissants du monde! C'était le bonheur du peuple, la liberté de son pays, le prompt retour de sa chère Isabelle qu'il fallait obtenir dans une entrevue de quelques instants.

— Mon père, conseillez-moi, soutenez mon courage, murmurait-il à l'oreille de dom Francesco, tandis qu'à travers une double haie d'hommes du peuple ils se rendaient à la chapelle qu'on leur avait préparée.

— Prions, répondit le moine.

Ils s'agenouillèrent ensemble, et dom Francesco récita une courte et fervente oraison que le jeune homme écouta profondément recueilli.

Le tambour commençait à battre aux champs; Masaniello et son conseiller se relevèrent.

Bientôt leur attention fut distraite par un bruit de pas qui retentissait au milieu d'un échafaudage, au pied duquel ils se trouvaient.

Ce fragile édifice de solives et de planches vermoulues s'élevait jusqu'à la voûte.

Masaniello releva la tête et aperçut au sommet d'une échelle Salvator Rosa, son ami, son allié qui souriait.

Un instant après le peintre lui serrait la main.

— Tu vois, disait-il au pêcheur en lui montrant ses pinceaux, le règne de la liberté, c'est le règne des arts! Hier, je combattais auprès de toi sur la place du marché; aujourd'hui que le peuple est vainqueur, je reviens à mes fresques, à ma chère peinture. C'est une belle vie que la vie d'artiste, n'est-il pas vrai, Masaniello?

— Oui, heureux qui sait se retirer comme toi dans l'arène où se combattent, en se déchirant, tant de passions haineuses et d'égoïstes intérêts! Quand me sera-t-il donné de m'asseoir encore dans ma pauvre cabane, de tendre encore ma voile dans ma barque et de la suspendre aux vagues azurées? Quand retrouverai-je autour de moi tous ceux que j'aime, les compagnons de mon enfance, jeunes gens au cœur d'or, gracieuses jeunes filles qu'a dispersées la tempête?... Jamais, peut-être; j'en ai le triste pressentiment. Il est des êtres bien-aimés que je ne dois plus revoir!

— Mais que viens-tu faire ici? reprit Salvator; pourquoi ces prêtres, ces soldats et cet archevêque revêtu de sa pourpre splendide?

— Tu ne vis donc plus depuis ce matin de la vie de ce monde? interrompit le pêcheur. Comment, tu ignores que j'ai demandé une audience au vice-roi? Heureux artiste! heureux Salvator!

— Allez-vous donc fêter ensemble la révolution que nous avons accomplie?

— Je veux mettre fin aujourd'hui même à cette incertitude qui agite encore le peuple de Naples et l'empêche de retourner à ses travaux. Ou bien le duc d'Arcos sanctionnera les édits que j'ai publiés, ou demain nous prendrons d'assaut le Château-Neuf.

— Ainsi tu vas négocier avec cet homme?

— Je lui dicterai moi-même mes conditions.

— L'archevêque s'est-il rangé de son bord?

— Monseigneur le cardinal Filomarini n'appartient à aucune faction, répondit Masaniello. Il s'est généreusement interposé entre le vice-roi et le peuple comme c'était son devoir... N'est-il pas vrai, mon père? ajouta le pêcheur en s'adressant à dom Francesco.

Le bénédictin ne répondit pas.

— Oh! prends garde, prends garde, Masaniello! dit Salvator Rosa à son ami.

— Et que risqué-je, après tout? demanda le jeune homme. N'y a-t-il pas en ce moment autour de Saint-Dominique vingt mille Napolitains en armes qui se lèveraient au moindre signal pour me défendre ou pour me venger?

— Crains la perfidie, la cruelle politique de ces hommes avec lesquels tu vas traiter de la paix! Des gens comme nous, vois-tu, ne sont forts que les armes à la main, en face de ces barons titrés et blasonnés qui ont appris à mentir à la cour des rois. Leur parole empoisonne bien plus sûrement que leur épée ne tue. Masaniello, pourquoi n'as-tu pas repoussé cette idée fatale de t'aboucher avec le duc d'Arcos?

— La guerre civile qui désole Naples doit cesser.

— Que ne chassais-tu les Espagnols?

— Il fallait prendre le Château-Neuf pour cela.

— Tu l'aurais pris.

— Organiser une armée capable de repousser les troupes de Philippe IV.

— Tu l'aurais organisée. Rien n'est difficile à un ami sincère de la liberté, quand il s'agit de conquérir l'indépendance de son pays.

Le tambour recommençait à battre, et Masaniello quitta l'artiste.

Salvator Rosa enjamba lestement l'escalier de son échafaudage, se cacha derrière une toile et observa ce qui allait se passer.

Le duc d'Arcos entra dans l'église, revêtu de son grand costume de chevalier de la Toison-d'Or. L'ordre de Saint-Michel et celui du Saint-Esprit brillaient sur sa poitrine. Il portait au genou le cordon de la Jarretière enrichi de brillants. Son bras droit était passé sous celui de don Juan Fernandez. Le prince de Caraffa et le duc de Monteleone marchaient derrière eux.

Son Altesse le vice-roi se rendit à travers une double haie de hallebardiers à la chapelle qu'on lui avait réservée.

Après s'être mis à genoux, il envoya son chancelier prévenir le cardinal.

Deux chapelains du prélat allèrent aussitôt inviter le duc et Masaniello à se rendre au chœur.

Ceux-ci quittèrent en même temps leur chapelle, s'avancèrent pas à pas, et vinrent se saluer devant le maître-autel.

Le duc d'Arcos tendit la main à Masaniello.

Fernandez d'un côté et dom Francesco de l'autre se tenaient en arrière, à quelque distance.

— Jeune homme, dit le vice-roi au pêcheur, vous prouvez aujourd'hui que si vous êtes un défenseur intrépide des droits du peuple, vous êtes également un sujet fidèle de notre bien-aimé souverain le roi d'Espagne Philippe IV.

— Et vous, duc d'Arcos, répondit fièrement Masaniello, êtes-vous animé du désir sincère de défendre l'autorité du roi en respectant nos libertés?

— Sans doute, répliqua le duc.

En ce moment on entendit retentir au sommet de la chapelle où travaillait Salvator Rosa une voix forte et vibrante qui chantait une barcarolle bien connue des Napolitains:

Un beau jour le pêcheur Rodolfe,
Trouvant ses poissons trop petits,
Les rejeta bien vite au golfe
Et dit à chacun d'eux: « Grandis! »
Mais Rodolfe est un imbécile,
On le sait fort bien en la ville.
Relâcher ses poissons... Jésus!
Le fou ne les reprendra plus

L'assemblée faisait silence; les notes railleuses que laissait tomber l'artiste bruirent un instant sous la voûte sonore et se perdirent entre les mille ogives qui les terminaient.

Le front de dom Francesco se plissa, Fernandez ne put s'empêcher de sourire.

Le cardinal prit aussitôt la parole, et, de cette voix efféminée qui indiquait suffisamment combien la vie de cet homme était paresseuse et adonnée au plaisir:

— Monseigneur, dit-il, et vous, Masaniello, écoutez-moi. De profonds dissentiments se sont élevés entre le représentant du roi notre maître et la population de Naples, dont notre sainte mère l'Église m'a confié les intérêts spirituels. Vous, duc d'Arcos, vous vouliez exercer la prérogative royale dans toute sa plénitude; vous, Masaniello, vous cherchiez à diminuer les souffrances de vos frères, à leur assurer, comme cela semble juste, les fruits de leurs pénibles travaux. Le sang n'a que trop coulé déjà. L'Église de Naples est en larmes; elle pleure la mort de ses enfants. Je vous adjure donc, au nom de l'autorité dont je suis revêtu, de régler ici vos différends; je vous adjure de déposer vos haines sur l'autel de celui qui donna son sang pour racheter les crimes et pour guérir les maux de l'humanité.

— Ainsi ferons-nous, si le duc d'Arcos veut entendre la voix de la raison et de la justice, répondit Masaniello.

L'Altesse passa familièrement son bras sous celui du chef du peuple.

Ils s'entretinrent pendant quelques minutes en se promenant autour du chœur, et se séparèrent après s'être témoigné, par des signes non équivoques, leur mutuelle satisfaction.

— Qu'on appelle mon chancelier! dit le vice-roi.

Cet officier ne tarda pas à paraître; il tenait à la main une feuille de parchemin à laquelle un grand nombre de sceaux de formes et de couleurs différentes étaient suspendus.

Sur un ordre du duc d'Arcos, il donna lecture de la charte de Charles-Quint, puis des édits de Masaniello.

Pendant ce temps deux fauteuils semblables avaient été préparés, sur lesquels Masaniello et le vice-roi s'étaient assis, l'un à droite, l'autre à gauche de l'autel.

Debout près du jeune pêcheur, dom Francesco écouta la lecture avec beaucoup d'attention.

L'enlèvement. — PAGE 32.

À peine fut-elle achevée, qu'un clerc vint présenter l'Evangile au duc d'Arcos. Le vice-roi étendit la main droite vers le livre saint, et prononça la formule que voici :

« Nous, duc d'Arcos par la grâce de Dieu et le bon plaisir de notre gracieux maître Philippe IV, vice-roi de Naples, grand du royaume, chevalier de l'ordre de la Toison-d'Or, etc., etc. :

« En vertu des pouvoirs illimités qui nous ont été dévolus;

« Après avoir pris connaissance de la charte accordée au royaume de Naples par l'empereur Charles-Quint et des édits rédigés par Thomas Aniello, pêcheur de la Mergellina et fidèle sujet de Sa Majesté :

« Agissant en toute liberté et en parfaite connaissance de cause, avons déclaré ce qui suit .

« Ladite charte de l'empereur Charles-Quint, telle qu'elle a été signée par nous et lue par notre chancelier, est renouvelée avec tous ses priviléges et immunités.

« Les édits de Thomas Aniello sont approuvés.

« Copie de la présente formule sera offerte, séance tenante, à notre signature.

« Avons juré et jurons sur les saints Evangiles d'observer et de maintenir la charte et les édits ci-dessus désignés dans toute leur teneur, sans nulle exception ni modification. »

Le duc signa cette formule et la tendit à Masaniello.

Celui-ci mit un genou en terre, et, plaçant la main sur son cœur :

— Votre Altesse, dit-il, peut rentrer dès ce soir en son palais de la Vicaria.

Mais dom Francesco s'approcha du chancelier.

— Votre Seigneurie, lui dit-il, veut-elle me remettre l'écrit qu'elle vient de lire?

L'officier pâlit.

Il arrêta la main que dom Francesco avançait pour saisir la charte, et parut consulter du regard monseigneur d'Arcos.

Le duc n'était pas moins épouvanté que son chancelier.

Fernandez, Caraffa, Montelcone, se pressaient autour de lui avec une agitation difficile à décrire. Les yeux suppliants de l'Altesse interrogeaient tour à tour du regard chacun de ses amis.

L'archevêque crut alors devoir intervenir.

— Le chancelier du vice-roi, dit-il, est invité à remettre à notre archidiacre la charte de l'empereur, afin qu'elle soit provisoirement déposée, sous notre sauvegarde, aux archives de l'archevêché.

— Je jure par le Christ, interrompit dom Francesco, que la population de Naples ne quittera pas les armes, et que le siège du Château-Neuf ne sera pas levé avant que j'aie examiné ce titre qu'on propose à l'acceptation de Masaniello.

Le pêcheur s'empara du parchemin et le remit à son conseiller. Celui-ci le parcourut rapidement des yeux.

— Masaniello! Masaniello! s'écria-t-il ensuite.

Le parlementaire. — PAGE 37.

— Quoi, mon père?

— Trahison et sacrilége! cette charte...

— Eh bien?

— Cette charte est falsifiée! Oui, tout ce que nous a lu cet imposteur, continua le bénédictin, touchant nos libertés municipales et les privilèges des trois ordres, tout cela, mon fils, a été supprimé.

Tant de fourberie de la part du vice-roi, tant d'audace, déconcertèrent un instant le chef du peuple, et il ne put que murmurer en montrant son ennemi .

— Il faut avouer que cet homme est bien lâche et bien impudent. Le vice-roi porta la main à la garde de son épée.

— Contenez-vous, monseigneur, murmura don Juan Fernandez.

— Ouvrez les portes ! s'écria Masaniello d'une voix tonnante.

Cet ordre fut immédiatement exécuté. Un torrent de peuple inonda l'immense basilique.

Le jeune homme s'élança aussitôt sur le jubé du haut duquel on lisait l'Évangile pendant les cérémonies saintes.

— Duc d'Arcos, reprit-il, devant tout ce peuple rassemblé, devant ce saint archevêque et ses clercs, devant tes soldats eux-mêmes, je te déclare infâme et sacrilége... Infâme, parce que tu as menti impudemment à cette noble assemblée ; sacrilége, parce que tu as affirmé tes mensonges sur les saints Évangiles... Peuple de Naples, venge-toi ! La trêve est rompue. A mort les traîtres ! à mort les parjures ! faisons un exemple qui épouvante à jamais les rois !

Fernandez avait rangé ses Espagnols en bataille et les exhortait à vendre chèrement leur vie. Les amis de Masaniello s'alignèrent de l'autre côté du chœur. Les uns croisaient leurs pertuisanes, les autres abaissaient le canon de leurs fusils. Le sanctuaire allait être souillé de sang.

Dans la nef grondaient comme un orage les mille voix du peuple irrité.

Masaniello courait se placer à la tête de ses combattants de la veille, quand dom Francesco l'arrêta.

— Épargne ces hommes, qui sont venus ici confian tsdans ta parole et la mienne, dit le bénédictin à son fils d'adoption.

— Ils ont trahi la foi jurée.

— Apprends-leur comment on la respecte.

— Mais à tant d'infamies, à tant d'ignobles intrigues, il faut un châtiment.

— La justice des hommes et, au besoin, celle de Dieu sauront bien les punir.

Masaniello s'approcha du duc d'Arcos, dont la figure était livide, et qui avait courbé la tête sous le poids de sa honte et de ses remords.

— Loin d'ici ! lui dit le pêcheur, vieillard sans foi, qui traînes tes cheveux blancs dans la fange du parjure, qui profanes ce collier de la Toison-d'Or que portèrent jadis tant de nobles chevaliers ! Ma parole te protége, puisque dom Francesco l'ordonne, puisque les manants doivent apprendre aux gentilshommes ce que vaut la foi jurée. Mais comprends bien ce que tu viens de faire, duc d'Arcos... je voulais sauver ta fille, tu l'as perdue !

A ces mots, le vice-roi sembla retrouver un reste d'énergie. Un éclair de fierté et d'indignation brilla dans ses yeux.

— Ces hommes qui ont un respect si profond pour les lois de l'honneur, répondit-il en montrant les amis de Masaniello, vont assouvir sans doute sur une enfant de seize ans leur haine contre son père !

— Ne parle pas ainsi, malheureux ! ta fille n'est plus en mon pouvoir.

— Où donc est-elle ?

— Corcelli l'a enlevée

— Corcelli ! s'écria le duc d'Arcos. Mon Dieu ! mon Dieu !

— Masaniello venait à toi pour que tu l'aidasses à sauver Isabelle, et tu lui as répondu par la trahison. Le despotisme est donc une bien douce chose, que l'on sacrifie repos, honneur, famille, tout... jusqu'au salut de son âme, pour le conserver ?

L'orgueil du vice-roi, son obstination, étaient vaincus. Il s'écria :

— Ma fille ! sauve ma fille ! et tout ce que peut la reconnaissance d'un père, je le ferai pour toi !

— Que je sauve ta fille ! pour la donner à Fernandez, sans doute, à cet infâme artisan d'impostures que tu as pris pour conseiller ! Isabelle mariée à Fernandez ! hurla le pêcheur : mais, avant que cette union détestée s'accomplisse, il faudra qu'il n'y ait plus une goutte de sang dans mes veines, plus de cœur dans ma poitrine, plus de cette énergie qui fait qu'on tient solidement un poignard et que l'on frappe sans pitié !

— Pour arracher à Corcelli mon enfant, qu'exiges-tu, Masaniello ?

— Rien ! je ne veux rien de toi !... Ta fille, vois-tu, je l'aime !... Cent fois je l'ai conduite de Naples à Procida, et nous nous sommes juré d'être un jour l'un à l'autre. S'il faut des soldats pour la reprendre, j'en aurai ; s'il faut de l'or, je connais des palais qui en regorgent... Par le sang du Christ ! c'est là que j'en irai chercher. Et maintenant arrière ! arrière, continua Masaniello en poussant devant lui le vice-roi et sa suite ; sortez du temple, maudits qui venez y voler, à l'aide du parjure, les libertés des peuples ! Allez cacher votre honte dans le nid de vautours que vous avez choisi pour retraite. A moi, pêcheurs ! à moi, lazzaroni ! chassons ces infâmes et, poussons-les devant nous, le bâton au poing et l'injure aux lèvres, jusqu'au pont-levis du Château-Neuf !

Pendant ce fougueux discours de Masaniello, prononcé avec l'emportement d'un homme de cœur dont une perfidie a rendu toutes les bonnes intentions inutiles, don Juan Fernandez causait avec deux nobles qu'il avait beaucoup fréquentés pendant son dernier voyage à Naples, le prince Caraffa et le duc de Monteleone, frère de ce dernier.

— Caraffa, disait Fernandez en désignant le jeune chef du peuple, il

Corcelli

me semble que le duc d'Arcos a pour ce vaurien de singuliers ménagements.

— C'est incroyable ! répondit le prince.

— Ah ! si je n'étais pas enfermé dans le Château-Neuf !...

— Et si Corcelli n'avait pas regagné les Apennins ! ajouta Monteleone.

— Un coup de poignard ou un coup de mousquet aurait déjà fait taire l'insolence de ce coquin.

— Mais je suis libre, moi, reprit Caraffa ; et, bien que Corcelli soit parmi les bravi de Naples un chef d'emploi très-distingué...

— Il ne manque pas en ville de comparses capables de le suppléer. Est-ce là ce que vous voulez dire, prince ? repartit Fernandez.

— A peu près.

— Eh bien! cher ami, faites-nous le plaisir de nous défaire de ce pêcheur. Ce n'est pas un conspirateur ordinaire ; il devient gênant.

— Cet homme a la manie des harangues.

— C'est un tribun de place publique très-verbeux.

— Nous tâcherons de lui pousser un argument *ad hominem* qui n'aura point de réplique, dit le prince. Je connais du côté de Loreto... Mais séparons-nous, cher Fernandez ; nous pourrions être remarqués, et je regretterais vivement ma liberté s'il me fallait vous suivre au Château-Neuf : la jolie comtesse de Camérini m'a donné rendez-vous.

Masaniello, l'œil ardent et les cheveux épars, chassait devant lui les courtisans du duc d'Arcos. Caraffa et Monteleone quittèrent Fernandez.

De retour à la Vicaria, le chef du peuple courut s'enfermer dans sa chambre.

Il roulait dans son esprit mille projets de meurtre, de vengeance et de pillage. La mauvaise foi du duc d'Arcos et de l'aristocratie qui le conseillait, la nécessité de racheter Jeanne et Isabelle, et plus encore peut-être le ressentiment de l'injure qu'il venait de recevoir, le poussaient à précipiter la révolution napolitaine dans cette voie d'exécutions sommaires et de terreur de laquelle il l'avait jusque-là détournée. Il évoquait mille souvenirs d'injures, de prodigalités, d'assassinats, où le peuple avait toujours joué le rôle de dupe et de victime, et il se demandait s'il ne serait pas juste de pressurer un peu ces éponges avides qui avaient absorbé depuis des siècles tant d'or et tant de sang.

Son esprit flottait dans des perplexités étranges.

La probité, la modération qui était dans la nature de son caractère, combattaient en lui les suggestions fougueuses de la colère et de la haine. Les premiers sentiments, qui étaient les plus nobles et les plus dignes sans doute de sa grande mission d'agitateur populaire et de réformateur, l'emportèrent enfin. Il résolut de faire un appel au dévouement de ses amis pour se procurer la somme qui lui était nécessaire, et convoqua sur la place du Marché la bourgeoisie et les pêcheurs du golfe.

Il était nuit.

Une masse compacte de peuple environnait la place ; quelques torches éclairaient seules cette multitude confuse et dessinaient en relief au-dessus d'elle les balcons, les terrasses et les pignons triangulaires des maisons voisines. La tour de Saint-Éloi, celle de Sainte-Catherine, paroisse de ce quartier populeux, et celle du couvent del Carmine, recevaient encore leurs faites quelques pâles rayons du jour qui s'éteignait. La fontaine du marché faisait entendre au milieu du tumulte son murmure monotone, et versait dans sa vasque gothique quatre gerbes d'eau diamantée.

Masaniello parut. Il se fit un profond silence.

— Napolitains, dit-il, vous connaissez tous les événements de ce jour. Aux paroles de conciliation que j'ai fait entendre le vice-roi n'a répondu que par la fraude et le parjure. Prenons donc nous-mêmes, et sans consulter personne, cette liberté qu'on nous refuse ; que le peuple se proclame souverain, puisqu'il n'est aucun de ces nobles orgueilleux qui le trompent et l'oppriment qui soit digne de le gouverner.

De bruyantes acclamations accueillirent ces paroles.

Masaniello réclamait de nouveau le silence quand un éclair soudain illumina la place. Une détonation terrible se fit entendre. Deux cents balles sifflèrent autour du pêcheur.

Chose merveilleuse ! il resta debout.

On se précipita vers l'angle du marché d'où les coups étaient partis. On se mit ardemment à la poursuite des assassins, qui fuyaient par les rues voisines. Un seul d'entre eux fut saisi ; on le conduisit à Masaniello, qui reconnut le prince de Caraffa.

— C'est lui qui a commandé le feu, s'écrièrent plusieurs lazzaroni.

— A mort ! à mort les assassins ! répondit le peuple.

— Qu'on forme un vaste cercle autour de nous, reprit Masaniello, et qu'on empêche le prisonnier de s'enfuir.

Cet ordre fut exécuté.

Le chef du peuple prit alors une gaffe des mains d'un pêcheur.

— A nous deux maintenant ! cria-t-il en s'approchant du prince. Ah ! c'est par l'assassinat que vous voulez me combattre, messeigneurs, parce que la ruse, le parjure, n'ont pas réussi ? Mais l'œil de Masaniello est vigilant et sa justice est prompte. Par saint Janvier ! je n'aposterai pas de brigands sur ton passage, mais recommande ton âme à Dieu, traître, car avant cinq minutes je t'aurai cloué à cette potence comme on cloue à une porte un animal malfaisant !

Et le pêcheur se recula, dirigeant sur son ennemi le terrible instrument dont il s'était armé.

Caraffa tira son épée.

— Bien, bien ! défends-toi, continua Masaniello. Ah ! tu es fort en escrime, m'a-t-on dit ; tant mieux, jamais duelliste ne se battit dans une circonstance plus solennelle et devant une assemblée plus nombreuse. Es-tu prêt ?

Caraffa se mit en garde.

Alors s'engagea une horrible lutte où les deux adversaires s'attaquè-

rent et rompirent tour à tour l'un devant l'autre, déployant tout le sang-froid, tout le courage que peuvent inspirer la haine et le sentiment de la conservation personnelle à des hommes qui ne sourcillent point en face du danger.

Masaniello était plus fort et plus leste, mais sa gaffe était pesante et difficile à manier.

Caraffa, au contraire, armé d'une épée trop légère et trop courte, ne paraît qu'à grand'peine les coups qu'on lui portait, et n'osait s'engager d'assez près pour atteindre son ennemi. Ce dernier, d'ailleurs, rompait avec une agilité merveilleuse.

Après quelques instants de lutte, l'épée du prince se brisa.

— Tu es donc en même temps assez brave pour te battre et assez lâche pour tendre un guet-apens, bête venimeuse ? dit Masaniello en reposant sa gaffe à terre. Finissons-en.

Il se tourna vers un des personnages de la foule.

— Giovanne, dit-il, donne ton mousquet à cet homme.

Caraffa saisit l'arme qu'on lui présentait, comme un naufragé saisit la planche que le flot lui apporte.

Il l'examina avec soin, fit jouer le chien auquel était attachée la mèche, se tint sur le qui-vive, prêt à coucher son ennemi en joue au premier mouvement qu'il ferait pour s'approcher de lui.

On n'entendait pas une respiration bruire sur cette immense place où tant d'êtres vivants se trouvaient rassemblés. Parfois seulement un murmure de terreur avait parcouru les rangs pressés de la foule, lorsque la chance du combat semblait tourner contre Masaniello. On frissonna quand on le vit se placer, sa gaffe en arrêt, à cinquante pas environ de Caraffa.

— Prenez garde, monseigneur, cria-t-il d'une voix ironique ; car, par la sainte madone, vous êtes mort si j'arrive jusqu'à vous.

Il s'élança en même temps vers son adversaire.

Un coup de feu partit.

Masaniello continua sa course, et l'on entendit un bruit sourd résonner dans l'échafaud de planches qui soutenait le gibet de la place.

Le prince, frappé à mort, agita les bras, poussa un gémissement et retomba sans vie sur la gaffe qui l'avait transpercé.

— Et maintenant, lazzaroni, pêcheurs de Naples, aux palais de ces assassins ! s'écria le vainqueur, auquel l'émotion de cette scène avait fait endurcir ses bonnes résolutions.

Une torche à la main, il s'élança le premier vers la rue de Tolède.

La place du marché resta vide.

Naples fut éclairée pendant toute cette nuit par la lueur funèbre de vingt incendies, et nombre de seigneurs de la plus haute distinction périrent.

Au point du jour, le chef du peuple eut rassemblé les soixante mille ducats dont il avait besoin pour délivrer les prisonnières de Corcelli.

XVIII

Les bandits.

En se réveillant au milieu de la taverne del Cappucino, Conrad, que ses confrères avaient laissé seul à Naples, se mit sur son séant, se tâta les membres, comme pour reprendre possession de sa personne, et chercha à deviner quel était le lieu où il se trouvait et pourquoi il s'y trouvait.

Ne pouvant résoudre ce problème, il proféra un *kirschenwasser* formidable, au bruit duquel l'hôtelier accourut.

— Que veut Votre Seigneurie ? demanda il Cappucino.

— Où suis-je, kirschenwasser ? répondit l'ivrogne.

Il Cappucino crut que sa pratique désirait boire un verre de kirch. Il s'empressa de descendre à la cave, y prit un vieux cruchon de grès, plein d'une liqueur limpide et odorante, et revint le placer devant Conrad.

Le brigand donna un grand coup de poing au flacon et l'envoya se briser en mille pièces contre la muraille opposée.

— Che n'avre rien temanté, dit-il au Cappucino.

— Je croyais cependant que Sa Seigneurie avait prononcé le mot de kirschenwasser.

— Gu'est-ce que cela prouve, impécile ?

— Mais...

— Che churais. Guand che tis kirschenwasser tout seul, c'est que che chure, entends-tu pien? Che reftens à ma guestion : où suis-che?

— Chez il Cappucino, le très-humble serviteur de Votre Seigneurie.

— Mais Gorcelli... Tu gonnais monsir Gorcelli?

— Hélas!

— Gu'est-il defenu?

— Il a quitté ma taverne cette nuit.

— Che me soufiens à brésent. Il m'aura laissé barce que chétais ifre. A brobos, il n'est fenu bersonne bour me pentre?

— Répétez un peu votre question.

— Che avre temanté s'il était fenu guelgu'un bour me pentre ce matin.

— Personne.

— Il est fenu guelgu'un!

— Je vous assure que non.

— Cebendant che tois être pentu ; c'est le gapitaine qui l'a dit hier au soir, et le gapitaine ne ment chamais ; endends-du, trôle? Mais si l'on n'est bas fenu, on fiendra, ajouta Conrad en se dandinant sur son escabelle.

On devinait, à la fixité de son regard, que ses yeux, noyés dans l'ivresse, voyaient tout à des distances incommensurables.

— Si du es mon serfiteur, reprit-il, sers-moi à técheuner, et débêche-toi. .

— Votre Seigneurie a-t-elle de l'argent?

— Che te donnerai en gage mon épée... tans le fentre.

— Vous allez être servi, ajouta il Cappucino en saluant le voleur.

Le pauvre hôtelier revint bientôt, portant une pyramide de choucroute, surmontée d'un demi-jambon fumé.

— Fa chercher l'autre moitié du chambon, lui dit Conrad en retroussant de ses larges mains les deux crocs de sa moustache, et une outre te vin gomme celui d'hier au soir.

Il Cappucino obéit.

Conrad, s'étant placé d'aplomb sur son escabelle et ayant pris ses coudées franches, commença à boire et à manger avec un appétit de brigand.

Il achevait sa dernière tranche de jambon lorsque Piétro se montra sur le seuil de la taverne.

Il Cappucino courut au-devant du contrebandier.

— Eh bien! caro mio, lui dit-il, avez-vous remis ma petite note à Masaniello?

— Pas encore, répondit Piétro. Le chef du peuple n'a pas aujourd'hui le temps de s'occuper de si minces détails ; mais c'est lui qui a envoyé Corcelli et sa troupe à Loreto, et il est certain qu'il payera leur dépense. Vous ne perdrez rien, digne hôtelier.

— Au moins me délivrerez-vous de cet ogre? ajouta il Cappucino en désignant Conrad par un geste désespéré.

— Voyons, apportez un verre pour moi et retirez-vous, répliqua Piétro. Avant un quart d'heure, si vous me laissez faire, cet affreux Allemand sera parti.

— Que le Seigneur vous entende! murmura l'hôtelier en regagnant sa cuisine. Ah! mes vingt ducats, mes vingt ducats!... et mes douze réaux que j'ai hypothéqués sur la tête de cet étourdi de pêcheur du golfe.

Piétro vint se placer à table vis-à-vis de Conrad.

— Bonjour, camarade! lui dit-il.

— Ponchour! répondit l'Allemand.

Il rapprocha de lui, par précaution, l'outre de vin du Vésuve qu'il achevait de vider.

— Vous ne me reconnaissez pas?

— Non.

— Je me battais hier avec vous contre les arquebusiers de monseigneur le duc d'Arcos.

— Nous les avons prafement attaqués, kirschenwasser!

— Et ils se sont courageusement défendus. Mais enfin nous avons été victorieux. Voudriez-vous me donner un coup à boire, carissimo Conraddino?

— Vous gonnaissez mon nom?

— Est-ce que je ne connais pas, corpo di Cristo! tous les soldats di monsignore Corcello Corcelli?

— Et gomment fous appelez-fous?

— Piétro.

— Quel est fotre état?

— Contrebandier.

— Ho! ho! ho! kirschenwasser! il n'y a pas entre nos teux brofessions une aussi grante tisdance que che avre cru. Gontrepantier et foleur, ça se ressemble choliment. Approchez fotre verre.

Piétro se fit verser une rasade énorme, qu'il avala sans reprendre haleine.

— Fichtre! s'écria l'Allemand, guel choyeux gombagnon fous êtes, monsir Biétro! Gomme fous avez le coup te gosier vif et pien soutenu! Touchez là, kirschenwasser!

Les deux nouveaux amis so serrèrent affectueusement la main.

— Che avre sur fous une trôle t'idée, poursuivit Conrad.

— Quelle idée?

— Le gapitaine Gorcelli nous avait bromis que les ifrognes qui ne bartiraient pas avec lui seraient pentus, et che groyais que fous feniez pour me pentre.

— Vous ne cherchiez pas à vous sauver?

— Puisgue le gapitaine m'afait averti.

— C'est juste. Mais Corcelli est parti, vous êtes seul maintenant à Naples. Qu'allez-vous faire?

— Ché fais retrouver mon gapitaine, kirschenwasser.

— Mais où est-il?

— Près t'ici, dans les Apennins ; afant teux heures che l'aurai rechoint. Voulez-fous me suivre?

— Moi?

— Ia, mein herr.

— Que je me fasse brigand?

— A moitié pricand, monsir, à moitié pricand, barce que fous être gontrepantier, et que dans un gontrepantier...

— Il y a toujours au moins la moitié de l'étoffe d'un brigand.

— Oh! ia, ia, mein heer! fous avre gompris, ajouta Conrad en riant à gorge déployée. Puvons.

— Buvons! dit Piétro.

Ils remplirent et vidèrent une seconde fois leurs verres.

— Corpo santo! j'accepterais volontiers votre proposition, continua Piétro ; mais je crains la corde.

— C'est douchours ce qui retient les commençants, répliqua le voleur : mais beu à beu...

— On s'accoutume à cette pensée?

— Gomme aux coups de mousquet des sbires, gomme aux bleurs tes cheunes filles et aux sermons des pénédictins.

— Et combien cela rapporte-t-il bon an, mal an?

— Aboutez aux coups de mousquet, aux larmes tes cheunes filles et aux sermons les moines, guelgues tucats de temps à autre, assez te vin bour ne bas mourir de soif, assez te nourriture bour ne bas mourir de faim, et vous aurez tous les brofits de notre brofession.

— Ce n'est pas assez.

— Mieux vaudrait être gardinal, je le sais pien.

Piétro poursuivit :

— Caro mio, tu es un ivrogne.

— C'est frai.

— Tu es un débauché.

— Che ne fous dédis pas.

— Et tu es un bavard.

— Pien, pien, kirschenwasser! Gontinue, Piétro ; énumère toutes mes pelles qualités.

— Si tu résistes à tes mauvais penchants pendant trois jours, je te ferai gagner dix mille ducats.

— Bour tix mille tucats, che buis avoir la brudence du serpent, la sopriété du chameau et la jasteté de l'éléphant.

— Tu sauras d'abord que Corcelli a enlevé cette nuit, à l'abbaye de Sainte-Claire, la fille du duc d'Arcos et la sœur de Masaniello, qui s'y étaient réfugiées.

— Ponne affaire!

— Il demande maintenant soixante mille ducats pour les rendre.

— Ce qui fera trois cents tucats par homme. Che te guitte, che fas retroufer mon gabitaine.

— Mais attends donc, brute! les soixante mille ducats ne sont pas encore payés. Si tu voulais, Conrad... si tu voulais!...

— Abrès?

— Nous enlèverions ces deux femmes à ton chef, et nous recevrions au moins dix mille ducats chacun.

— Che ne feux pas drahir Gorcelli, kirschenwasser!

— Il a bien trahi Masaniello.

— Ce serait trop immoral et... trop tanchereux.

— Je conduirai l'affaire, et je me charge de la mener à bonne fin.

— Gorcelli me ratraberait touchours et me ferait assassiner. Non, non, mein heer, che te trahirai bas mon gabitaine.

— Ce serait facile, te dis-je, et lucratif.

— Gomment tonc ferions-nous?

— Tu me conduis à la forteresse que tes amis occupent sur les Apennins, je m'enrôle dans la troupe de Corcelli, et nous nous arrangeons de manière à être chargés le même soir, moi de garder les infantes, et toi de veiller aux avant-postes. Comprends-tu bien, ivrogne?

— Ia, ia, che comprends.

— Le reste ira tout seul.

— Quel scélérat tu fais, Biétro, pour un simple gondrepantier!

— Dans le cas où tu serais de faction aux avant-postes sans que je fusse chargé de surveiller les femmes, il faudrait séduire le camarade qui les gardera.

— Ou le tuer.

— Le séduire vaudrait mieux. Tuer un homme, vois-tu, cela fait un certain bruit.

— Guand on sait s'y prendre...

— C'est égal, le séduire vaudrait mieux. Que pourrait-on bien lui donner?

— Emborte une outre bleine te vin. Nous le griserons.

Après s'être concertés pour tromper la vigilance de Corcelli, Conrad et Piétro se mirent en route.

Dans cette partie des Apennins qui sépare la Calabre de la terre de Labour s'ouvrait, au haut d'une montagne inaccessible, la caverne où Jeanne et Isabelle étaient enfermées.

Les deux jeunes filles s'étaient assises sur un bloc de pierre placé à l'entrée de leur prison. Pâle, épuisée de fatigue, accablée par la souffrance, Isabelle avait appuyé sa tête sur la poitrine de Jeanne, et la pauvre enfant dormait.

Des rêves effrayants tourmentaient son sommeil, car parfois sa respiration devenait haletante, des spasmes nerveux crispaient ses mains, une rougeur fébrile lui montait au visage; elle se réveillait en sursaut et promenait autour d'elle des regards effrayés; puis, succombant à la fatigue, elle se rendormait.

Jeanne veillait et priait.

Souvent une larme tombait sur sa joue brune.

Sa belle figure, triste, mais résignée au malheur, sa tête languissante, penchée sur celle de sa compagne, la faisaient ressembler à ces madones que les peintres nous représentent pleurant sur le corps inanimé de leur divin fils.

A quelque distance des deux femmes un brigand déguenillé se promenait à pas comptés, le mousquet sur l'épaule.

On n'apercevait au loin qu'une longue chaîne de montagnes arides qui découpaient sur le ciel bleu d'azur leurs pics et leurs mamelons cuivrés, et, par delà, la mer, divisée en zones de couleur changeante, sur laquelle couraient quelques voiles de pêcheurs aux reflets argentés.

Corcelli n'avait pas encore osé se présenter devant ses captives; il craignait les premiers emportements de leur désespoir.

Enfin, quand elles semblèrent un peu tranquilles, il se hasarda à leur rendre une visite de politesse. Le brigand connaissait les devoirs que lui imposait sa position.

Un bruit de pas et le mouvement de la sentinelle qui se mettait au port d'armes avertirent Jeanne de l'arrivée du capitaine.

Corcelli parut en effet au détour du rocher qui servait d'abri aux deux jeunes filles.

Isabelle se réveilla.

Le brigand les aborda avec beaucoup de courtoisie.

— Corbleu! sacrebleu! corpo santo! sangue di Cristo! dit-il pour se donner du courage, car la vue d'Isabelle l'intimidait, vous êtes en bon air ici, mes poulottes, et cette caverne est bien plus habitable que votre cellule de l'abbaye.

— N'approche pas de nous, misérable! s'écria Isabelle en se jetant dans les bras de son amie, ou crains la colère du duc d'Arcos!

— Le duc d'Arcos est dans sa forteresse, et moi je suis dans la mienne, senora. Masaniello se trouve entre nous deux; la colère du vice-roi ne peut m'atteindre ici.

— Mais si vous ne craignez pas les hommes, interrompit Jeanne, craignez au moins la justice de Dieu!

— C'est ce que je te tue de faire, petite. Par malheur, les temps sont durs, et j'ai deux cents hommes à nourrir.

— Mon père, mon père, reprit Isabelle en cachant sa figure dans ses mains, venez nous défendre et nous délivrer!

— Que Dieu vous exauce, chère enfant! Puissiez-vous partir bientôt d'ici!

— Malheureux! interrompit Jeanne; et pourquoi donc nous avoir arrachées de notre retraite!

— Pour qu'on vous y ramène, corpo di Cristo!

— Eh bien! faites-nous reconduire à Naples; rendez cette jeune fille à son vieux père, que tant d'infortunes accablent à la fois.

— Volontiers. Monseigneur le duc d'Arcos n'a qu'à me compter soixante mille ducats, et vous serez libres. De si jolies filles pour soixante mille ducats! Foi de Corcelli, ce n'est pas payé.

— As-tu averti le duc d'Arcos? demanda Isabelle.

— Non, chère senora; mais j'ai écrit à Masaniello, qui ne vous laissera pas longtemps en otage. Consolez-vous, dans trois jours vous partirez.

— Encore trois jours dans cet enfer! dit Isabelle en pleurant.

— D'ici là vous serez l'objet des attentions les plus délicates, des soins les plus empressés. On satisfera tous vos désirs. Ah! par exemple, si vous demandiez des vins de France et des faisans rôtis!... mais rien ne vous manquera, jusqu'au lard fumé et à l'olla podrida inclusivement. Je vous permets de faire des festins de Balthasar.

— Il doit exister dans Naples des coquins de ta sorte qui correspondent avec toi? reprit la jeune Espagnole.

— Vous saurez, noble demoiselle, qu'il ne manque de coquins nulle part. Il s'en trouve quelques-uns à Naples, et j'ai l'honneur de les connaître.

— Ecris-leur qu'ils fassent venir ici Pédrille, dont nous avons besoin pour nous servir.

— Qu'est-ce que Pédrille?

— Ma nourrice.

— Ah! bien, bien! vous voulez parler, senora, de cette duègne si complaisante, qui vous accompagnait à la hutte de Masaniello? Vous ne la verrez plus de votre vie, sans doute. Pleurez-la.

— Serait-elle morte?

— Hélas! non, ce serait un grand bonheur pour elle.

— Que lui est-il donc arrivé, mon Dieu?

— Le jour de la grande émeute, au moment où l'on allait donner assaut à la Vicaria, j'ai vu Pédrille...

— Vous l'avez vue?

— Se sauver avec Huesca.

— Huesca, un arquebusier castillan?

— Oui, un vaurien qui souvent a demandé à s'engager dans ma troupe, et que j'ai toujours refusé d'admettre à cause de ses mœurs suspectes. Je craignais pour mes hommes l'influence de ses mauvais exemples, ajouta Corcelli d'un air pudibond.

— Enfin, trouve-nous quelqu'un dont je payerai les services.

— Rien de plus facile. Tenez, continua Corcelli en désignant le voleur qui montait la garde à quelque distance et dont la silhouette se dessinait vigoureusement sur le fond du paysage, voici Lupo qui consentira volontiers à vous servir de camériste, d'autant plus que le drôle ne trouve pas souvent à remplir de pareilles fonctions.

— Rentrons, Jeanne, rentrons, dit la fille du duc d'Arcos avec dégoût.

En quittant la taverne du Cappucino, lequel leur avait remis en soupirant une outre de vin au départ, Conrad et son compagnon gagnèrent la route de Nole, la suivirent quelque temps et ne tardèrent pas à s'engager dans un chemin tortueux, escarpé, qui serpentait aux flancs de coteaux chargés de vignes. Toute végétation disparut peu à peu, à mesure qu'ils s'enfonçaient dans les montagnes. Ils gravirent plusieurs collines superposées les unes aux autres et dont la terre, brûlée par les volcans, s'éboulait à chaque minute sous leurs pieds.

Un silence de mort régnait autour d'eux.

On n'entendait pas un aboiement de chien, pas un tintement de cloche. Parfois un vautour, surpris par les voyageurs au sommet du roc chenu sur lequel il avait abattu son vol, s'enfuyait à tire-d'aile en poussant un cri rauque et plaintif.

Il faisait une chaleur étouffante, et l'œil avait peine à supporter la réverbération du soleil, dont la lumière tombait presque verticalement sur le sol.

Piétro et le brigand s'arrêtèrent au pied d'une muraille de lave taillée à pic, battue depuis des siècles par la pluie et le vent d'orage, et qu'il semblait impossible de franchir.

Mais Conrad ne tarda pas à découvrir un passage par lequel on pouvait arriver au sommet du rocher, en grimpant d'aspérité en aspérité. Il s'assura, après avoir recueilli çà et là quelques empreintes, qu'une troupe nombreuse avait traversé récemment ce pas difficile; et se tournant vers Piétro:

— L'ennemi est à cent bas le nous, dit-il. Attention à la manœuvre! Quand Piétro eut gagné la crête du rocher, un spectacle effrayant s'offrit à ses regards,

Il marchait sur une étroite lisière, et un abîme sans fond s'ouvrait béant sous ses pieds. C'était un ravin de six pieds de largeur environ, qu'avait creusé, entre deux couches de lave parallèles, l'eau rapide d'un torrent. Sur le bord opposé, un amas tumultueux de roches volcaniques s'élevait à une grande hauteur. Des herbes glissantes et moussues recouvraient ces masses quasi-cyclopéennes, et dans chacun de ces interstices, des bruyères et des giroflées sauvages avaient accroché leurs racines. Un ruisseau bruissait au fond du gouffre. On en voyait, en se penchant, l'eau miroitante refléter le bleu du ciel. Le moindre incident pouvait donner le vertige au milieu de cette nature convulsionnée, le nuage qui passe, la plante que le vent agite, l'oiseau qui vient suspendre hardiment son vol au-dessus du péril qu'il s'amuse à braver.

— Nous sommes arrifés, Biétro, murmura Conrad à l'oreille de son compagnon. Des yeux nous ébient à trafers les oufertures de ces rochers ; des canons te mousquet sont cachés endre chaque pierre et sont dirigés sur nous... Attends un beu !

Le brigand mit dans sa bouche deux doigts de sa main gauche, et fit entendre par trois fois un sifflement aigu.

Un homme montra aussitôt sa tête inculte et sa figure hideuse à l'entrée d'une caverne qui s'ouvrait au niveau de l'abîme.

Il reconnut Conrad.

— C'est toi, ivrogne ? lui dit-il. On ne t'a donc pas pendu, comme l'avait prédit le capitaine ?

— Il barait que le pourreau a mangé la gonsigne.

— Pourras-tu traverser la planche sans trébucher ?

— Ne grains rien, mon pon Tristani. Che bourrais domber, t'ailleurs, sans aller au fond, puisqu'au fond il y a te l'eau, et que je m'éloigne touchours de ce liquide. Débêche-toi de cheter le pont ; nous sommes vatigués.

— Quel est donc ce rustre qui t'accompagne ?

— Un de mes pons amis, un gondrepanier que j'ai gonverti et qui feut se faire pricand.

— Je cours demander au capitaine s'il permet qu'il passe.

— Laisse-le touchours basser, impécile. S'il débiait au gabitaine, on en sera quitte pour le jeter dans le rafio.

Pendant ce colloque, Piétro, parcourant le bord de l'abîme et trouvant un endroit où le gouffre était moins large, sauta d'un bord à l'autre avec une agilité de chamois.

Un coup de mousquet partit aussitôt d'une anfractuosité voisine. Une balle siffla aux oreilles de Piétro.

— A pas les mousquets, kirschenwasser ! à pas les mousquets ! s'écria Conrad. Sacramen tarteifle ! vous foulez tonc duer les gamarates !

La sentinelle Tristani prit alors une forte planche de sept pieds de long, à laquelle une corde était attachée, en plaça l'extrémité dans une entaille pratiquée au ciseau dans le roc, saisit la corde à deux mains et laissa tomber sur l'abîme le pont volant imaginé par Corcelli.

Conrad passa.

Il présenta immédiatement Piétro au capitaine.

Le contrebandier subit un long interrogatoire, dont il n'envisageait pas l'issue sans crainte. Il y avait au bout peut-être la liberté des prisonnières, peut-être la mort du courageux fiancé de Jeanne. La figure du récipiendaire n'était pas inconnue à Corcelli. Le chef était rusé et se méfiait.

— Ainsi tu es résolu à faire partie de ma troupe ? dit-il à Piétro quand celui-ci eut répondu à toutes ses questions ou aplani à peu près tous ses doutes. Conrad t'a expliqué notre manière de vivre.

— Oui.

— Guerre continuelle !

— Je le sais.

— Expéditions périlleuses !

— Je le sais encore.

— Soumission absolue !

— J'ai accepté tout cela d'avance.

— Je veux te fournir aujourd'hui même l'occasion de faire tes preuves, ajouta Corcelli. Un juif de Capoue s'est racheté, moyennant une somme d'argent qu'il doit payer ce soir. Tu iras la lui réclamer.

— C'est bien, capitaine. A quelle heure faudra-t-il partir ?

— Repose-toi et prends un peu de nourriture. Tu quitteras la montagne quand le soleil approchera de la fin de sa course.

Il serait trop long d'expliquer à nos lecteurs comment Piétro accomplit heureusement le voyage de Capoue et en rapporta, outre une somme d'argent, une lettre qu'il devait remettre à Corcelli. Le juif chez lequel on l'avait envoyé n'était autre qu'un receleur avec lequel les brigands des Apennins entretenaient des relations suivies.

La nuit s'achevait lorsque Piétro revint au camp.

On le conduisit au capitaine, et le jeune homme fut alors témoin d'une scène effrayante.

Tous les brigands étaient rangés en cercle au fond d'une petit cratère depuis longtemps éteint. Devant eux on avait étalé des bijoux, de précieuses étoffes, et les vases sacrés dérobés la nuit précédente à l'abbaye de Sainte-Claire. Corcelli se promenait dans le cercle, et lorsque Piétro, haletant, épuisé de fatigue, lui eut rendu compte de sa démarche.

— C'est bien, lui dit-il. Assieds-toi parmi tes camarades. Tu vas recevoir ta part de butin.

L'éclat de la lune commençait à s'affaiblir ; son disque prenait des teintes jaunâtres au milieu d'un ciel sans transparence. Les lueurs qu'elle projetait venaient mourir sur les visages flétris, aux traits heurtés, aux méplats anguleux des brigands rassemblés.

Chaque homme de la troupe se leva à son tour, s'approcha du lieutenant qui faisait la distribution et en reçut sa part de dépouilles.

Manteaux de velours, justaucorps de satin, riches étoffes de l'Orient, joyaux aux riches ciselures, calices, ornements sacerdotaux enrichis d'arabesques d'or, tout fut lacéré, brisé, partagé entre les voleurs par portions à peu près égales.

Corcelli, armé d'un pistolet, présidait à la distribution.

Quand elle fut achevée, les voleurs se retirèrent à l'écart, regardèrent, examinèrent, pesèrent dans la paume de leur main le lot qui leur était échu.

Lupo, le même qui le matin avait été de faction devant la caverne où étaient enfermées Jeanne et Isabelle, s'approcha de Corcelli.

— On m'a volé, lui dit-il effrontément.

— Comment cela ? répondit le capitaine.

— Le pied du calice, dont on m'a donné le quart à peine, n'était qu'en argent doré.

— Ce qui ne t'empêche pas d'avoir à peu près reçu une valeur de deux ducats.

— Et qu'est-ce que deux ducats pour trois jours de solde ?

— Ah ! tu n'es pas content de la solde ? interrompit le chef.

Il abaissa le canon de son pistolet ; le coup partit, et Lupo tomba roide mort.

Un sourd murmure courut parmi les brigands.

— Quel est celui d'entre vous qui n'est pas non plus content de sa solde ? demanda le capitaine en tirant de sa ceinture un second pistolet.

Aucune voix ne se fit entendre ; les voleurs épouvantés se dispersèrent dans leurs cantonnements.

Le lendemain, Jeanne et Isabelle étaient assises au même endroit où Corcelli les avait trouvées la veille. Un homme de haute taille, à la figure avinée et dont une énorme moustache rousse ombrageait les lèvres, veillait sur les prisonnières.

Au grand étonnement des jeunes filles, cet individu, en passant devant elles, leur jeta cette phrase par lambeaux :

— Tenez-vous brêtes à bartir, mes infandes... Biétro est ici depuis hier... nous feillons sur vous, et ce soir beut-être... nous trouferons l'occasion de vous délifrer.

Inutile de dire que cet homme était Conrad.

Jeanne voulut lui adresser quelques questions ; mais l'Allemand, marchant toujours au pas militaire :

— Silence ! silence ! ajouta-t-il ; ayez l'air de ne gonnaître ni moi, ni Biétro... autrement, tout est pertu !

Les jeunes filles rentrèrent sous la voûte et se jetèrent dans les bras l'une de l'autre. Agenouillées ensemble, elles conjurèrent le ciel de secourir Piétro, qui avait exposé sa vie dans cette périlleuse entreprise.

Elles attendirent pas longtemps la réalisation des promesses de Conrad.

On désigna Piétro le soir même pour garder le passage du ravin.

La nuit était obscure, le vent d'orage soufflait sur les cimes dépouillées des montagnes ; parfois on entendait gronder au loin la foudre, et de splendides éclairs jetaient des flammes rapides sur les nuages qui se portaient dans leurs flancs.

Tout le monde dormait la montagne.

Un homme alors parut sur la cime du ravin, descendit de rochers en rochers, et vint frapper sur l'épaule de Piétro.

— Le moment est fenu, dit-il.

— As-tu endormi Giacomo ? demanda le contrebandier.

— Non. Il n'est pas ifre encore.

En disant ces mots, Conrad montra à son complice l'outre qu'ils avaient rapportée de Loreto. Elle était vide.

— Cet homme est un frai puisard, ajouta l'Allemand. Il est imbossible de le remblir.

— C'est toi qui as bu le vin, ivrogne ! reprit Piétro.

Conrad se dispensa de répondre.

— Que faire, maintenant ?

— Che fais le tuer, kirschenwasser !

— Mais il criera.

— Griera-t-il blus fort que le donnerre ? demanda Conrad.

Il revint sur ses pas, tira son sabre et s'avança sur la pointe du pied vers la caverne où Giacomo montait la garde.

Cinq minutes après, Conrad rejoignit son compagnon. Cette fois, il portait Jeanne sur ses épaules.

La pauvre fille sauta au cou de son fiancé.

— Merci, merci, Piétro ! lui dit-elle.

— Et Giacomo ? demanda le contrebandier.

— C'est fait, répliqua Conrad. Je fais chercher l'autre infâme maintenant. Biédro, brébare la planche ; ça nous épargnera du temps.

L'Allemand s'acquittait de ses fonctions de ravisseur avec un sang-froid imperturbable. Il ne tarda pas à reparaître tenant Isabelle dans ses bras d'Hercule.

— Elle s'est évanouie, dit-il.

Et il franchit le ravin.

Piétro le suivit.

Tous deux, réunissant leurs forces, cherchèrent à retirer à eux le pont volant de la forteresse.

Mais un des lieutenants de Corcelli avait été réveillé par les allées et venues des fugitifs. Il sauta tout à coup, comme une hyène, du rocher sur la planche, et appuya le canon de son mousquet sur la poitrine de Piétro.

— Rends-toi ! s'écria-t-il.

A cette sommation, Conrad repartit par un coup de crosse qui fit perdre l'équilibre à son confrère. Ce dernier retomba à cheval sur la planche et s'y cramponna en criant au secours.

Il n'y avait pas à hésiter.

Piétro saisit l'extrémité du fragile appui qui soutenait encore le lieutenant, balança sa victime au-dessus du gouffre, et l'y précipita.

Un blasphème, un bruit d'eau qu'on agite, un éclat de la foudre... et tout fut dit.

D'autres brigands accoururent.

Conrad et Piétro les virent à la lueur des éclairs glisser comme des ombres à travers les broussailles. Les bandits les aperçurent aussi, car cinq ou six détonations retentirent à la fois et mugirent longtemps dans les sombres profondeurs du ravin.

Conrad et son ami avaient chargé leur précieux fardeau sur leurs épaules. Il leur fallut longtemps pour descendre les rochers à pic, au pied desquels ils s'étaient arrêtés en venant de Naples. Ils y réussirent néanmoins, sans que Corcelli eût eu le temps de mettre encore personne à leurs trousses. Puis, ils s'enfuirent à travers les montagnes, au bruit de la foudre qui semblait les poursuivre, au feu des éclairs qui jetaient sous leurs pieds des lueurs funèbres.

Tant qu'on marcha sur des laves croulantes, Piétro se laissa conduire ; mais il prit les devants dès qu'on eut atteint les vignes, et commença à courir avec une agilité merveilleuse, franchissant les haies et les fossés, passant comme un reptile à travers des bouquets de bois qui semblaient impraticables.

Il arriva enfin au milieu d'une clairière, à laquelle aucun sentier ne semblait aboutir, mais où il s'était fréquemment réfugié sans doute dans ses expéditions, et déposant Jeanne à terre :

— Sauvés ! s'écria-t-il ; nous sommes sauvés !

XIX

De puissance à puissance.

Depuis la mort tragique du prince Caraffa, la révolution de Naples restait immobile. Le chef du peuple se trouvait dans un de ces instants d'hésitation, d'incertitude qui précèdent et annoncent les réactions.

Pendant que le duc d'Arcos laissait dormir sur leurs affûts les canons du Château-Neuf, Masaniello, loin de prendre une résolution vigoureuse et de rompre avec le passé, perdait son temps à s'occuper de mille détails secondaires ; il recevait des pétitions, donnait des audiences, faisait vivre son gouvernement au jour le jour, ne sachant quels moyens employer pour lui donner une forme stable.

Dominer un peuple par la violence, l'opprimer, l'abrutir n'est pas chose difficile ; mais il eût fallu le génie d'un grand homme, à cette époque, pour fonder une société sur les sentiments généreux du devoir, de l'ordre et de la liberté.

Si, d'un côté, le chef du peuple avait définitivement rompu avec le duc d'Arcos et la cour d'Espagne, il craignait, de l'autre, de s'abandonner à la direction de dom Francesco. Étranger aux notions les plus simples de la politique, il avait peur de la constitution du bénédictin, comme on a peur de l'inconnu ; il s'en effrayait comme un enfant s'effraye des ténèbres.

Masaniello avait-il tort ?

Le suffrage universel, que dom Francesco avait emprunté aux républiques anciennes et dont il voulait réglementer l'exercice de manière à le soustraire à toute influence prépondérante de l'aristocratie, convenait-il à des hommes ignorants qu'un jour, un seul jour d'émeute, séparait de la domination étrangère et du servage féodal ?

Nous avouons que ces graves questions sont au-dessus de notre compétence de romancier, et comme nous avons coutume de n'ennuyer personne, au moins de propos délibéré, nous les renvoyons à l'examen de l'Académie des sciences morales et politiques.

Si le lecteur doit bâiller, qu'il lui soit au moins donné de le faire en compagnie d'un académicien.

En essayant de pénétrer plus avant dans la pensée de Masaniello, peut-être trouverions-nous que le souvenir d'Isabelle et l'espéance de son prochain retour ne contribuaient pas médiocrement à entretenir les irrésolutions du pêcheur.

En effet, n'aurait-ce pas été rompre complètement avec la jeune fille, rendre à jamais impossible un mariage avec elle, que d'ordonner l'assaut du Château-Neuf, de rejeter dans le golfe le duc d'Arcos avec ses défenseurs, et d'inaugurer au milieu de l'Europe monarchique cette république parthénopéenne que Championnet devait proclamer cent cinquante ans plus tard ?

Combien de meurtres et de ravages avaient coûtés à Masaniello ces soixante mille ducats qu'il destinait à payer la rançon de sa bien-aimée ? Que de remords il s'était préparés pour les obtenir ! Pouvait-il rendre tant de sacrifices inutiles ?

Non ! non ! la passion du jeune homme avait le caractère fatal de toutes les grandes maladies de l'intelligence et du cœur : elles sont mortelles lorsqu'on ne trouve pas le bonheur, qui seul peut les guérir.

Le chef du peuple avait attendu toute une longue journée le retour de Piétro, mais inutilement.

Dévoré d'inquiétudes, agité par cette fièvre d'impatience qui rend l'attente impossible aux hommes d'initiative, il avait résolu de partir pour les Apennins dans la matinée du jour suivant, et d'entrer lui-même en négociation avec Corcelli.

Après une longue conférence entre le chef du peuple et dom Francesco, conférence dans laquelle on n'avait pu s'entendre, le premier se disposait à quitter Naples, lorsque Conrad, notre vieille connaissance, se présenta devant lui.

— Chénéral, lui dit-il en accompagnant ses paroles d'un salut militaire, ch'ai de ponnes nouvelles à fous annoncer.

— Qui es-tu ? demanda le pêcheur.

— Che m'abbelle Conrad, et ch'abbartenais hier encore à la troube de Gorcelli.

— A la troupe de Corcelli ! qu'est devenue ma sœur, qu'est devenue la fille du duc d'Arcos ?

— Nous les afons enlefées, ce matin, avec Biétro.

— Et où sont-elles !

— A Nables, chénéral, tans une gabane te la Merchellina.

— Viens, viens, mon brave ! s'écria Masaniello.

Et, précédé du vieux lansquenet, il s'élança dans la rue.

Conrad gagna le bord de la mer, longea quelque temps la grève, et vint s'arrêter devant la hutte du pêcheur.

— C'est là, dit-il.

Le cœur de Masaniello battait avec force et ses jambes le soutenaient à peine, lorsqu'il entra dans sa pauvre maison, qu'il ne devait plus habiter !

Jeanne se précipita dans ses bras ; Isabelle laissa tomber sur lui un regard plein d'amour et de tristesse.

Quant à Piétro, le malheureux contrebandier était épuisé de fatigue. Couché sur une natte grossière, dans un angle de la cabane, il put à peine serrer la main que Masaniello lui présentait.

— Merci, merci, mon brave Piétro ! murmura le chef du peuple de cette voix profonde et tremblante qui part du cœur.

Il s'approcha de la fille du vice-roi, s'agenouilla devant elle, prit une de ses mains et la baisa.

— Qu'ai-je vu, qu'ai-je appris, Masaniello ? lui dit Isabelle. Il y a eu dans Naples des maisons pillées, incendiées ; des nobles ont été tués dans leurs palais ?

Le pêcheur baissa la tête.

— Et l'on m'a dit, poursuivit l'Espagnole, que vous guidiez les pillards, les incendiaires, les assassins ?

— Chère Isabelle !...

— Mais vous voulez donc déshonorer la révolution que vous avez faite, souiller la victoire du peuple, soulever contre les Napolitains toutes les puissances de l'Europe indignée ?

— Ne me jugez pas sans m'entendre.

— Parlez, oh ! oui, parlez ! car il y a maintenant entre vous et moi du sang et des cadavres. Vous m'étiez cher, Masaniello ; mais, hélas ! peu s'en faut aujourd'hui que vous ne me soyez odieux.

— Odieux, dites-vous ?

Le jeune homme tressaillit douloureusement et passa la main sur son front.

— Senora, je ne suis qu'un malheureux pêcheur ; je n'ai pas le droit de m'indigner comme un noble vice-roi, qui écrase sous des escadrons de cavalerie la canaille qui s'insurge ! J'ai encouru votre mépris, et je devais m'y attendre... puisque dans un moment de colère, de désespoir, j'ai osé répondre, moi manant, moi lazzarone, à l'assassinat par le meurtre, à la trahison par l'incendie.

— Assassinat, trahison ! mon Dieu !... qu'est-il donc arrivé pendant mon absence ? qui vous a trahi ?

— Votre père.

— Qui a tenté de vous assassiner ?

— Le prince Caraffa, et d'autres encore que je soupçonne et que je ne veux pas connaître. Deux cents coups de mousquet ont été tirés sur moi.

— Malheureuse que je suis ! interrompit la jeune fille en pleurant. Partout autour de moi le meurtre et le parjure !

— Oui, vous dites bien, Isabelle, le meurtre et le parjure ; mais ce n'est pas moi, c'est le noble duc d'Arcos qui s'est parjuré !

— Par le Christ, c'est impossible !

— Écoutez-moi, continua tranquillement le pêcheur. Des amis, dont la prudence et les bonnes intentions me sont connues, me conseillaient de chasser les Espagnols et d'en finir à tout jamais avec la tyrannie. J'avais proclamé déjà la déchéance de Philippe IV ; il ne s'agissait que de persister. Je vous vis au couvent de Sainte-Claire, et mon affection pour vous l'emporta. Je consentis à traiter avec le duc d'Arcos. Mais il devint plus urgent encore de négocier lorsque Corcelli vous eut arrachée, ainsi que ma sœur, à votre sainte retraite. Le scélérat exigeait soixante mille ducats pour votre rançon, et il n'y avait que le vice-roi qui pût trouver cette somme dans le délai stipulé par les brigands.

Dom Francesco se rendit au Château-Neuf ; il obtint une audience de votre père.

Une conférence fut indiquée entre le duc d'Arcos et moi. Elle devait avoir lieu dans l'église de Saint-Dominique, en présence de monseigneur l'archevêque et de tous les grands officiers de la couronne. Le duc y sanctionna mes édits ; il renouvela la charte de l'empereur Charles-Quint et jura de l'observer sur les saints Évangiles. Il le jura, entendez-vous bien, Isabelle ?

— Ainsi, mon père acceptait toutes vos conditions, se soumettait à toutes vos exigences ?

— Oui, mais la charte dont on avait donné lecture, je rougis de le dire...

— Eh bien ! cette charte ?...

— Était falsifiée !

— Ciel ! oh ! c'est infâme ! De perfides conseillers ont abusé de la faiblesse de mon père.

— Ces hommes perfides, je les épargnai. Ils s'étaient rendus à Saint-Dominique sur la foi de ma parole. Jusqu'ici de quel côté étaient les torts, laissez-moi l'observer ? du côté du grand d'Espagne, ou du côté du pêcheur ?

— Ne m'interrogez pas, répondit la jeune fille.

— Cependant il me fallait de l'or, reprit Masaniello, pour vous racheter, pour racheter ma pauvre Jeanne. Il m'était venu à ce principe une idée... Je ne vous la dirai pas, Isabelle : il existe à Naples tant de nobles seigneurs pour qui soixante mille ducats sont quelque chose d'insignifiant, qu'ils dépensent dans une fête, qu'ils donnent à la courtisane qui les trompe, au bouffon qui les insulte... Enfin, passons !... Après mûre délibération, je préférai m'adresser au peuple, et le peuple eût payé votre rançon, soyez-en sûre ; mais...

— Qu'arriva-t-il ? demanda Isabelle avec angoisse.

— Comme je haranguais la multitude, une épouvantable détonation se fit entendre. Il me passa sur la tête un orage de mitraille. Dieu veillait sur moi sans doute : je ne fus pas atteint.

— Pauvre Masaniello !

— On m'amena le prince Caraffa, qui avait commandé le feu. Il est inutile de vous raconter le reste. Un instant après, le jeune homme était mort, son palais et vingt autres étaient pillés, dévastés, brûlés, et j'avais les soixante mille ducats, sans lesquels je ne devais plus revoir tout ce que j'aime en ce monde, tout ce qui fait ici-bas mon bonheur, mon espérance, mon courage et ma vie.

La cabane offrait alors un aspect touchant.

Masaniello, debout, accompagnait son récit de gestes nobles et expressifs ; Piétro luttait contre la fatigue et le sommeil pour ne perdre aucune des paroles du pêcheur ; la fille du vice-roi écoutait son amant avec une émotion profonde, et Jeanne sanglotait dans un coin de la hutte.

— Me condamnerez-vous maintenant, Isabelle ? demanda Masaniello.

— Que l'on me conduise à mon père, sans tarder ! s'écria la jeune fille.

— Vous allez être obéie, senora, répondit le chef du peuple. Mais si demain vous n'êtes pas de retour, j'aurai cessé de vivre.

— Avant que le soleil se couche, nous serons tous réunis à la Vicaria, répondit Isabelle. La paix sera rétablie dans Naples, et rien ne pourra plus nous séparer, cher Masaniello !... car tu es encore mon Masaniello d'autrefois, mon Masaniello bien-aimé, mon sauveur, mon époux !... Piétro, Jeanne, au revoir !

Lorsque le pêcheur eut renvoyé sous bonne escorte Isabelle au Château-Neuf, Conrad voulut l'accompagner à la Vicaria.

Le vieux lansquenet entra sans façon avec lui dans la chambre du conseil.

— Monsir Masaniello, lui dit-il, il me reste quelque chose à fous temanter.

— Qu'est-ce donc ?

— Rien, que tix mille tucats.

— Et comment puis-je te devoir une aussi forte somme, mon brave ?

— C'est Biétro qui me l'a bromise.

— Pour délivrer les jeunes filles ?

— Ia, ia, mein herr.

Le pêcheur satisfit immédiatement le sauveur de Jeanne et d'Isabelle Conrad bourra ses poches de pièces d'or.

— Che bars maintenant, ajouta-t-il.

— Et où vas-tu ?

— Retroufer ma Pavaroise.

— Ta Bavaroise.

— Ia, ia, ma Pavaroise, kirschenwasser ! une cholie fille qui est amoureuse de mon moustache, et afec laquelle che tois me marier depuis drente-cinq ans.

— Bonne chance, Conrad !

— Merci, monsir. Fous tonnerez de ma bart une boignée te main à ce pon Biétro.

À mesure que les jours s'écoulaient, la position du duc d'Arcos au Château-Neuf devenait de plus en plus critique.

La révolte de Naples s'aggravait.

On s'était battu contre les Espagnols le premier jour ; on avait pillé, assassiné les jours suivants ; et du haut de la forteresse le vice-roi avait pu apercevoir les sinistres clartés de l'incendie.

Tout arrangement avec les Napolitains semblait impossible désormais, c'est-à-dire que le duc d'Arcos allait être forcé de quitter son gouvernement, après s'être déshonoré par son impéritie, déshonoré par sa mauvaise foi, et peut-être encore plus par son avarice, cause première de tant de maux.

Les Espagnols avaient complètement perdu courage.

Il eût été possible, dès le premier jour du siège, d'épouvanter Naples par un bombardement.

Le vice-roi avait hésité : car les Napolitains, après tout, c'était son bien à lui, un bien en plein rapport, une moisson toujours mûre, toujours épaisse à la couper à pleine faucille ; mieux valait pour lui tromper cette canaille que la mitrailler.

On avait laissé le temps s'écouler, et la faim, la soif, deux terribles fléaux, contre lesquels l'homme est sans défense, commençaient à décimer la garnison ; le découragement, fléau plus terrible encore, avait suivi de près la soif et la famine.

Les mousquets et les canons étaient devenus des armes inutiles entre les mains de ces fiers Espagnols, dont la bravoure et la discipline étaient proverbiales dans l'ancien et le nouveau continent.

Que faire au milieu d'une ville insurgée, sans pain, sans eau, sans communications possible au dehors, avec des soldats excédés de privations et de fatigue, qui se mouraient sous un ciel de feu ?

Se rendre ? Telle était la triste extrémité à laquelle Son Altesse monseigneur le duc d'Arcos se voyait réduit.

Ni la violence, ni la ruse, ni les conseils sanguinaires des mestres de camp espagnols, ni les roueries de don Juan Fernandez, ne pouvaient sauver le vice-roi.

Puis il n'était pas seulement humilié dans son orgueil de gentilhomme, menacé dans son avenir de courtisan ; il était encore blessé dans ses plus tendres affections de famille.

Isabelle, livrée à l'insurrection, Isabelle, prisonnière de Corcelli et de ses brigands, ne reparaissait pas.

À la pensée des périls que sa fille bien-aimée pouvait courir, le désespoir s'emparait parfois du duc d'Arcos. Il lui semblait que le génie tutélaire qui jusqu'alors avait veillé sur sa fortune s'était éloigné de lui, et qu'aux enivrements de la puissance, aux splendeurs de sa quasi-royauté succédaient pour toujours l'isolement et la misère.

Tout à coup on vint lui annoncer que sa fille, escortée par une troupe de pêcheurs en armes, se présentait à la porte du château.

Le vieillard accourut lui-même pour s'assurer de la vérité de cette nouvelle si heureuse, qui pouvait consoler ses chagrins les plus amers et lui offrir un prétexte honorable pour reprendre avec Masaniello les négociations interrompues.

Il aperçut en effet sa fille au milieu d'un groupe d'hommes du peuple, dont les armes étaient ornées de branches d'olivier, attachées par des mouchoirs blancs.

Dans sa joie, il fit immédiatement baisser le pont-levis, et descendit lui-même pour recevoir Isabelle.

La jeune fille était le seul être au monde à l'égard duquel le vice-roi ne pût conserver cette attitude hautaine, ces façons d'agir et de parler impérieuses devant lesquelles tous les seigneurs de la cour de Naples devaient s'humilier.

Sortez du temple, maudits qui venez y vôler, à l'aide du parjure, les libertés des peuples. — PAGE 41.

Il emmena Isabelle dans son appartement, et là, serrant dans ses mains tremblantes la jolie tête de sa chère enfant :

— C'est donc toi que je retrouve, mon Isabelle bien-aimée! dit-il; je te retrouve après ces jours funestes de révolution, toujours jeune, toujours belle, toujours souriante! Oh! mes malheurs ne sont rien puisque tu es auprès de moi pour les partager!

— Mais que font ces hommes? reprit le vice-roi, qui venait d'apercevoir ceux qui lui avaient ramené sa fille, se promenant paisiblement sur les glacis extérieurs de la forteresse.

— Ils m'attendent, ils nous attendent, mon père, répondit Isabelle.

— Ils nous attendent?

— Oui, car je vous annonce la paix et je vous rapporte cette couronne de vice-roi que vous aviez si malheureusement perdue.

— Ma fille, ma bonne Isabelle! cela est-il possible, mon Dieu?

— Vous signerez les édits de Masaniello. Vous renouvellerez la charte de l'empereur, la véritable, entendez-vous? et le chef du peuple vous reconduira lui-même à travers la ville dans votre palais de la Vicaria.

— Tu as donc vu ce pêcheur?

— Sans doute. Oh! c'est un noble jeune homme que Masaniello! sous les pourpoints brodés de nos grands d'Espagne, il ne bat pas de cœur plus généreux que le sien.

Le visage du duc d'Arcos s'assombrit.

— Senora, vous êtes tombée au pouvoir de cet homme en quittant le palais? reprit-il.

— Et j'ai été immédiatement conduite au couvent de Sainte-Claire, où Jeanne, sa sœur, s'était réfugiée.

— Vous connaissez cette femme?

— Depuis un mois.

— Et Masaniello?

— Et Masaniello aussi.

— Vous les connaissez depuis un mois... très-bien! Mais quels rapports la fille du duc d'Arcos pouvait-elle avoir avec de pareilles gens?

— Masaniello nous conduisait sur sa barque lorsque nous allions avec dame Pédrille manger des oranges et des grenades dans les îles du golfe.

— Vous causiez avec Masaniello?

— Sans doute.

— Et c'était lui qui vous apprenait ces beaux discours sur la misère du peuple, sur la tyrannie des Espagnols, que vous me répétiez à la Vicaria, lorsque j'avais la bonté de causer politique avec vous?

— C'était lui, mon bon père. Si vous les eussiez écoutés...

— J'ai fait ce que j'ai jugé convenable, ne changeons pas de conversation, si vous le voulez bien. Je vous interroge, répondez-moi. Comment avez-vous quitté le couvent de Sainte-Claire?

Conrad.

— Un certain Corcelli, chef de brigands, qui avait combattu contre les Espagnols pendant l'insurrection, m'a enlevée ainsi que Jeanne, et nous a conduites dans une forteresse presque imprenable qu'il habite dans les Apennins.

— Avec Jeanne, dites-vous?

— Oui, mon père.

— La sœur de Masaniello?

— Elle-même.

— Très-bien. Et qui vous a délivrées ?

— Piétro, un contrebandier, qui pour cela, mon père, a bravé mille morts.

— Quel motif portait ce contrebandier à braver ainsi mille morts pour vous sauver ?

— C'est l'ami de Masaniello.

— Et l'amant de sa sœur, peut-être ?

— Son fiancé.

Les prisonnières. — PAGE 44.

— Ah ! son fiancé ! Je comprends à merveille maintenant les liens qui unissent Jeanne, ce contrebandier, Masaniello et vous, chère senora. Vous avez vu le chef du peuple à votre retour des Apennins ?

— Piétro m'a conduite dans sa cabane de la Mergellina.

— Une cabane que vous avez souvent visitée, qui vous est chère ? poursuivit le duc d'Arcos avec un amer sourire.

— Je ne le dissimule pas.

— Oh ! vous êtes franche dans vos affections, ma fille ! Il est à regretter que vous les placiez si bas.

— Cependant, monseigneur...

— Ne discutons pas, je vous en supplie. Veuillez me dire plutôt si Masaniello, en vous dictant ses conditions, n'a rien demandé pour lui.

— Rien.

— Absolument rien ?

— Absolument rien.

— Et vous, Isabelle, n'exigez-vous aucune récompense pour le service que vous rendez aujourd'hui au roi d'Espagne Philippe IV ?

— Oh ! je vois où vous voulez en venir, mon père, répondit la jeune fille en rougissant. Mais je ne désavouerai pas devant vous une affection qui m'honore. J'aime Masaniello et n'aurai jamais d'autre époux que lui.

Un homme habitué à vivre dans la société du duc d'Arcos et capable

de comprendre le jeu de sa physionomie eût deviné qu'en ce moment, sous un masque de gravité apparente, l'altesse cachait les impatiences d'une implacable haine.

— Voyez cependant, chère Isabelle, reprit froidement le grand d'Espagne, dans quelle singulière position nous nous trouvons. Masaniello me demande ma fille, car je dois traduire ainsi votre démarche auprès de moi : il me la demande à la tête de cinquante mille lazzaroni armés : suis-je libre de refuser ?

— Mon père, ne refusez pas. Un mot de vous, et les Napolitains déposent les armes, la ville rentre dans le devoir, Masaniello vous est acquis, et Isabelle est heureuse d'avoir réconcilié deux hommes si bien faits pour se connaître et s'entendre. Par les souvenirs de ma bonne mère, monseigneur, laissez-vous fléchir.

La jeune fille embrassait les genoux du vice-roi. Celui-ci la releva.

— Je vais réunir mon conseil, ajouta-t-il, et je lui soumettrai l'humble requête de Masaniello.

En même temps le duc agita une sonnette.

— Qu'on fasse venir les femmes de dona Isabella d'Arcos !

Il accompagna sa fille jusqu'à la porte et la salua avec une sorte de politesse affectée.

Piétro.

Jamais la pauvre enfant n'avait trouvé ce vieillard gourmé si dur, si sévère, si impitoyablement railleur. Elle attendait sa décision dans la plus grande inquiétude. Enfin le duc parut après deux heures d'absence ; il était vêtu de son costume d'apparat ; tous ses ordres brillaient sur sa poitrine. Il tenait à la main divers papiers, revêtus de toutes les formalités usitées dans les chancelleries, et se penchant vers sa fille :

— Tous les objets de vos désirs vous sont accordés, chère senora, lui dit-il. Appelez Toison-d'Or, ajouta l'altesse, en s'adressant à un de ses pages.

Toison-d'Or était son héraut d'armes. Il entra.

— Tu vas réunir mes grands officiers, lui dit le duc. Tu te rendras avec eux à la Vicaria, et tu remettras de ma part ces titres à monsignor Masaniello, chef du peuple. Qu'il les fasse publier dans Naples, et qu'il vienne immédiatement après au Château-Neuf, où je l'attends.

Ce jour-là fut un beau jour pour la population napolitaine.

Les édits sanctionnés par le vice-roi furent lus sur les places publiques, au milieu de cris de joie et de triomphe ; puis Masaniello alla recevoir le duc d'Arcos au sortir de sa forteresse.

Ce dernier s'avança, le chapeau à la main, à la rencontre du pêcheur, l'embrassa et s'appuya familièrement sur son épaule.

Il ne voulut pas que les troupes l'accompagnassent, et rentra dans son palais entouré d'une escorte populaire, aux cris mille fois répétés de : Vive Masaniello ! vive le vice-roi ! Un souper splendide réunit dans la soirée les familles des deux maîtres de Naples. Elles se montrèrent ensemble sur la terrasse de la Vicaria.

N'oublions pas de dire que il Cappucino reçut les douze ducats et quelques réaux qu'avaient dépensés les brigands dans son auberge.

Mais comme le peuple fut heureux, lorsqu'on mit en vigueur, le lendemain, les édits de son chef ! Plus de fermiers de la douane sur le marché, plus de commis, plus de gabelles, plus de collecteurs de tailles, plus de ces maltôtiers qui avaient soulevé tant de haines ! Paysans et pêcheurs vendaient librement leur vin, leurs fruits et leur poisson, sans payer autre chose que l'impôt volontaire que prélevaient sur eux les moines mendiants.

Mais ne faut-il pas que chacun envoie sa part de messes et d'indulgences à ses parents du purgatoire ?

Le temps était magnifique, les sbires honnêtes, les glaces fraîches, et les lazzaroni mangeaient leur macaroni au plus bas prix possible. Tout allait pour le mieux dans la meilleure des vice-royautés dont la mémoire des hommes eût conservé le souvenir.

Masaniello partagea avec le duc d'Arcos les soins du gouvernement en qualité de chef du peuple. Les mains toujours pleines de faveurs et d'aumônes, il commença à les répandre avec profusion sur son passage.

Le vice-roi aimait à le prendre dans sa voiture, à le placer à côté d'Isabelle et à montrer au peuple son pêcheur victorieux, toujours vêtu de son caban et dédaignant la pourpre dont il aurait pu se couvrir. Partout on saluait avec enthousiasme les deux chefs de l'Etat qui savaient vivre en si bonne intelligence ; partout les Napolitains mêlaient dans leurs vivats le nom du vice-roi à celui de Masaniello et à celui d'Isabelle.

Son Altesse voulut que le chef du peuple eût dans la Vicaria un appartement splendide.

Il lui donna des gentilshommes pour l'accompagner et des laquais pour le servir. Masaniello, le pêcheur de la Mergellina, Masaniello le plébéien, Masaniello le rebelle, qu'une défaite eût conduit à la potence, avait pour serviteurs des riccos hombres qui portaient chaudron et bannière et descendaient des rois d'Aragon.

Telles étaient les bonnes dispositions du duc d'Arcos envers Masaniello, telle était la sincérité de son estime et de son affection pour lui, qu'il hâtait de tous ses vœux le jour où il devait entrer dans sa famille.

Le pêcheur était vraiment le fiancé d'Isabelle ; il en avait les droits.

C'était le bras de son amant qu'elle choisissait pendant les promenades de la cour, malgré les réclamations de ses duègnes ; Masaniello pouvait l'entretenir à toute heure du jour, lui parler librement de sa tendresse et du bonheur que lui promettait une union prochaine.

Dans son impatience de voir cette union s'accomplir, le vice-roi demanda au cardinal-archevêque les dispenses nécessaires pour supprimer les délais qu'exigeaient les lois ecclésiastiques.

Il réussit à les obtenir.

Aussitôt, et de son propre mouvement, il décida que la fête nuptiale aurait lieu le lendemain.

XX

Du poison dans une fleur.

— Isabelle, disait le pêcheur à sa fiancée, croyez-vous que l'homme puisse jouir ici-bas de toute la félicité qui nous est promise ? Ne craignez-vous pas qu'une intrigue de cour, qu'un malheur imprévu ne viennent dissiper le doux rêve dans lequel nous nous berçons, briser nos espérances, nous rejeter dans ces abîmes d'où la Providence nous a miraculeusement sauvés ?

— Non, j'ai foi dans l'avenir qui nous est promis, répondait la jeune fille.

— Mais comment pourrai-je trouver en moi assez de dévouement, d'amour, de reconnaissance pour récompenser vos bienfaits, chère Isabelle ? J'étais pauvre, méprisé du monde ; à peine si je pouvais gagner assez, par mon travail du jour, par mes veilles, pour subvenir à mes besoins et à ceux de ma pauvre Jeanne, et vous avez dédaigné pour moi les hommages des grands seigneurs de votre pays, et vous m'avez tiré de ma pauvre cabane pour me rendre puissant, riche, heureux comme les plus heureux de ce royaume ; vous êtes descendue des marches du trône pour venir me prendre au milieu de la foule et m'élever jusqu'à vous.

— Je vous ai trouvé si beau, si généreux, si brave, et je vous aime tant, Masaniello !

— Isabelle !

— Nous quitterons Naples pour quelques jours après notre mariage. Tout ce monde qui bruit autour de nous me fatigue, m'obsède.

— Et où irons-nous cacher notre bonheur ? demanda Masaniello palpitant.

— Dans quelque village ignoré des Abbruzzes ou de la Calabre. Oh ! nous trouverons bien quelque petit coin de terre où il y ait des forêts ombreuses, des moissons dorées, des prairies verdoyantes, et d'où l'on aperçoive la mer par delà les montagnes bleues de l'horizon.

— Oui, dit le jeune homme, la solitude est bonne quand on s'aime. Il semble que le cœur batte plus doucement et que le temps fuie moins vite au milieu des magnificences de la nature et sous l'œil qui l'a créée.

Ainsi les deux amants trompaient leur impatience en attendant le jour de leur hymen.

Pénétrons maintenant dans cette même chambre où nous avons vu le duc d'Arcos oublier l'étiquette et sa dignité de grand d'Espagne, pour s'emporter contre le seigneur Badajoz y Suerra y Névada y Fualdès, et surtout contre sa fille Isabelle, au moment où l'émeute grondait à la porte de la Marine et sur la place du marché.

Fernandez était debout, adossé à la muraille, et le duc se promenait à grands pas, frappant du talon de ses bottes le tapis aux couleurs éclatantes qui recouvrait le sol.

Décidément, monseigneur le duc d'Arcos avait beaucoup perdu de sa dignité et de son flegme merveilleux.

— Encore deux jours, disait-il, deux jours pendant lesquels il me faudra maîtriser ma colère et voiler d'un sourire continuel cette haine qui me déchire le cœur !

— Mais aussi, Altesse, vous vous vengerez en roi, répondit Fernandez.

— Après tout, en sera-t-il moins vrai que ce pêcheur, ce rustre, a été pendant trois jours le fiancé d'Isabelle, qu'il lui a parlé librement d'amour en face de tous, et qu'il a pu presser de sa main de lazzarone, de sa main de manant, celle de la noble héritière d'Arcos ?

— Votre Altesse n'a sujet dévoué du roi notre maître ; elle a voulu conserver intact, au prix des sacrifices les plus coûteux, le dépôt du pouvoir qu'elle avait reçu.

Le duc déchira d'un geste de colère ses manchettes de point de Flandre.

— Que dira de cette malheureuse révolte Sa Majesté Catholique ? elle s'irritera contre moi. De lâches ennemis vont profiter de l'occasion pour me perdre. Voilà notre existence pourtant à nous grands seigneurs que chacun regarde avec envie ! Nous travaillons trente ans à élever pierre à pierre l'édifice de notre fortune, nous versons pour cela notre sang le plus jeune et le plus chaud, nous nous épuisons de veilles, nous sommes en proie à la fièvre énervante de l'ambition, pendant que d'autres n'éprouvent que celle du plaisir ; et lorsque l'ouvrage est achevé, il se forme quelque part, ou dans les mystérieuses profondeurs des salons d'Aranjuez, ou sur le sable d'une grève ignorée, un orage qui le renverse. Masaniello, Masaniello ! lazzarone maudit ! est-il donc vrai que j'aie dû m'humilier jusqu'au point de te haïr !

— Le misérable payera bien cher l'honneur que lui fait Votre Altesse, dit Fernandez.

— Tu as vu le parfumeur de la cour ?

— Oui ; les fleurs que je lui ai demandées, nous les aurons ce soir.

— Tu as écrit à Corcelli ?

— Pardon !... je ne commets pas de ces sortes d'imprudences. Une personne sûre, dont la fidélité m'est connue, lui a demandé un rendez-vous pour demain.

— Mais, en supposant que nos projets réussissent...

— Ils réussiront, monseigneur.

— N'avons-nous pas à craindre une nouvelle révolte de ce peuple ?

— Masaniello, dit Fernandez avec un sombre sourire, partage depuis deux jours le pouvoir suprême. Hier les Napolitains l'adoraient encore, aujourd'hui ils le regardent avec indifférence, demain ils le détesteront. Il en est toujours ainsi de la faveur populaire, monseigneur.

— Tu n'as pu le décider à revêtir ses habits de cour ?

— Pas encore. Mais, quand il aura vu la fête splendide que vous préparez pour ce soir, et ces riches toilettes, et ces brillants uniformes au milieu desquels son pauvre costume de pêcheur fera tache ; quand, seul dans l'embrasure d'une fenêtre, se trouvant ridicule, n'osant s'approcher d'Isabelle, il aura vu sa fiancée, joyeuse et légère, suivre le rhythme entraînant des boléros et des sarabandes ; quand nous l'aurons rendu ivre de jalousie, et plus ivre encore du parfum de ces fleurs que je lui destine... oh! alors il revêtira son costume de gentilhomme... Je connais Masaniello.

— Bien! Nous le promènerons ainsi...

— Dans un carrosse d'apparat, monseigneur, afin que tous les yeux le puissent apercevoir.

— C'est cela même! Nous montrerons aux Napolitains le chef du peuple devenu courtisan.

— Et Votre Altesse pourra célébrer ensuite le mariage de sa fille Isabelle, ajouta don Fernandez toujours avec son sourire sinistre.

Ils sortirent ensemble.

L'heure du gala que donnait le vice-roi à l'occasion du prochain mariage de sa fille était venue. Vingt lustres illuminaient le salon d'honneur, vingt lustres chargés de cristaux, et qui faisaient resplendir des myriades d'étoiles au milieu de la neige diamantée qui en refletait l'éclat.

Toute la cour était réunie.

Dans cette foule avide de plaisir on n'apercevait que têtes gracieuses, ornées de bouquets et de rubans, qu'épaules nues dont les pierreries et la soie rehaussaient la blancheur, que gentilshommes portant avec orgueil le manteau court, le pourpoint brodé, le feutre aux plumes flottantes, comme un portrait de Charles Ier par Van Dyck.

A peine le duc d'Arcos, accompagné des grands officiers de sa maison, eut-il parcouru les salles où ses invités étaient réunis, saluant courtoisement les dames, adressant aux hommes quelques flatteuses paroles, que l'orchestre donna le signal de la danse.

Alors il se fit un mouvement rapide au milieu de cette cohue de jolies femmes et de nobles seigneurs ; un vaste espace fut laissé libre au milieu du salon principal ; des couples empressés vinrent s'y joindre, et tous commencèrent à se mouvoir au bruit des castagnettes, marquant de leurs pas légers la mesure sautillante, variant leurs attitudes avec une grâce merveilleuse, se provoquant du geste, du regard et de la voix.

Revêtu de son costume de pêcheur, qui, certes, formait avec celui des fiers Espagnols et des vaniteux Napolitains un contraste étrange, Masaniello regardait avec une curiosité naïve ce spectacle nouveau pour lui.

Don Juan Fernandez s'approcha du pêcheur, passa familièrement son bras sous celui de Masaniello, et le conduisit dans un salon voisin.

— Comment trouvez-vous nos fêtes ? lui dit-il d'une voix caressante.

— Magnifiques, répondit le jeune homme ; il est impossible de rien voir de plus admirable.

— Si ce n'est peut-être une émeute sur la place du marché ?

Masaniello regarda son interlocuteur bien en face.

— Il y a cette différence entre une émeute et un bal, senor, que dans l'une les acteurs sont des gens qui ont faim, tandis que dans l'autre...

— Allons, allons, fit l'Espagnol, laissons de côté la politique et changeons de discours. Vous êtes un homme de goût, Masaniello.

— Je suis avant tout un homme de cœur.

— Ce sont choses qui se touchent de très-près. Je vous demanderai donc comment vous avez pu venir en simple costume de pêcheur en si noble assemblée ?

— Ce costume est le mien.

— Oui, c'était le vôtre il y a quelques jours, lorsque vos talents, votre courage, ne vous avaient pas encore élevé au-dessus du vulgaire ; avant que Naples vous eût donné le titre de chef du peuple dont vous êtes si digne. Mais aujourd'hui...

— Je suis aujourd'hui ce que j'étais hier, ce que je serai demain, ce que je veux être toute ma vie, un enfant du peuple qui ne ressemble ni par l'éducation, ni par l'esprit... oh! mon Dieu! ni par la franchise, à ces êtres malfaisants que nous appelons i *prepotenti*.

— Masaniello, vous ne tenez pas compte des égards que la cour vous témoigne. Voyez, tous les yeux sont tournés vers vous, chacun vous admire. Toutes ces femmes se disent que vous seriez beau sous une cape de velours noir, et que l'épée vous siérait à merveille, ainsi que les bottes à bateau garnies de malines, cette chaussure si difficile à bien porter.

— Quant à l'épée, répondit fièrement le chef du peuple, ces dames ont raison, je la porte passablement, mais... à la main.

— Ça, mon cher, laissez votre stoïcisme et parlons raison. Vous aimez Isabelle ?

— Oui, senor ; cela n'est un mystère pour personne.

— Vous allez l'épouser ?

— J'appelle cette union de tous mes vœux.

— Renoncerez-vous à danser avec votre femme, ou lui interdirez-vous ce plaisir qui est de son âge, et qu'elle aime à la folie ?

— Je n'en sais rien, répliqua brusquement Masaniello.

— Mais cela n'est pas répondre. Votre position va devenir horriblement difficile à la cour du vice-roi. Vous ne pourrez prendre part, sous votre caban de matelot, à toutes ces fêtes auxquelles votre prétendue est aussi accoutumée que vous l'êtes à tendre votre voile, et dont elle fait du reste le plus bel ornement.

— C'est bien, senor, je réfléchirai à tout cela, dit Masaniello pensif.

— Jugez de l'avenir par ce qui vous arrive aujourd'hui, très-cher. Votre fiancée vous attend, et quelle fiancée! la plus riche, la plus belle, la plus aimable enfant des Castilles. Nos jeunes seigneurs les plus à la mode s'empressent autour d'elle ; tous sollicitent l'honneur de guider ses pas dans un boléro, dans une sarabande. Isabelle refuse, ses yeux vous cherchent ; elle voudrait se livrer comme autrefois au plaisir de la danse, mais elle rougirait d'avoir un autre cavalier que Masaniello... Et vous n'osez vous approcher, vous n'osez lui offrir la main et la conduire triomphante, radieuse, au milieu du bal. Pourquoi cela? pour un motif ridicule... parce que vous avez un capuchon de moine, des guêtres de routier et un chapeau pointu comme la flèche de Notre-Dame del Carmine.

— Je connais des seigneurs qui paradent ce soir devant des infantes, et que ce chapeau, ce capuchon, ces guêtres, ont épouvantés à Saint-Dominique et sur la place du marché, dit le jeune homme, dont le visage s'illuminait d'orgueil à ce souvenir.

— Eh! mon cher, le temps de l'émeute n'est plus! Vous êtes le chef du peuple, l'égal du vice-roi, le fiancé d'Isabelle. Songez à occuper dignement la haute position que vous avez conquise. C'est un conseil d'ami que je vous donne. Au revoir! J'aperçois dona Maria de Badajoz, dont le pied mutin compte impatiemment les mesures du boléro... Je cours lui donner le bras et la conduire à la danse.

Fernandez disparut au milieu de la foule qui encombrait les salons.

Cependant Isabelle, après avoir longtemps attendu Masaniello, après l'avoir partout cherché du regard, n'avait pu refuser plus longtemps les invitations des jeunes seigneurs qui se pressaient autour d'elle.

Obéissant aux ordres de son père, elle avait choisi pour cavalier le duc de Spinola.

Son fiancé l'aperçut, penchant sa taille voluptueuse, courbant en l'air ses bras charmants, au milieu des groupes que faisaient mouvoir en cadence les notes saccadées du boléro.

La jalousie le mordit au cœur.

Il s'appuya, tremblant, à l'une des colonnes sur lesquelles étaient jetés trois cintres immenses, dont la courbure aérienne séparait la salle de danse de celle où il se trouvait.

Il regarda longtemps le boléro confondre et dérouler tour à tour ses guirlandes de femmes agiles et de fringants cavaliers ; il vit Isabelle passer et repasser devant lui, élégante, légère, agitant ses castagnettes, séduisante comme la fée d'un conte oriental ; il vit Spinola étendre les bras à la jeune fille quand elle s'inclinait vers lui comme une femme vaincue qui s'abandonne.

Un cri de colère et de passion fougueuse s'échappa du sein du pêcheur.

Il songeait à s'élancer au milieu de cette vision diabolique, à poignarder Spinola, à saisir Isabelle et à l'enlever de la danse. Qui pouvait y mettre obstacle? n'était-elle pas sa fiancée, son bien qu'il avait conquis sur le golfe en lui parlant d'amour, et sur le champ de carnage en se battant comme un lion ?

Puis il laissa tomber ses regards sur ses pauvres habits d'homme du peuple, d'homme simple et laborieux, qui gagne péniblement sa vie à la sueur de son front, sur les heureux du siècle dansant et s'enivrent : et il se trouva ridicule, lui qui avait chassé de son palais le duc d'Arcos, lui qui troublait en ce moment peut-être le sommeil de Philippe IV sous les rideaux de soie de l'Escurial !

Il se rappela les paroles de don Juan Fernandez.

En effet, il avait un capuchon de moine, des bottes de routier et un chapeau pointu comme la flèche de Notre-Dame del Carmine.

Le boléro venait de finir.

Le même homme dont les discours cruellement logiques avaient fait voir au pêcheur l'abîme qui séparait sa condition de la veille de celle du lendemain, don Juan Fernandez alla prendre la fille du duc d'Arcos, et la conduisit vers l'angle du salon où Masaniello s'était réfugié.

Dans sa naïve coquetterie d'infante, Isabelle ne soupçonnait guère les tortures qu'avait endurées son amant.

Elle l'aborda le sourire aux lèvres, comme aux jours où elle se présentait avec Pédrille à la porte de la hutte de la Mergellina. La pauvre jeune fille tressaillit néanmoins quand elle aperçut les traits bouleversés du pêcheur, et quand le regard fiévreux du frère de Jeanne vint s'arrêter sur elle.

— Masaniello, dit Fernandez, j'ai l'honneur de vous présenter dona Isabella, qui vous a longtemps cherché dans la foule et que vous aviez oublié sans doute de venir saluer.

Le malheureux amant ne sut que répondre.

Une contraction spasmodique lui serra la gorge ; il ne put que s'incliner.

— Don Juan, laissez-nous, murmura la fille du duc d'Arcos.

L'Espagnol se retira.

— Odieux lazzarone ! grommela-t-il en s'éloignant. Et dire que nous sommes forcés de livrer Isabelle !... oui, de la livrer à ce manant de la grève. Encore quelques heures... deux jours, et la noblesse de Castille sera vengée !

Fernandez quitta le salon, monta dans sa chambre et prit un bouquet de fleurs artificielles qu'il contempla longtemps avec toute la volupté d'une haine impatiente qui touche enfin au moment où elle pourra s'assouvir.

— Qu'avez-vous, mon ami ? dit Isabelle à son fiancé. Pourquoi ce front soucieux, cet air lugubre ? La fête que donne mon père en notre honneur est charmante ; mais vous n'étiez pas auprès de moi, je ne me suis point divertie.

— Le duc de Spinola est cependant un beau danseur et un aimable cavalier.

— Comment dites-vous cela ?

— Le duc de Spinola est un beau danseur et un aimable cavalier.

— Ainsi vous êtes jaloux ?

Masaniello ne répondit pas.

— Jaloux de Spinola ! s'écria la jeune fille.

Et elle se prit à rire, non sans laisser tomber sur le pêcheur, de son œil limpide, un regard plein de reproche et d'amour.

— Isabelle, repartit Masaniello, j'ai compris ce soir bien des choses qu'autrefois je n'avais pas même entrevues. On s'abuse si facilement quand on aime ! ajouta-t-il avec tristesse.

— Et quelles sont ces choses ?

— J'ai mesuré l'abîme qui nous sépare l'un de l'autre, et je vois que cet abîme je tenterais en vain de le franchir.

— Mon père n'a-t-il pas consenti à notre union ? n'êtes-vous pas mon fiancé ?

— Hélas ! comment se pourrait-il qu'un pêcheur de la Mergellina devint l'époux de la fille du vice-roi ? comment vivrais-je au milieu de ces splendeurs qui ont environné votre berceau ? Acceptera-t-on ma franchise, mes passions aux brusques allures ? Ces habits que je porte, que je ne quitterai jamais, car ils furent ceux de mon père, ne me défendent-ils pas de m'asseoir sur les marches d'un trône ? Isabelle, Isabelle ! s'il était dans les desseins de Dieu que nous nous unissions un jour, ce ne serait pas vous qui m'élèveriez jusqu'à votre sphère, ce serait moi qui vous abaisserais jusqu'à ce néant d'où je suis sorti.

— Avouez-le, Masaniello, c'est don Juan Fernandez qui vous a suggéré ces réflexions.

— Hélas ! je les ai comprises ! J'ai senti que je n'étais pas à ma place au milieu de cette noble assemblée. J'étais si pauvrement vêtu que je n'ai pas osé m'approcher de vous.

— Vous ne croyez donc pas, Masaniello, que mon affection soit un titre suffisant au respect ? Quelqu'un aurait-il souri de dédain par hasard à la vue de mon fiancé ? demanda la noble fille qui promena fièrement ses regards autour d'elle.

— Celui-là je l'aurais tué, dit Masaniello.

— Et tu aurais fait ton devoir... Viens, mon ami, viens avec moi !

Isabelle prit le bras du pêcheur et le conduisit au milieu du bal.

Les plus nobles sénoras, les seigneurs les plus orgueilleux de la cour vinrent saluer les deux amants, et la fille du duc d'Arcos les désignait par leur nom à son fiancé, en disant à chaque pas :

— Don Carmen de Herrera !

— Don Sébastien de Villaréal !

— Il signor Conde Giovanne de Mezzofanti.

A l'extrémité des salons Isabelle aperçut don Juan Fernandez couché sur un divan. L'Espagnol tenait un bouquet à la main. Il s'approcha des fiancés, et, montrant le chef du peuple :

— Vous l'avez consolé ? demanda-t-il à Isabelle.

Celle-ci dédaigna de répondre.

— Voici de bien belles fleurs ! reprit Fernandez. Et il présenta son bouquet à la fille du duc d'Arcos. Elles sont l'ouvrage d'un artiste de Florence, auprès duquel ceux de Naples ne sont rien. Le parfum qu'elles exhalent est plus suave encore que celui des fleurs naturelles... Voulez-vous les accepter, dona Isabella d'Arcos ?

— Non, répliqua la jeune fille.

— Pour les offrir à notre cher Masaniello ?

Isabelle prit le bouquet, le pressa sur son cœur, le porta rapidement à ses lèvres, et le remit au pêcheur.

L'orchestre avait fait entendre les premières notes d'une sarabande bien connue.

Tous ceux qui voulaient y prendre part s'étaient rangés en couronne au milieu du grand salon.

Les appartements du gala offraient un aspect magique.

Une poussière éclatante montait peu à peu vers les lustres ; l'air était saturé de parfums ; les danseurs se mouvaient dans une atmosphère tiède, qui leur donnait le délire de la joie, comme l'odeur de la poudre inspire à la multitude l'ivresse des révolutions.

Masaniello avait caché sous son caban le trésor qu'il possédait.

Tout ce tumulte qui bruissait à ses oreilles lui devenait insupportable.

Il se disait qu'il serait heureux quand, retiré dans sa chambre, il pourrait presser sur ses lèvres et couvrir de baisers le doux gage d'affection qu'il avait reçu.

Le duc d'Arcos venait de prendre la main de sa fille, pour faire une dernière fois avec elle le tour des salons.

Masaniello leur dit adieu et courut s'enfermer chez lui.

Alors, plein de sa joie, et d'autant plus accessible aux douces illusions, qu'il s'était senti pendant la soirée plus triste et plus malheureux, il tira de son caban le bouquet d'Isabelle ; il le baisa mille fois en pensant qu'il avait touché sa poitrine, effleuré ses lèvres, et qu'elle avait pris une part de ses suaves parfums.

Puis il se coucha, songeant avec délices qu'il reverrait encore dans ses rêves l'image de sa bien-aimée.

Aux premières clartés du jour Masaniello s'élança de son lit.

Il resta quelques minutes au milieu de la chambre, debout, chancelant, les bras étendus, les mains crispées, la bouche entr'ouverte et les yeux hagards, cherchant à retrouver quelques souvenirs de la veille.

Tout à coup il s'écria, dans un transport impossible à décrire :

— Malédiction ! Je l'ai vue, au bras de Spinola, passer et repasser devant lui, montrant la souplesse de sa taille, l'élégance de son corsage, et lui souriant par-dessus son épaule nue !... Et moi, où étais-je alors ? Oh ! je pleurais, relégué dans un angle obscur de ce salon splendide, je pleurais, et chacune de ces femmes lascives me jetait un sourire de pitié et de dédain !... parce que je suis pauvre, parce que je ne porte ni plumes, ni dentelles, ni habit chamarré d'or ?... Spinola ! Fernandez ! et toi, vice-roi de Naples ! malheur, malheur à vous ! Je parcourrai nos rues, nos places publiques ; j'entraînerai après moi des flots de peuple qui viendront heurter les murailles de la Vicaria, les ébranler, les détruire, vous culbutant avec elles et vous ensevelissant sous des ruines ! Et moi aussi je suis puissant dans Naples, plus puissant qu'un Spinola, plus puissant qu'un roi !

Son œil étincelait d'un feu sombre, il avait le délire.

Un domestique du palais entra, et déposa sur la table une vaste corbeille renfermant un costume complet de grand seigneur.

— Son Altesse le duc d'Arcos prie le chef du peuple d'accepter les insignes de sa dignité, dit le valet en s'inclinant.

Et il se retira.

— Les insignes de ma dignité ! s'écria Masaniello. Ah ! prepotenti, j'ai donc le droit, comme vous, de porter la plume au chapeau, l'épée au flanc, et de chausser l'éperon que vous faites résonner sur le pavé des rues !... C'est bien !

XXI

Le délire.

Masaniello repoussa du pied ses haillons de la veille.

— Adieu le caban mouillé d'eau de mer ! s'écria-t-il ; adieu le feutre aux ailes déchirées ! Habille-toi, pêcheur de Naples, et va te montrer à Isabelle, vêtu des habits somptueux que t'a donnés le peuple !

Et il retira convulsivement le costume enfermé dans la corbeille.

Mais à peine eut-il achevé de s'en couvrir, qu'il ressentit une invincible lassitude.

Il se laissa tomber sur un fauteuil, pencha sur sa main sa tête défaillante, et son mouchoir en fine toile de Flandre essuya la sueur qui perlait sur son front.

— Oh ! que je souffre ! murmura-t-il ; mes forces m'abandonnent, et la vie semble s'éloigner de moi. Quel est ce mal qui me dévore ? Chère Isabelle, quand brillera le jour si désiré de notre union, n'y aura-t-il plus ici qu'un cadavre ?

Masaniello aperçut les fleurs qu'il avait reçues la veille, et voulut les porter à ses lèvres.

A peine en eut-il senti l'attouchement, qu'il se leva les cheveux hérissés, l'œil et la figure en feu, et, parcourant sa chambre à pas rapides :

— Fernandez est venu à Naples pour l'épouser ! s'écria-t-il ; mais c'est moi, moi seul, c'est le pêcheur de la Mergellina qu'elle aime ; et Fernandez s'est ligué avec Spinola pour me la ravir ! Mais ils ne se rappellent donc plus la mort de Caraffa ? Oh ! je les provoquerai, ces nobles orgueilleux qui ont appris dès leur enfance l'art de suppléer au courage par la ruse, qui tuent leur homme avec tant de grâce ; et, par saint Janvier, je leur apprendrai une manière de combattre qu'ils ne connaissent pas, celle qu'a pratique toujours une main dont le bras est fort et le cœur inaccessible à la crainte. Spinola, Fernandez, défendez-vous! s'écria le pêcheur en tirant son épée, dont chacun de ses mouvements faisait jaillir une étincelle.

Mais ses forces trahirent encore une fois son courage, et il retomba anéanti sur un fauteuil.

Telles étaient les alternatives de folie furieuse et de découragement, d'exaltation et de faiblesse, par lesquelles Masaniello devait passer jusqu'à la fatale journée du lendemain.

Les homicides parfums du bouquet de Fernandez avaient troublé sa raison.

La voiture de cérémonie du duc d'Arcos, magnifique et lourd carrosse que fermaient de tous côtés des glaces de Venise enchâssées dans des cadres de bois sculptés et rehaussés d'or, sortit vers le soir de la Vicaria. La brise rafraîchissante de la mer s'était levée, et la population commençait à se répandre dans les rues, heureuse de quitter les maisons où les ardeurs du soleil l'avaient tenue pour ainsi dire assiégée pendant le jour.

Masaniello, revêtu d'habits à la française d'une richesse et d'une élégance incomparable, occupait la place d'honneur au fond du carrosse.

A sa gauche était le vice-roi, et vis-à-vis de lui Fernandez. Le comte de Spinola était assis en face du duc d'Arcos.

Quatre piqueurs précédaient le carrosse et faisaient piaffer leurs chevaux arabes, impatients du joug. Suivait un escadron de la *cavalleria del re*, dont les hommes, accoutumés à la discipline, marchaient sans rompre leur ordonnance, le corps droit sur la selle et le sabre à l'épaule. La voiture s'avançait après eux, traînée par six chevaux noirs et gris-pommelé, venus du cercle de Mecklembourg.

Des officiers galopaient aux portières du splendide véhicule, et des reîtres fermaient la marche.

Les beaux jours de la tyrannie espagnole étaient revenus.

Toute cette troupe passa bruyante et rapide à travers la foule, qui la suivit des yeux avec une sorte d'épouvante. Le cortège parcourut la rue de la Vicaria, celle de Tolède, les quais, et déboucha par la porte de la Marine sur la place du marché.

En vain, pendant le trajet, Masaniello chercha-t-il dans la multitude quelques traces de cette popularité dont il jouissait encore la veille; il sollicita en vain quelques vivat en saluant les lazzaroni groupés sur son passage.

Le peuple resta muet.

Il regardait avec une curiosité inquiète le pêcheur de la Mergellina, métamorphosé en grand seigneur de la cour; il ne reconnaissait plus son chef, et ne retrouvait qu'un ambitieux auquel ses frères ne devaient plus rien, puisqu'il avait reçu des Espagnols le prix moyennant lequel il s'était vendu.

Une sourde colère grondait au cœur de Masaniello lorsqu'il arriva sur le marché.

Le bruit de sa métamorphose s'était alors répandu dans la ville; la place était couverte d'hommes, de femmes et d'enfants accourus pour le voir. Les piqueurs et les cavaliers de l'escorte furent obligés de ralentir le pas au milieu des flots pressés du peuple, et le carrosse ne s'avança bientôt plus qu'avec d'extrêmes difficultés.

Le fiancé d'Isabelle put entendre des cris menaçants qui dominaient le murmure de la foule! Les plus violents des lazzaroni répétaient:

— A bas les traîtres! à bas Masaniello!

Il eut alors un de ces accès de fureur indomptable, insensée, que produisait en lui le trouble mortel survenu dans sa puissante organisation. Il descendit de voiture, monta à cheval, se mit à la tête des gendarmes espagnols, et, se jetant au milieu des lazzaroni, l'épée haute:

— Qui a crié: « A bas Masaniello? » demanda-t-il.

Dans sa voix, dans son regard, dans son attitude, il y avait quelque chose de sinistre et de désespéré qui épouvanta la foule.

Paolo malanno, celui-là même qui avait conduit Corcelli et ses brigands au faubourg de Loreto, s'avança bravement, et répondit:

— C'est moi!

Sans lui donner le temps de continuer, Masaniello saisit le pêcheur, le souleva d'un effort surhumain, le porta jusqu'à la ligne des gendarmes espagnols et le jeta sous les pieds des chevaux.

Cet acte de violence excita dans toute l'étendue de la place un immense cri d'indignation.

— Ah! vous n'en avez pas assez de séditions, de meurtres et de combats? reprit Masaniello avec un geste de menace. Soldats, à moi! chargeons ces misérables!

Et il entraîna à sa suite les gendarmes de la *cavalleria del re*.

Ceux-ci brûlaient du désir de venger leur défaite, et pour eux le moment de se satisfaire était venu. Ils firent garder Paolo par un des leurs, et se ruèrent sur le peuple avec rage.

Quand ce torrent d'hommes bardés de fer et de chevaux stimulés par l'éperon eut balayé la place, il se trouva que cinq ou six Napolitains, tués ou blessés, gisaient sur le sol.

On releva ceux qui vivaient encore; des cavaliers les jetèrent en travers sur le col de leur monture, et Masaniello rentra au palais avec une trophée funèbre.

Le soir même, tandis que le jeune homme, travaillé par le poison, épuisé par les émotions de ce triste jour, était étendu sur son lit sans connaissance, les prisonniers furent pendus à la lueur des flambeaux.

Au-dessus de la potence on lisait:

« Condamnés par le chef du peuple, Thomas Aniello. »

En effet, dans un de ses moments d'hallucination, le frère de Jeanne avait signé la sentence.

La ville était dans la stupeur.

Il faisait nuit à peine, et cependant les rues étaient désertes. Découragés par la trahison apparente de leur tribun chéri plus qu'ils ne l'eussent été par une défaite, les Napolitains ne songeaient qu'à se soustraire à une réaction sanglante. Chacun prévoyait déjà que ces libertés si heureusement conquises ne dureraient qu'un jour, et personne ne songeait à combattre pour les faire respecter.

Il est, dans la vie des peuples comme dans celle des individus, des moments étranges de lassitude et d'abattement!

Quand la nuit eut tout confondu sur le golfe, la côte, les îles, les deux immenses promontoires que forment à droite et à gauche de Naples Pouzzoles et le Vésuve, une barque se détacha du rivage non loin du Môle, glissa quelque temps à la surface des flots, traçant derrière elle un sillage phosphorescent, passa Loreto et la petite rivière du Sebeto; puis, tournant brusquement sur elle-même, alla se cacher dans une anse profonde.

Un homme enveloppé d'un manteau sauta lestement à terre pendant que le batelier amarrait son esquif au rivage, et se dirigea à travers les sables vers un petit bois de figuiers et de lauriers-roses qui se dessinait à quelque distance comme une masse sombre sur le bleu transparent du ciel.

A peine ce personnage mystérieux fut-il arrivé sur la lisière du bois, qu'un autre individu sortit des broussailles et, ôtant son large chapeau:

— Bonsoir, monseigneur, dit-il.

— Ah! c'est toi, coquin! répondit l'autre. Comment, tu as osé venir?

— Pourquoi ne serais-je pas venu! demanda Corcelli; vous m'aviez mandé.

— Et si je te faisais pendre? répliqua Juan Fernandez.

— Pour avoir enlevé dona Isabelle?

— Oui.

— *Per Bacco!* j'ai fait là une affaire bien lucrative pour mériter d'être pendu!

— Et l'abbaye de Sainte-Claire que tu as pillée?

— Peccadille, monseigneur.

— Tu viens pour réparer la perte que t'a causée la fuite de cette chère senora?

— Précisément, j'ai deux cents gaillards à nourrir qui ont des estomacs d'autruche, des dents d'acier, et le gosier d'une, profondeur!.. Tout n'est pas profit dans ma profession.

— Voyons, reprit don Juan Fernandez, combien veux-tu pour assister demain avec ta troupe au mariage de dona Isabella d'Arcos et de monsignor Thomas Aniello?

— Masaniello se marie demain?

— Oui.

— Avec Isabelle?

— Avec Isabelle.

— Il n'y a que les honnêtes gens qui réussissent. Et faudra-t-il que mes hommes soient munis de leurs carabines?

Fernandez fit un signe de tête affirmatif.

— Chargées?

— Chargées.

— Où sera célébré le mariage?

— A la chapelle de la Vicaria.

— Fort bien... Ce que je demande pour cela?... Je répondrai à la question, monseigneur, quand vous m'aurez donné une consigne.

— C'est juste.

Don Juan Fernandez entra ici dans de longues explications qu'il est inutile de reproduire.

— Cela coûtera soixante mille ducats à monseigneur le duc d'Arcos, dit le brigand, tout juste ce que devait nous rapporter l'enlèvement de Jeanne et de dona Isabelle. Je n'en rabattrai pas un maravédis.

— Oh! reprit Fernandez, nous ne marchanderons pas.

— Je veux mille ducats d'avance.

— Les voilà.

L'espagnol remit une bourse à Corcelli. Ce dernier [la soupesa et la laissa tomber dans cette poche immense qui avait englouti l'anneau de l'abbesse de Sainte-Claire.

— Voilà qui s'arrange! ajouta-t-il. A quelle heure la cérémonie?

— A midi, heure militaire. Surtout....

— Quoi?

— Songe qu'il ne faut pas qu'une de tes balles s'égare.

— Allons donc, monseigneur! Avez-vous jamais entendu dire qu'en tirant sur un évêque nous ayons tué un lazzarone?

XXII

Mourir à l'autel.

Ce jour-là, Masaniello devait épouser Isabelle ; il devait contracter, en présence de l'archevêque de Naples, dans la chapelle même du château, l'union fortunée qui réalisait tous ses rêves, couronnait toutes ses ambitions... et Masaniello se mourait !

Le poison qu'il avait absorbé en respirant les parfums du bouquet d'Isabelle agissait depuis la veille avec une effrayante énergie sur cette organisation fiévreuse et passionnée.

Le pêcheur avait des moments d'extase, de délire furieux, de prostration si profonde, d'anéantissement si complet, qu'il semblait toucher à sa dernière heure.

Jeanne, le duc d'Arcos, Fernandez, Isabelle, dom Francesco, tous les êtres qui jouaient un rôle dans le drame de sa vie, lui apparaissaient tour à tour pour le tourmenter ou le plaindre, et le malheureux jeune homme s'épuisait à poursuivre de ses malédictions, de ses paroles d'amour et de reconnaissance tous ces fantômes gracieux, menaçants ou railleurs.

Déjà l'on paraît le sanctuaire, on couvrait l'autel de fleurs et de reliquaires d'or ; l'heureuse Isabelle essayait sa fraîche toilette de mariée ; les préparatifs de l'hymen s'achevaient, en un mot, quand Masaniello, après une crise des plus violentes, tomba en agonie.

Les officiers qui le servaient se hâtèrent d'avertir le vice-roi, et mandèrent dom Francesco auprès du moribond.

Le bénédictin accourut en toute hâte.

Il resta longtemps debout près du lit d'angoisse sur lequel était étendu le corps inanimé de son fils ; il prit ses mains dans les siennes, essuya la sueur froide qui mouillait son front ; il l'appela vingt fois de sa voix la plus douce et la plus persuasive.

Le pêcheur ouvrit enfin les yeux.

— Mon père... je me meurs ! murmura-t-il.

Il ne put dire davantage, et resta étendu sur sa couche.

— Mon Dieu, mon Dieu ! ils me l'ont empoisonné ! fit le bénédictin avec épouvante.

Dom Francesco était savant en médecine ; il avait longtemps étudié la botanique et s'était surtout appliqué à connaître cette foule de poisons si subtils, dont l'aristocratie italienne avait conservé les recettes depuis les temps à jamais abhorrés des Borgia et des Médicis. Il chercha dans l'appartement de Masaniello les traces du crime, et les retrouva dans un bouquet flétri que les mains défaillantes du mourant avaient laissé tomber sur le parquet.

Il recueillit les derniers parfums de ces fleurs homicides, il les effeuilla ; puis, les cachant sous sa robe, il appela un des officiers de Masaniello.

— Ce jeune homme va mourir, mon frère, lui dit-il. Hélas ! il est bien jeune encore pour finir une carrière qu'il eût rendue glorieuse. Les émotions de ces derniers jours l'ont tué.

L'officier, vieil Espagnol dévoué au duc d'Arcos, ne répondit pas.

— Je cours à l'église del Carmine chercher les derniers sacrements, ajouta le bénédictin. Ne quittez pas cette chambre, et, si vous êtes chrétien, si vous regrettez encore quelque personne qui vous ait été chère, je vous le demande au nom du Christ, par le souvenir de ceux que vous avez aimés, récitez auprès de ce lit funèbre les prières des agonisants.

L'Espagnol fit un geste d'assentiment.

Il alla querir, après le départ du moine, un flacon de vin des îles, retroussa sa longue moustache rousse, plaça son épée entre ses jambes, et appuya sur le pommeau l'extrémité anguleuse de son menton.

À chaque soupir que poussait le malade, son chapelain improvisé se versait un verre de vin des Canaries, et l'avalait.

Masaniello soupira vingt fois.

Quant à dom Francesco, à peine eut-il quitté la Vicaria, qu'il monta dans un *calessino*, parcourut en quelques minutes l'espace qui le séparait de son couvent, prit dans sa cellule une petite fiole de verre, et revint à toute bride au palais du duc d'Arcos.

— Avez-vous récité les prières? demanda-t-il à l'officier.

— Celui-ci s'essuya la moustache.

— Ainsi le moribond est prêt à recevoir l'extrême-onction.

L'Espagnol essuya sa moustache une seconde fois.

— Veuillez vous retirer, ajouta dom Francesco.

Le vieux militaire prit son flacon d'une main, son épée de l'autre, et opéra sa retraite avec une fierté toute castillane.

Arrivé dans l'antichambre, il s'assit de nouveau, replaça son flacon à portée de sa main, sa rapière entre ses jambes, et n'oublia pas d'appuyer, suivant son habitude, le bout de son menton sur le pommeau de son épée.

Cependant dom Francesco entr'ouvrait les lèvres du pêcheur, et lui versait dans la bouche quelques gouttes de son cordial.

Sous l'influence de cette liqueur généreuse, Masaniello éprouva un tressaillement nerveux, se redressa frissonnant, et promena autour de lui des regards effarés.

Le moine trempa l'extrémité d'un linge dans sa fiole, en frotta la paume des mains, les tempes et les paupières du malade.

— Oh! mon père... mon père, que vous me faites de bien ! disait d'une voix tremblante le pauvre Masaniello, qui se sentait renaître à la vie.

Le bénédictin continua à lui prodiguer ses soins paternels jusqu'à ce qu'il l'eût mis hors de danger.

Mais le pêcheur avait perdu ses forces ; sa tête était faible, des bruits étranges bourdonnaient à son oreille, et la chambre semblait tourner autour de lui.

Dom Francesco alla trouver l'Espagnol, qui rêvait toujours dans l'attitude que nos lecteurs savent, en vidant à petits coups sa précieuse bouteille.

— Mon frère, lui dit-il, vous avez oublié de me faire une légère aumône que reçoivent toujours les moines qui prient au chevet des mourants.

L'officier chercha une pièce de monnaie dans la poche de son justaucorps.

— Je ne vous demande pas d'argent, mais à *far colazione*, reprit dom Francesco d'une voix obséquieuse.

— Ah ! je comprends, à *far colazione*, répondit l'Espagnol en riant. Cela prouve que vous avez bon appétit, mon père... et par Notre-Dame d'Atocha ! je vous le souhaite excellent. On va vous apporter à déjeuner de la cuisine de monseigneur.

Dom Francesco attendit le retour de l'officier.

Quelques minutes après, le digne bénédictin rentrait dans la chambre de Masaniello avec une large tranche de bœuf rôti, un pâté de volaille et une bouteille semblable à celle que l'Espagnol achevait de vider à quelques pas de distance.

Il poussa les verrous de la porte et mit le plateau qu'il tenait à la main sur une table devant Masaniello.

— Mange, mon fils, lui dit-il, répare tes forces épuisées. Tu as failli mourir, et dis-moi, la main sur le cœur, si tu étais préparé à paraître devant le juge infaillible qui nous récompense ou nous punit?

— J'ai été bien coupable, je le sais, répondit le pêcheur. Hier encore, souvenir affreux !... j'ai condamné au dernier supplice... Mais j'étais fou, dom Francesco, la raison m'avait abandonné. Mon père, qu'était-ce donc que cette horrible maladie, ces alternatives de rage furieuse et de mortel abattement dont vous m'avez guéri?

— Tu le sauras. Le temps presse, infortuné ! Prends un peu de cette nourriture... Celle-ci du moins ne contient pas de poison, ajouta-t-il à voix basse et pour lui-même.

Le pêcheur obéit à dom Francesco.

Il sentait ses forces revenir à mesure qu'il faisait disparaître la tranche de bœuf et qu'il savourait la liqueur rutilante dont on avait fait l'aumône au bénédictin.

Puis, se levant et courant à une glace de Venise :

— Me voilà fort, s'écria-t-il, plein de santé, de vigueur et de courage ! À moi la gloire ! le bonheur ! et l'avenir avec ses ineffables promesses ! À moi ma douce fiancée, que bientôt je vais conduire à l'autel !

Dom Francesco regarda le pêcheur avec un sourire de pitié.

— Et tes frères de Naples, les as-tu donc oubliés, Masaniello? lui dit-il.

— Qu'ont-ils à réclamer? demanda le jeune homme ; aurait-on violé mes édits?

— Oh! non... pas encore, répliqua le moine d'une voix attristée.

— Je sacrifierais ma vie pour les défendre.

— Oui, si d'ici à demain tu n'es pas tombé dans quelque embûche ; si l'on ne t'a pas étranglé comme un esclave, si l'on ne t'a pas empoisonné dans quelque chambre muette de ce palais.

— Et qui oserait le faire?

— Qui l'oserait ! Crois-tu, par hasard, à la sincérité des hommages de ces nobles seigneurs qui te saluent de leurs chapeaux à plumes?

— S'ils me haïssent, ils me craignent encore davantage. Ils savent que j'ai tout un peuple derrière moi.

— Hélas ! il s'en faut aujourd'hui que le peuple se lève pour te défendre, mon pauvre Masaniello !

— Même si je l'appelais à mon secours ?

— Même si tu l'appelais à ton secours. Eh ! comment voudrais-tu qu'il reconnût son pêcheur dans Masaniello devenu l'époux d'Isabelle, dans Masaniello anobli par le vice-roi, dans Masaniello qui se pavane en habit de cour sur nos places publiques, et qui fait pendre ses frères pour un cri séditieux ? Tu étais tout par le peuple ; sans lui tu n'es plus rien.

— Cependant, mon père, je ne puis vivre à la cour du duc d'Arcos en costume de pêcheur.

— Eh ! pourquoi pas? penses-tu que sous les vestes de bure de tes amis il ne batte pas un cœur aussi noble que sous les habits resplendissants de nos grands seigneurs ? Je te comprends, Masaniello, tu aimes Isabelle, et il faut à cette jeune fille un mari couvert de rubans et de dentelles, dont la main gantée sache manier une cravache, et qui fasse résonner ses éperons d'or sur le parquet des salons. Pourtant, c'est un homme du peuple, c'est un pauvre moine enterré sous son froc qui est venu te sauver quand tu mourais, abandonné de tous, sur ce lit de douleurs !

— Je vous suis reconnaissant, mon père... Oui, vous m'aimez sincèrement, je le sais.

— Fuis donc, fuis cette demeure maudite où tu ne peux trouver que mort et damnation ! Viens, quitte ce costume que tu ne peux conserver sans opprobre ; montre-toi au peuple, il en est temps encore, avec tes simples vêtements de pêcheur. Dis-lui que tu retournes à ta cabane, que tu resteras au milieu de tes frères pour soutenir leurs intérêts et défendre leurs libertés. Crois-moi, l'atmosphère des cours est pestilentielle ; tu ne respireras à l'aise qu'au grand air de la Mergellina.

— Dom Francesco, ce que vous exigez de moi est impossible... J'aime Isabelle, et je ne puis m'en séparer.

— Eh bien ! veux-tu savoir, reprit dom Francesco en se rapprochant du pêcheur, quelle a été la cause de cette horrible folie qui hier t'a poussé au meurtre de tes frères ? Veux-tu savoir d'où viennent les souffrances auxquelles tu as failli succomber ?

Masaniello pressentait une révélation fatale. Il était anéanti.

— Qui t'a donné ces fleurs ? dit le bénédictin.

— Isabelle.

— Eh bien ! le bouquet d'Isabelle était empoisonné !

Le jeune homme recula jusqu'à la muraille, s'y appuya et resta un instant immobile, l'œil hagard et les deux mains collées au mur, comme s'il eût cherché une issue pour s'enfuir.

— Le bouquet d'Isabelle était empoisonné ! murmura-t-il en appuyant sur chaque syllabe. Dom Francesco, c'est impossible...

— Est-ce moi qui t'ai sauvé ?

— Oui... vous avez raison... Celui qui a trouvé le remède a dû connaître la source du mal. O mon Dieu ! mais il est impossible que les damnés souffrent tous les supplices que j'endure depuis quelques jours.

— Viens, viens, partons, mon fils !

Le pêcheur hésitait.

Il porta une main à son front, et parut chercher dans ses souvenirs.

— C'est don Jean Fernandez qui a remis ce bouquet à Isabelle pour me l'offrir, dit-il.

Et ces paroles sifflaient entre ses lèvres crispées.

— Je ne pars plus, je ne pars plus maintenant !... Oh ! Fernandez, tu n'as pas encore saisi ta proie ! Masaniello respire, Masaniello a une épée dont il sait faire usage... Pour arriver à Isabelle, il faudra que tu passes sur mon cadavre !... Je vous laisse, mon père, adieu !

En disant ces mots, le jeune homme courut à la porte.

Au même instant, on frappait.

Tout avait été disposé pour que le drame terrible qui se jouait en ce moment à la Vicaria se terminât dignement.

Instruits de l'état désespéré de Masaniello, certains même de s'en débarrasser sans l'intervention de Coreelli, Fernandez et le duc d'Arcos n'en avaient pas moins continué les préparatifs de la fête nuptiale. Toute la cour allait se réunir dans la grande salle du palais ; le vice-roi envoyait son chambellan pour chercher le pêcheur et le conduire dans la chambre du conseil, où l'acte de mariage avait été dressé.

Masaniello tira les verrous de la porte.

Le chambellan s'inclina jusqu'à terre.

— Monseigneur, dit-il le jeune homme, le duc d'Arcos et sa fille vous attendent dans la salle du conseil.

— Marchons ! répondit résolûment Masaniello.

Et il franchit le seuil de la porte.

Dès que l'officier espagnol de l'antichambre aperçut son moribond debout et bien portant, il se leva comme s'il eût été mû par un ressort. Masaniello passa.

L'Espagnol le regarda sortir, puis il remplit philosophiquement son verre et le vida en disant :

— Qu'y faire? nous sommes en temps de révolution.

La chapelle de la Vicaria présentait un aspect d'une magnificence féerique. Elle était tendue tout entière de velours rouge, aux armes du duc d'Arcos. Mille bougies illuminaient l'autel. Le trône du vice-roi s'élevait d'un côté sur un dais de soie bleue parfilée d'argent, et des siéges avaient été préparés sur les marches pour tous les grands dignitaires de l'Etat. Le cardinal-archevêque de Naples, qui devait célébrer le mariage d'Isabelle et de Masaniello, avait sa place au-dessous de celle du vice-roi sur un trône un peu moins élevé. Le marbre du sanctuaire disparaissait sous un précieux tapis d'Ispahan. Une foule de généraux, de mestres de camp, de capitaines, revêtus de leur uniforme, de femmes aux épaules nues, couvertes de plumes, de diamants et de fleurs, encombraient la nef et les tribunes, et attendaient, en causant de l'étrangeté de l'union qui allait s'accomplir, que la cérémonie commençât.

Enfin les premières fanfares de l'orgue se firent entendre.

Les chantres entonnèrent les graves mélodies de la liturgie romaine ; les portes de la sacristie s'ouvrirent à deux battants, et le maître des cérémonies du royaume de Naples annonça :

« Son Altesse le vice-roi ! »

Tout le monde se leva, conformément aux lois de l'étiquette, qui s'accordaient assez bien en cette circonstance avec les désirs impatients de la curiosité.

Monseigneur le duc d'Arcos donnait le bras à sa fille.

Isabelle semblait émue ; mais son front était radieux. Un doux sourire de bonheur et d'orgueil dilatait ses lèvres. Elle paraissait fière d'avoir élevé jusqu'à elle le courageux pêcheur qui avait fait rendre à Naples ses droits usurpés. Sa robe blanche dessinait à ravir sa taille élégante et souple ; sa tête, couronnée d'un cercle de duchesse, se mouvait avec beaucoup de grâce et de majesté au milieu de la fraise de dentelle qui se dressait en éventail sur ses épaules. Un voile blanc, rattaché aux boucles noires de ses cheveux, retombait sur un manteau de satin bordé de cygne.

La fiancée avait les bras nus, l'émail noir de ses bracelets en faisait admirablement ressortir la blancheur.

Derrière elle marchait Masaniello.

Le chef du peuple donnait le bras à Jeanne. Celle-ci n'avait point quitté ses vêtements pittoresques de paysanne ; mais son frère portait un costume splendide, une toque noire surmontée d'une plume de héron, et un habit avec sa veste, l'un de velours violet, l'autre de satin blanc, dont la double ouverture laissait onduler des flots de malines. Au-dessus de ses chausses flottantes, des bas de soie dessinaient ses jambes robustes. Jeanne s'appuyait sur son bras droit, tandis que la main gauche du pêcheur reposait avec une grâce parfaite sur la poignée de son épée.

Ainsi vêtu, Masaniello, avec sa taille d'athlète, sa figure noble et son air martial, était certainement le plus beau jeune homme de la cour du vice-roi.

Les deux fiancés s'agenouillèrent.

Aussitôt le cardinal-archevêque parut, traînant après lui une foule de diacres, de sous-diacres, de thuriféraires et d'acolytes, qui ondulaient comme un flot d'or autour de l'autel.

La messe fut célébrée avec toute la pompe du rit catholique romain. L'église était pleine d'harmonie et de parfums, et l'archevêque se préparait à donner aux époux la bénédiction nuptiale...

Tout à coup on entendit retentir à la voix des cris de : « Vive le chef du peuple ! vive Masaniello ! »

Don Juan Fernandez, qui avait assisté à la cérémonie dans une attitude très-convenable et très-digne, et qui s'était empressé autour d'eux, leur fournissant sur l'étiquette tous les petits renseignements dont ils pouvaient avoir besoin, donna ordre qu'on laissât entrer le peuple, afin qu'il assistât au triomphe de son tribun bien-aimé.

La porte extérieure s'ouvrit donc, et l'on vit deux cents individus débraillés, à la voix rauque, aux gestes menaçants, envahir la nef de la chapelle, se ruer parmi les spectateurs, renverser les chaises et jeter partout la confusion.

En un instant le désordre fut au comble. Les hommes cherchaient en vain à contenir les perturbateurs, les femmes s'enfuyaient en poussant des cris ; les vivat en l'honneur de Masaniello dominaient tout ce tumulte.

Le pêcheur se leva, pensant que son intervention pourrait calmer la foule. Mais à peine fut-il arrivé au sommet de l'escalier du chœur, que trois coups de feu partirent.

L'infortuné jeune homme roula, baigné de sang, jusqu'aux pieds de sa fiancée.

Il y eut alors un sauve-qui-peut général.

Hommes du peuple, grands seigneurs, nobles dames en costume de cour, se précipitèrent vers les portes et s'étouffèrent à toutes les issues. Le vice-roi entraîna au palais sa fille évanouie.

Jeanne se jeta sur le corps de son frère, et le couvrit de larmes et de baisers.

Un instant après, Masaniello, blessé à mort, était étendu sur ce même lit où dom Francesco l'avait trouvé expirant en venant le matin à la Vicaria. Le pêcheur avait perdu connaissance.

Un sang noir sortait de ses lèvres et l'étouffait.

Agenouillée près de son lit, Jeanne poussait des cris lamentables. Dom Francesco, qui ne s'était pas éloigné du palais dans la prévision d'une catastrophe, accourut, mais trop tard.

Le chef du peuple venait d'expirer.

— Mort ! murmura le moine en posant la main sur le cœur de son fils d'adoption. Malheureux enfant ! malheureux amour ! Et toi, peuple de Naples, quand donc seras-tu libre ?

Dom Francesco arracha Jeanne du lit funèbre de Masaniello, et la ramena au couvent de Sainte-Claire.

Huit jours après, Isabelle invita Son Altesse monseigneur le duc d'Arcos à la conduire à l'abbaye où Jeanne s'était retirée.

Quand ils eurent visité le cloître et qu'ils furent près d'en franchir la grille :

— Mon père, dit la jeune fille, celui que j'aimais est mort victime d'une trahison infâme. N'espérez pas me ramener dans votre palais : je ne veux plus avoir d'autre époux que Dieu. . . . .

La ville de Naples ne tarda pas à apprendre de quel épouvantable réseau de perfidies et d'intrigues on avait entouré son malheureux pêcheur ; la colère fit place aux regrets, l'indignation aux larmes, et le héros populaire eut des funérailles splendides. Ses bourreaux furent maudits, on vengea sa mémoire, on exalta son nom ; les cris d'amour de tout un peuple durent faire tressaillir son ombre.

Piétro mourut des suites de sa blessure, et des fatigues que son dévouement lui avait causées.

Jeanne et Isabelle ne se séparèrent plus. Elles vécurent l'une auprès de l'autre de leurs souvenirs.

Sur le rapport de l'officialité du cardinal-archevêque, le livre de dom Francesco fut condamné par la cour de Rome, et le vieux moine pleura jusqu'à sa dernière heure ses espérances brisées.

Don Louis de Haro ne pardonna point au vice-roi la révolte des Napolitains.

Le duc d'Arcos perdit son gouvernement l'année suivante. Déchu de la faveur du maître, séparé d'Isabelle, tourmenté par le remords, il mourut dans l'exil.

Fernandez partagea sa disgrâce.

Quant à Corcelli, n'ayant pas jugé à propos de mettre un terme, sous le nouveau vice-roi, à ses expéditions hasardeuses, il fut pris en flagrant délit de rapines et pendu haut et court à la plus grande satisfaction de tout le pays.

FIN DE MASANIELLO.

Le chef du peuple le jour de ses fiançailles. — PAGE 55.

www.ingramcontent.com/pod-product-compliance
Lightning Source LLC
LaVergne TN
LVHW022152080426
835511LV00008B/1364